国家社会科学基金重大项目"创新驱动发展战略下知识产权公共领域问题研究"（17ZDA139）阶段性成果

保留公共领域视野下我国知识产权保护研究

傅蕾／著

Studies on China's Intellectual Property Protection
from the Perspective
of Reservation
of the Public Domain

 中国政法大学出版社

2022·北京

图书在版编目（ＣＩＰ）数据

保留公共领域视野下我国知识产权保护研究/傅蕾著. —北京：中国政法大学出版社，2022.11

　ISBN 978-7-5764-0726-6

　Ⅰ.①保…　Ⅱ.①傅…　Ⅲ.①知识产权保护—研究—中国

Ⅳ.①D923.404

中国版本图书馆CIP数据核字(2022)第223056号

出　版　者	中国政法大学出版社
地　　　址	北京市海淀区西土城路 25 号
邮寄地址	北京 100088 信箱 8034 分箱　邮编 100088
网　　　址	http://www.cuplpress.com (网络实名：中国政法大学出版社)
电　　　话	010−58908441(编辑部) 58908334(邮购部)
承　　　印	北京九州迅驰传媒文化有限公司
开　　　本	880mm×1230mm　1/32
印　　　张	10.25
字　　　数	240 千字
版　　　次	2022 年 11 月第 1 版
印　　　次	2022 年 11 月第 1 次印刷
定　　　价	45.00 元

20 世纪 80 年代以来，创新的主旋律唱响神州大地，知识产权保护也被提到了一个前所未有的高度。但随之而来的是知识产权保护范围的扩张、保护客体的增加，导致知识产权内部利益冲突不断，利益失衡现象时有发生。由此，公共领域保留逐渐进入法学研究的视野，并迅速成为理论界和实务界研究的热点。傅蕾博士在其博士学位论文基础上补充完善的学术专著《保留公共领域视野下我国知识产权保护研究》集中讨论了这一重要理论和实务问题，是我国关于知识产权制度中的公共领域问题研究方面的重要著作。

本人于 2017 年起承担国家社会科学基金重大项目——创新驱动发展战略下知识产权公共领域问题研究，傅蕾博士作为本人指导的博士生，又长期在最高人民法院从事知识产权审判工作，参与了这一项目的司法研究部分。在研究的过程中，她逐渐对知识产权保护与公共领域保留之间的利益平衡关系产生了浓厚的兴趣，并最终将之确定为博士论文选题。博士学位论文答辩通过后，傅蕾博士又在紧张的工作之余，用了一年多时间对文章进行"打磨"、补充和完善。当她将此书交给我时，本人欣喜地发现，此书的内容更充实、观点更清晰、论述更完善。总体上，本人认为该书具有以下特点与创新：

第一，研究视角新颖。公共领域研究本身在知识产权法学研究中就是一个新鲜的话题，而其中为数不多的研究中，又以公共领域的理论介绍与研究、知识产权权利限制的研究为主，研究领域也主要集中在著作权法上。本书则结合大量丰富鲜活的案例和我国司法审判实际，对这一命题展开了深入研究，研究领域也拓展至专利、商标、商业秘密、知识产权重叠保护等方面，为知识产权制度中的公共领域研究路径和研究领域提供了重要范式。

第二，研究方法创新。本书运用历史分析方法对知识产权公共领域的基础理论问题予以深入分析，从而为公共领域在知识产权法上的保留提供了正当性论证。本书还广泛运用比较研究的方法，不仅对比了国内外的知识产权公共领域制度，还对比了国内不同部门法之间保留公共领域的制度运行，并在此基础上提出了科学的保护理念和具体的完善意见。

第三，研究贴近实务。本书立足于我国知识产权司法保护实践，对当前知识产权公共领域的保留从具体制度层面进行了研究，并从立法、司法和政策层面提出了配套的完善建议与意见，特别是提出了保留公共领域视野下知识产权保护应当坚持的理念，对于中国立法保护和司法保护具有重要的实践意义和指导意义。

本书通过研究知识产权公共领域在司法中的平衡作用，形成了公共领域支撑的有利于创新的方法论，无疑丰富了这一领域的理论研究。本人相信，立足于实践的理论研究也必将具有重要的实践价值。本人期待傅蕾博士未来能将司法实践和理论研究继续深入结合，再接再厉、大胆创新，将更多优秀的理论成果与大家分享。

是为序。

冯晓青

2020 年 7 月

目录 Contents

导　论

一、写作的缘起与价值

公共领域不是自古就自然存在的概念，它是现代社会产生以后，与知识产权制度相伴相生的知识积累。公共领域与知识产权制度密切相关，而且知识产权制度从产生之初就包含着公共领域的独特设置，但是在既往的讨论中却涉及不多，究其原因，就在于对知识产品的专属垄断与社会需求之间的利益冲突还未激化到今天的地步。随着这种矛盾愈演愈烈，有的学者甚至提出为了文化产业的发展，要抛弃版权[1]，从而使得古今的文化遗产，以及公共领域中的创新艺术和积淀知识不再被某些个人（或集团）据为己有[2]。由此，对公共领域的理论研究才得以受到重视，也成就了公共领域理论发展的契机。随着全球化的逐步深入，发达国家在全球推行高标准的知识产权强保护，加速了公共领域的削减，诱发了公共健康等社会危机。在新的环境和条件下，加强知识产权公共领域的研究显得更具现实和时代意义。

回溯著作权的起源，学术界曾对知识产权的垄断是否会给文学创作带来不利影响进行过热烈的讨论，结论是公共领域是一种绝佳的制度安排，它可以弥补知识产权制度的固有缺陷，

---

[1]　本书中提及的"版权"与"著作权"属于同一概念。

[2]　[荷] 约斯特·斯密尔斯、玛丽克·范·斯海恩德尔：《抛弃版权：文化产业的未来》，刘金海译，知识产权出版社2010年版，前言第2页。

是知识产权制度正当性的来源。时至今日，我们发现这种讨论依旧还在，只是过去热衷于讨论知识产权制度存在的正当性问题，而今天讨论更多的是如何通过科学划分专有领域与公共领域的边界，来保持知识产权制度的正当性问题。对知识产权专有领域与公共领域的界分，不仅体现在立法者在立法过程中对知识产权的合理设定和分配上，也体现在司法机关在处理案件过程中对知识产权保护范围的确定上，特别是如何通过知识产权立法和司法保护，化解和调和不同利益之间的冲突矛盾，实现利益平衡和协调发展，这都有赖于专有领域与公共领域边界的合理确定。如在鲁锦公司诉礼之邦公司等侵害商标权及不正当竞争纠纷案[1]中，原告鲁锦公司以被告礼之邦公司生产、销售标有"鲁锦"字样的鲁锦产品侵害了其"鲁锦"注册商标专用权为由，将礼之邦公司告上法庭，礼之邦公司抗辩称："鲁锦"是商品的通用名称，其对"鲁锦"文字的使用属于正当使用，不构成侵权。面对双方关于商品通用名称之争，两级法院却作出了不一致的认定。一审法院认为，"鲁锦"不是商品的通用名称，不属于社会公共资源，因此被告的行为构成侵权。二审法院则认为，"鲁锦"属于山东民间手工棉纺织品的通用名称，属于公共资源，应由鲁锦的生产者和经营者共同享有，所以鲁锦公司无权阻止他人正当使用，礼之邦公司因而也不构成侵权。又如在新闻图片是否属于时事新闻的问题上，裁判不统一的问题也十分突出：在世界期刊大会图片侵权案[2]中，法院认为，时事新闻所配图片是对该新闻所指向事件的客观描述，属于时事新闻的有机组成部分，不受著作权法保护；在范冰冰

---

[1] 参见山东省高级人民法院（2009）鲁民三终字第34号民事判决书、山东省济宁市中级人民法院（2007）济民五初字第6号民事判决书。
[2] 参见北京市海淀区人民法院（2009）海民初字第13593号民事判决书。

婚纱图片侵权案[1]中，法院也认为，为了报道新闻而添加的图片属于该新闻报道中不可缺少的部分，不属于著作权法保护的对象；在陈冠希抵京图片侵权案[2]中，法院却认为，即使涉案图片反映的是时事新闻所报道的内容，但因其具有一定的独创性，且照片并非为报道新闻所必需，故涉案图片不属于时事新闻的组成部分，应当获得著作权法的保护。可见，司法实践中充斥着知识产权专有领域与公共领域界限不清、裁判冲突的现象，亟待解决。由此，科学划分专有领域与公共领域的边界，不仅是一个法律理念问题，更是一个法律适用标准统一的问题。在保护知识产权与维护公共领域理念的引领下，迫切需要对保留公共领域视野下的知识产权保护这一重要课题进行深入而有价值的分析。

本研究的价值在于：一是理念上形成共识。理论研究是探索保留公共领域理念，完善知识产权公共领域制度实施的基础，更是形成保留公共领域共识的关键步骤。当前，知识产权制度的发展呈现出私权不断扩张而公共领域不断被压缩的趋势，知识产权客体增加、保护期限的延长、权利限制在信息领域的排除等都是公共领域未能在实践中得到充分发展的具体现象，因此，有学者提出公共领域的发展和完善将面临极大困难的论断。[3]本书试图从理念论、制度论与实践论的角度全面推进知识产权公共领域研究，力图从正当性、合理性两个方面提升人们对知识产权公共领域观念、功能与价值取向的认识，增强全社会维护公共领域的意识，期望在研究过程中形成对知识产权公共领

〔1〕 参见湖北省武汉市中级人民法院（2010）武知初字第349号民事判决书。
〔2〕 参见北京市第一中级人民法院（2010）一中民终字第10328号民事判决书。
〔3〕 See Clark D. Asay, "A Case for the Public Domain", 74 *Ohio State Law Journal* 753 (2013).

域保留思想的共识。二是指导实践的运行。知识是助推社会进步的引擎，公共领域的保留是否使知识的创造、传播和使用发生了重大变化？研究知识产权保护制度中专有领域与公共领域的界分标准、原则与理念，是回答这个问题的最佳途径。本书对知识产权公共领域制度实施中涉及的一些国内外典型案例与文献资料进行搜集和整理，在此基础上总结制度运行的经验与做法，并分析其中存在的合理性与局限性，试图从比较法的角度，为我国保留公共领域的实施机制提供可资借鉴的建议。三是研究方向的提升。过去的知识产权研究侧重于对知识产权保护的研究，目的是为保护知识产权找到正当性，为权利人提供更强有力的法律保护。本书将研究的重点放在保留公共领域视角下的知识产权保护，是从公共利益的维护与发展这一角度解读知识产权保护制度，是在权利保护与权利限制的动态运行中实现专有领域与公共领域的有效平衡，这是从更高层次认识知识产权制度的路径。

二、国内外研究现状及评价

针对公共领域的研究主题，本书搜集并整理了相关的专著、期刊论文、学位论文等文献资料，涉的相关内容包括公共领域的概念、正当性、价值等几个方面，其中又以对概念、特点与分类的讨论成果最为丰富。

（一）关于知识产权公共领域概念、特点与分类的研究

尽管围绕公共领域的讨论非常多，学术界对于公共领域却始终没有形成一个统一的概念，从最初的"保护期限届满后的知识创造成果"到"知识产权不受保护的部分"，公共领域的概念和分类一直处于争议之中。

1. 国外研究现状

从世界范围来看，各国知识产权立法中没有一个关于公共

领域和权利限制中的公共领域组成。

1. 客体制度中的公共领域

客体制度包括知识产权排除领域和保护条件等内容。在著作权领域，通过思想表达二分法、独创性原则的运用以及排除不受著作权保护的范畴，明确了客体层面的公共领域。在专利领域，专利法排除的客体以及专利授权的新颖性、创造性与实用性构成了客体制度中的公共领域。前者的范围主要包括以下两类：一类本身不属于发明创造，如科学发现、智力活动的规则和方法；另一类虽属于发明创造，但基于某些特殊原因或者价值考虑而不作为专利权的保护对象，如疾病的诊断和治疗方法等。在商标领域，商标法通过显著性和不得作为商标注册的标志排除构成了客体层面的公共领域。可见，知识产权各专门法通过明确保护客体和保护条件，确定了知识产权专有领域与公共领域的界限，在保护知识产权的同时也更好地维护了公共领域。

2. 保护期限届满形成的公共领域

保护期制度意味着当一项知识产权权利届满或者失效后，该项知识产品将进入公共领域，成为全社会可以公用的知识，从而通过短暂的保护使得所有的知识产品最终汇聚到公共领域空间。保护期制度也为知识产权专有权提供了正当性，弥补了制度缺陷。知识产权到期后都将进入公共领域，因此，赋予权利人暂时的专有垄断权不至于影响社会的发展和进步。著作权和专利权都有明确的保护期限，商标权虽然没有保护期限，理论上可以永远存在，但是如果商标权人在商标有效期届满后不进行续展或者以明示的方式放弃对商标的使用，则该商标将进入公共领域，成为公众可以自由使用的标志。

领域的正式术语，公共领域往往只是出现在学术研究或者司法判决中。归纳起来，国外学者对于公共领域的概念，大多从肯定和否定两个方面去界定：

（1）肯定界定法。如 L. R. 帕特森（L. R. Patterson）和斯坦利·W. 林伯格（Stanley W. Lindberg）等学者认为"公共领域属于每个人都能够自由汲取的东西，应当开放给全人类使用"。[1]他们反对将公共领域视为知识产权的例外，相反，他们认为知识产权的专有权才是公共领域的例外，一切权利的存在都是为了自由接触和免费利用公共领域。[2]杰西卡·利特曼（Jessica D. Litman）教授认为，"公共领域是保证作者得以有效运用这些素材从而使著作权的其余部分得以良好运转的工具"，"是使创作成为可能的原材料的主要法律保障"。[3]肯定界定法有其独特的价值，有助于从本质上把握公共领域的实质，但缺点在于不清晰、不便于理解，难以厘清公共领域与知识产权具体制度的关系。

（2）否定界定法。相比肯定界定法，否定界定法显得更为普遍。如学者 M. 威廉·克拉西洛夫斯基（M. William Krasilovsky）认为"著作权法上的公共领域就是著作权不予保护的作品"。[4]学者詹姆斯·博伊尔（James Boyle）认为"公共领域是财产权的对立面，指那些不受著作权保护的材料"。[5]学者威廉·凡·卡

〔1〕 L. R. Patterson and Stanley W. Lindberg, *The Nature of Copyright: A Law of Users' Rights*, The University of Georgia Press, 1991, p. 50.

〔2〕 See L. R. Patterson and Stanley W. Lindberg, *The Nature of Copyright: A Law of Users' Rights*, The University of Georgia Press, 1991, p. 50.

〔3〕 Jessica D. Litman, "The Public Domain", 39 *Emory Law Journal* 965 (1990).

〔4〕 M. William Krasilovsky, "Observations on Public Domain", 14 *Bulletin of Copyright Society of the USA*, 205 (1967).

〔5〕 James Boyle, "Foreword: The Opposite of Property?", 66 *Law and Contemporary Problems* 1 (2003).

尼吉（William van Caenegem）认为"公共领域被消极地界定为不受知识产权保护的领域"。[1]此外，部分国际公约，如《保护文学与艺术作品伯尔尼公约》（以下简称《伯尔尼公约》），也采用了否定界定法。[2]否定界定法适应了公共领域不断发展变化的特点，不足就在于如果按照该方法来界定不受知识产权保护的内容，公共领域的边界就会显得虚无缥缈而让人难以捉摸。利特曼教授不赞成否定界定法，并认为否定的方法不能正确认识公共领域的积极作用和地位。我国学者对于这种否定式的定义方法也提出过三点质疑：一是无法揭示一个概念的本质特征；二是预设了公共领域与作者领域的两极性；三是其暗含的著作权来源于公共领域的预设并不正确。[3]

此外，还有一些学者针对日益扩张的知识产权，主张公共领域应当保持弹性和不严格的定义。[4]大卫·兰格（David Lange）教授指出，公共领域处于动态之中，会因不同国家的政策和规定而有所不同，也会随着一国不同时期的立法进程而发生变化。[5]这一主张使公共领域有被泛化为"公共利益"的代名词之虞。虽然这种主张使得公共领域变得比较灵活多变，但公共利益本来就是一个无法精准确定的词语，并且其在不同时

---

〔1〕　William van Caenegem, "The Public Domain: Scientia Nullius", 24 *European Intellectual Property Review* 324（2002）.

〔2〕　《伯尔尼公约》中公共领域被定义为：无须向版权和邻接权人付费（因保护期限届满或由于缺乏国际条约而使得这些作品在指定国不受保护）即可被所有人使用和利用的作品和邻接权客体的领域。

〔3〕　参见李雨峰："版权法上公共领域的概念"，载《知识产权》2007年第5期。

〔4〕　See David Lange, "Reimagining the Public Domain", 66 *Law and Contemporary Problems* 463（2003）.

〔5〕　参见［加］特雷莎·斯卡萨："利益平衡"，载［加］迈克尔·盖斯特主编：《为了公共利益——加拿大版权法的未来》，李静译，知识产权出版社2008年版，第39页。

期、不同国家、不同利益主体的语境下，也指代了不同的含义与理解〔1〕，以致"公共利益的表达掩盖了而非揭示了著作权法内在的利害关系"〔2〕。所以，这一模糊概念增加了公共领域概念的不确定性，从而可能削弱公共领域的理论基础。

2. 国内研究现状

知识产权公共领域的研究虽然在我国起步较晚，但其已然成为知识产权法上一个新兴的热点问题。

关于知识产权法上的公共领域，冯晓青教授认为是指知识产品中未被赋予法律保护的部分，既包括没有被赋予财产权的智力创造物，也包括一开始就被法律规定为公有领域的东西。〔3〕王太平教授认为公共领域是指不受知识产权保护的材料或者知识产权的效力所不及的材料的某些方面。〔4〕还有学者从著作权的角度指出，公共领域是指公众依法不经授权即可自由使用的不受著作权保护的作品。〔5〕李雨峰教授未对公共领域概念作一个明确的定义，但他总结归纳了前人研究的六方面公共领域范畴。〔6〕

黄汇教授在利特曼教授"保证作者得以有效运用创作素材从而使著作权的其余部分得以良好运转的工具"定义的基础上，认为公共领域不仅是一套制度，更是一种理论倾向和思维

---

〔1〕　如针对早期欧洲的盗版问题，盗版书商认为，他们给公众带来了便宜的图书，可以满足公众对图书的需求，代表了公共利益。享有垄断权的正版图书商人则辩称，只有加强著作权保护，打击盗版行为，才能激励作者创作，增强传播者提供传播服务的信心，并最终增加社会公众的公共利益。可见，不同利益主体能从不同的角度解释公共利益，并认为自己代表的就是公共利益。

〔2〕　黄海峰：《知识产权的话语与现实——版权、专利与商标史论》，华中科技大学出版社2011年版，第80页。

〔3〕　冯晓青："知识产权法的公共领域理论"，载《知识产权》2007年第3期。

〔4〕　王太平、杨峰："知识产权法中的公共领域"，载《法学研究》2008年第1期。

〔5〕　参见卫绪华："数字技术环境下著作权法公有领域的发展"，载《学术论坛》2013年第6期。

〔6〕　参见李雨峰："版权法上公共领域的概念"，载《知识产权》2007年第5期。

方法。〔1〕他将公共领域从形态上划分为规则的、理论的和方法的三种，并认为每种公共领域都具有独特的功用与价值。〔2〕而且，他从否定的角度，最大限度地考察了著作权法上的公共领域，并认为著作权法上的公共领域至少包括：著作权法产生以前的作品；保护期限届满而失效的作品；权利人捐献给公共领域的作品；因欠缺著作权保护要件而不受保护的作品；孤儿作品；不受保护的外国人作品；时事新闻、通用数表、官方公文等公有作品；思想、程序、方法、科学公式等公有成分以及权利限制形成的公共领域。〔3〕

此外，还有学者将著作权法上的公共领域细分为规范意义上的公共领域和事实意义上的公共领域两个层面，对规范意义上的公共领域进行法律分析的同时，可以从事实意义上的公共领域的视角来验证有关法律规范的合理性。〔4〕李华伟研究馆员则根据一定的标准，归纳出了时间性、实质性、政策性、自愿性及其他公有领域的分类，以及各自包括的内容。〔5〕由此，他对著作权法意义上广义公有领域的概念进行了定义，从存在形式、与著作权法的关系、权利主体和使用方式、内容形态等多重角度揭示了公有领域的特征。〔6〕

---

〔1〕 参见黄汇：《版权法上的公共领域研究》，法律出版社 2014 年版，第 18 页。

〔2〕 参见黄汇：《版权法上的公共领域研究》，法律出版社 2014 年版，第 17—18 页。

〔3〕 参见黄汇：《版权法上的公共领域研究》，法律出版社 2014 年版，第 13—15 页。

〔4〕 参见董皓："多元视角下的著作权法公共领域问题研究"，中国政法大学2008 年博士学位论文。

〔5〕 参见李华伟：《版权制度中的公有领域研究——兼论图书馆对公有领域资源的利用》，哈尔滨工业大学出版社 2016 年版，第 51—58 页。

〔6〕 参见李华伟：《版权制度中的公有领域研究——兼论图书馆对公有领域资源的利用》，哈尔滨工业大学出版社 2016 年版，第 48—60 页。

总之，关于公共领域的概念研究，从不同维度剖析了公共领域的内涵与外延，并形成了各自的分类和视角，这些文献为本书关于知识产权公共领域的界定提供了借鉴和启发。

（二）关于公共领域其他内容的研究现状及评价

国内学者除对概念和分类展开激烈讨论以外，也对公共领域的其他方面做了一些研究，主要集中于知识产权权利限制、知识产权制度与公共领域的关系等方面。[1]其中，关于知识产权权利限制研究的文献，主要是从法理学、法经济学等不同学科间的交叉，分析著作权、商标权、专利权、商业秘密等权利类型项下，面临的关于时间性、地域性、合理使用、保护期限、权利用尽、驰名商标、诚信原则等典型限制措施。这些文献为本书知识产权权利限制形成的公共领域的研究思路和研究结论提供了很好的指引。关于知识产权制度与公共领域关系研究的文献，内容主要包括垄断性与公共性的矛盾、知识专有权与知识共享权的平衡、知识产权的扩张与公共领域的冲突、知识产权公共领域的体现与存在的问题等。这些文献为本书关于确立知识产权公共领域的正当性和必要性，构建专有领域与公共领域平衡协调发展的理念和规则提供了有益借鉴。

总之，国内现有研究文献为本书的相关研究提供了较好的资料基础。但是现有研究成果也存在较大的局限性：一是基本局限于著作权法领域，对专利法、商标法等其他知识产权专门法的公共领域问题的研究严重不足；二是既有研究更多地关注于对理论发展史的梳理和对国外理论的介绍、吸收与概括，缺

---

[1] 例如，冯晓青：《知识产权法利益平衡理论》，中国政法大学出版社2006年版；黄汇：《版权法上的公共领域研究》，法律出版社2014年版；吴汉东：《著作权合理使用制度研究》（第三版），中国人民大学出版社2013年版；彭霞：《专利权合理使用制度研究》，西南交通大学出版社2016年版；卫ател华："著作权法上公有领域研究"，中国人民大学2012年博士学位论文；等等。

乏从保留公共领域视角观察知识产权保护制度运行的较为系统的研究成果。

国外对于知识产权公共领域问题的研究较国内起步早，20世纪 80 年代就有较系统的关于知识产权公共领域问题的专门论文问世。另外，也有很多司法判例涉及知识产权公共领域保留问题。以知识产权公共领域问题为研究主题的较重要的论文有数十篇[1]，研究内容也在不断深入。这些成果对于本书具有非常重要的参考借鉴意义。

三、研究的思路与方法

（一）研究思路

研究知识产权法上的公共领域，必须从基础理论问题着手。通过对多学科的公共领域解读以及对历史发展的回溯，确定了本书所要讨论的知识产权公共领域的概念以及内涵与外延，明确了公共领域的属性和内容构成。在知识产权法上保留公共领域，可以在多种理论视角下找到正当性，而且公共领域在知识产权立法和司法上也有充分的实践意义与价值。

为什么要从公共领域的视角探讨知识产权保护问题，究其原因在于知识产权保护理念中包含着保留公共领域的精神与价值。当前，知识产权保护的基本理念是利益平衡、激励创新、严格保护、比例协调。研究发现，这些理念与知识产权公共领域保留具有内在的统一性和目标一致性。由此进一步说明在知

---

[1] David L. Lange, "Recognizing the Public Domain", 44 *Law and Contemporary Problems* 147（1981）; Anupam Chander and Madhavi Sunder, "The Romance of the Public Domain", 92 *California Law Review* 1331（2004）; David Lange, "Reimagining the Public Domain", 66 *Law and Contemporary Problems* 463（2003）; Mark Rose, "Nine- Tenths of the Law: The English Copyright Debates and the Rhetoric of the Public Domain", 66 *Law and Contemporary Problems* 75（2003）.

识产权保护中保留公共领域有着充分的正当性与合理性。

　　既然在知识产权保护中保留公共领域是正当且合理的，目前知识产权公共领域实施机制的运行状况又如何？本书从著作权、专利权、商标权、商业秘密和知识产权重叠保护现状入手，对一些典型的公共领域保留机制加以研究，从正当性、立法规定、司法裁判、国外经验等方面，尝试对立法规定与实践经验予以总结，并试图发现其中存在的问题。

　　知识产权实践为公共领域的发展提供了丰富的经验素材，需要加以总结与提炼，形成具有普遍意义的理念与规则。同时，针对知识产权公共领域实施机制运行中发现的立法保护和司法保护的问题，本书尝试从立法建议、司法政策、裁判标准等多方面予以完善。

　　（二）研究方法

　　1. 案例实证研究

　　案例实证研究作为法学研究的传统方法，既有单个个案研究，也有多个个案研究。本书以问题为导向，立足于司法实践，通过对典型案例的多角度研究，从中发现实践智慧以及存在的问题。

　　2. 文献调研方法

　　研究知识产权公共领域的基础理论、正当性、知识产权公共领域实施机制的运行现状及运行效果，需要收集国内外的研究文献，包括但不限于知识产权客体制度、保护期制度、权利限制制度的立法文献、典型案例与史料等，梳理其中有价值的内容为本书所用。

　　3. 比较研究方法

　　通过对国内与国外法律制度的比较，借鉴国际先进经验，为本书所用。

4. 历史分析方法

从历史发展的角度考察知识产权公共领域，从历史发展脉络中找到知识产权公共领域的起源、概念的发展以及存在的正当性和必然性。回溯知识产权法的历史起源，探寻知识产权法的立法宗旨及价值取向。

四、研究的创新与特色

本书从理论和制度两个方面进行了一些探索，并取得了一些创新成果，具体表现在以下两个方面：

（一）理论创新

1. 发展中国特色的保留知识产权公共领域理论

一直以来，欧美发达国家对于知识产权公共领域问题研究得比较多，也形成了比较完备的理论基础。相比之下，我国学术界对于知识产权公共领域问题研究起步较晚，研究的成果更多地关注于对理论发展史的梳理和对国外理论的介绍、吸收与概括。本书在对公共领域理论进行系统思考研究后，从中国国情和经济社会发展现状出发，试图构建具有中国特色的保留知识产权公共领域理论，以应对由知识产权公共领域危机引发的现实问题。

2. 构建专有领域与公共领域平衡协调的理论

在知识产权制度的发展进程中，知识产权作为一种财产权，已成为国际社会的共识。人格理论、劳动财产权论也为这种共识提供了正当性的力量。由此，过去的知识产权研究侧重于对知识产权保护的研究，旨在为权利人提供更强有力的法律保障。相比之下，对知识产权公共领域的研究是对上述共识与权威的挑战，既需要反驳，也需要自证成立。本书研究侧重于专有领域与公共领域的平衡协调，在科学界定知识产权专有领域与公共领域边界的基础上，构建知识产权公共领域理论体系。

（二）制度创新

1. 优化知识产权公共领域的保护机制

知识产权公共领域不仅是一种制度理念与制度规范，而且是知识产权保护的重要方法论，是对知识产权公共领域理念与制度的实践反馈，也是平衡知识产权人利益与社会公共利益的重要手段。现有研究成果关于知识产权公共领域的研究主要集中在理念论与立法论层面，对知识产权公共领域的实施机制研究并不多见，相应的解决对策与完善机制也比较匮乏。本书在深入研究实施机制适用现状的基础上，试图构建知识产权公共领域的保护机制，既注重对理念与原则的总结，也关注具体法律问题的制度完善和司法对策。

2. 构建更加系统完善的保护理论

既往的知识产权公共领域研究主要围绕著作权法展开，探讨著作权制度与公共领域之间的关系。其实，专利法、商标法、商业秘密等领域也存在保留公共领域的制度设计，它们与公共领域的辩证关系也需要厘清，也需要科学界定专有领域与公共领域的边界。本书在对著作权、专利、商标、商业秘密和知识产权重叠保护现状进行考察后，试图总结保留公共领域视野下我国知识产权保护的方向和理念，并提出具体制度的完善建议，力求构建更加系统完善的保护理论。

五、本研究值得进一步拓展之处

本书虽然探讨了一些问题，也试图进行了一些创新，但限于本人研究能力和研究时间等方面的限制，研究中还存在值得进一步拓展的问题：本书的主题是保留公共领域视野下的我国知识产权保护研究，但主要是从著作权、专利、商标、商业秘密、权利重叠等方面展开研究，尚不能涵盖知识产权的所有领域和所有方面，研究范围有待进一步拓展。在知识产权公共领域实施机制的具体研究中，或是从立法层面，或是从司法标准、裁量因素等视角进行审视，并提出完善建议，缺乏系统地从立法规定、司法政策、程序规则等全方位多角度的考察，而且就具体立法保护或者司法保护某一方面的考察也不尽完备，研究内容有待进一步充实和完善。

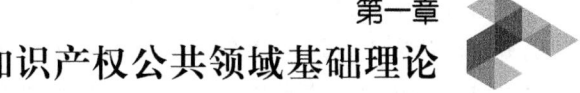

第一章
知识产权公共领域基础理论

研究知识产权法上的公共领域[1]，必须从公共领域的基础理论问题着手。理论研究是探究知识产权保护理念，完善知识产权公共领域制度实施的基础，更是形成保留公共领域共识的关键步骤。特别是随着知识产权的不断扩张，公共领域有不断被削弱之势。在新的环境和条件下，探讨知识产权公共领域、明确保留公共领域的正当性和实践意义，对于认识快速发展的知识产权制度具有重要意义。

第一节　公共领域的多学科解读

在不同学术视角下，即使是相同的词汇往往也隐含着不同的含义。公共领域概念是本书研究的逻辑起点。明确公共领域概念，厘清其在不同学科、不同语境中的内涵，是学术研究得以顺利展开的基础与前提，也是不同学科相互学习、相互交流的桥梁。因此，有必要从不同学科角度对公共领域的概念进行解读。

一、政治哲学中的公共领域

历史上，从政治哲学学科角度研究公共领域的著述和成果较多，其中的代表人物当属汉娜·阿伦特（Hannah Arendt）和尤尔根·哈贝马斯（Jurgen Habermas）。

---

[1]　本书中提及的"公共领域"与"公有领域"是同一个概念，为了统一相关表述，本书统一使用"公共领域"一词。

政治哲学中的公共领域（Public Sphere），最早由美国政治理论家阿伦特提出。阿伦特在分析极权主义起源和现代宪政问题中提出了公共领域的概念，她认为公共领域就是这样一个空间，即每个成员不是作为私人领域的一员，而是作为一个共同体参与公共事务的对话和讨论，并且这个空间能把人们聚集在一起，消除他们之间的争论。[1]阿伦特并不否认私人领域存在的意义和价值，相反，她认为正是私人领域成就了公共领域，并为公共领域的发展和壮大提供了物质条件。但与此同时，公共领域超越了私人领域，也消除了专制力量和集权政治。

阿伦特在研究极权主义和社会现代性特点时还提出了社会领域（Social Realm）概念。社会领域是一种扭曲的空间，表现为私人领域与公共领域的界限模糊不清，原本属于"私"的东西被打上了"公"的旗号，而本应属于"公"的东西却被私人控制。[2]如果任凭这种社会领域不断扩张，其必将占领公共领域，从而形成极权主义。

公共领域思想在哈贝马斯的研究中达到了顶峰。哈贝马斯认为，所谓公共领域，是指对所有公民开放，能够形成公共意见的领域。在这个领域中，人们既不是以商人、专业人士等私人身份来处理私人事务，也不是作为团体来接受国家官僚机构或法律规章的规约。相反，人们是作为一个群体来行动，他们自由组合，自由表达意见，反映普遍利益。当讨论的是与国家

---

〔1〕 参见［美］汉娜·阿伦特："公共领域和私人领域"，载汪晖、陈燕谷主编：《文化与公共性》，生活·读书·新知三联书店 1998 年版，第 81—86 页。

〔2〕 See Margaret Canovan, "Politics as Culture: Hannah Arendt and the Public Realm", in Hannah Arendt Lewis P. Hinchman and Sandra K. Hinchman eds., *Hannah Arendt: Critical Essays*, SUNY Press (1994), p. 180.

活动相关的问题时，就称之为政治的公共领域。[1]哈贝马斯最早认为公共领域是私人领域的公共领域，后来他逐渐弱化了公共领域与市场经济的联系，使公共领域成为公共权力领域与私人领域之间的一个中间地带。[2]在公共领域内，人民集中于此，共商公共事务，并形成共同意见，与国家进行对抗，以增加社会公共利益。[3]

哈贝马斯一生对公共领域思想进行了深入研究。在他看来，公共领域具有三个特点：一是普遍的公开性。公共领域原则上向所有公民开放。[4]二是理性批判性。在公共领域交往中必须具备理性的真实性和真诚性。三是公共利益性。在公共领域交往中，人们谋求的是公共利益，而不是私人利益。要实现公共领域的上述特点，必须具备三个条件：一是参与的人需有独立人格，可以就普遍利益进行理性辩论；二是具有保障沟通的媒介；[5]三是公众通过辩论在此领域达成共识。与此同时，构成公共领域的空间也应当符合相应的条件，即参与者是平等的、广泛的，讨论的议题是开放的，等等。哈贝马斯所研究的"公共性"问题，对于私法意义上的公共领域研究同样具有重要的启示意义。

---

〔1〕　参见［德］尤尔根·哈贝马斯："公共领域"，载汪晖、陈燕谷主编：《文化与公共性》，生活·读书·新知三联书店1998年版，第125页。

〔2〕　参见彭立群："论广义公共领域的内涵、类型和价值——对哈贝马斯公共领域概念进行扩展的一种尝试"，载《学术界》2008年第4期。

〔3〕　参见彭立群："论广义公共领域的内涵、类型和价值——对哈贝马斯公共领域概念进行扩展的一种尝试"，载《学术界》2008年第4期。

〔4〕　参见［德］哈贝马斯：《公共领域的结构转型》，曹卫东等译，学林出版社2002年版，第125页。

〔5〕　参见许英："论信息时代与公共领域的重构"，载《南京师大学报（社会科学版）》2002年第3期。

二、产权经济学中的公共领域

在产权经济学中，交易成本不断变化，导致产权也不断发生变化，难以确定。对于一个特定的财产来说，有的属性[1]由于可以被定价或者界定清楚而处于私人领域，而有的属性则由于无法定价或者界定不清处于不属于任何人的状态。这种产权未被界定清楚的财产属性就被称为产权的公共领域。由于定价的程序复杂且成本较高，不是所有的属性都能被定价。在存在定价的属性与未定价的属性的市场中，人们总是倾向于利用处于公共领域的未定价的属性，这又导致了过度利用或者供应不足。[2]"公地悲剧"理论也证实了这一推论。

在经济学上，即使某些资源由于定价过高或者界定不清而处于公共领域，只要它还存在某种被利用的价值（即"租"），就会导致人们的追租行为（rent-capturing），即人们获得该资源的成本与资源本身的经济价值相比是正数，就会有动力去寻求获得这些资源。[3]追租行为的存在导致公共领域中可供攫取的资源越来越少，直至一项资源所包含的经济价值（即"租"的经济价值）小于追租的成本时，产权界定才达到均衡的状态。

因此，产权经济学中的公共领域实际上包括两个空间：一是某些财产的属性由于界定不清所处的状态；二是交易成本高于交易收益，或者追租成本高于产权自身价值时所形成的状态。产权经济学中的公共领域因受交易成本的影响而长期处于动态变化中，而作为知识产权法学中的公共领域，它的边界也会随着知识产权边界的变化以及不同国家的法律规定而处于动态之

---

〔1〕 此处的"属性"是指财产中的某种利用方式。

〔2〕 参见［美］Y. 巴泽尔：《产权的经济分析》，费方域、段毅才译，上海三联书店、上海人民出版社1997年版，第82页。

〔3〕 汪丁丁："从'交易费用'到博弈均衡"，载《经济研究》1995年第9期。

中。因此，对产权经济学中公共领域的研究，有助于我们更好地研究知识产权法学中的公共领域。

虽然本书无意也无法对政治哲学、产权经济学中的公共领域进行全面介绍和评价，但通过对不同语境下公共领域的解读，有助于我们在界定和理解知识产权公共领域时具备基本的基础知识，从而更好地借鉴和参考现有的相关理论贡献，拓展新的理论视野，取得新的理论成果。

三、知识产权法中的公共领域

法学意义上的公共领域最早可以追溯至罗马法上的"publicijuris"，也就是"公共所有权"。罗马法明确了公有物、共有物和公用物等都是可供公共使用的财产，为社会中所有人共同享有，这被看作知识产权公共领域赖以建立的思想基础和最早溯源。但此后的数个世纪里，人们对非专有性财产的研究不但没有取得进展，反而逐渐消失，有些学者称此现象为"公共领域的终结"，而导致这一现象的原因被认为是西方圈地运动的兴起。[1]直至17世纪，随着现代知识产权法的产生，公共领域才再次进入人们的视野。一般认为，现代知识产权法最早可以追溯到英国1624年的《垄断法》和1709年的《安娜女王法令》，其通过为专利权、著作权设定一定的保护期限，划定了知识产权法中公共领域和专有领域的界限。英国1624年的《垄断法》对专利的发明期限和保护范围作出规定，人们可以不受限制地使用过期的以及不受有效专利保护的发明。1709年的《安娜女王法令》设定了"文学艺术的公共领域"（the public domain for literature），并规定作品的保护期限为14年，该期限届满后，作

---

〔1〕 See Daniel R. Coquillette, "Mosses from an Old Manse: Another Look at Some Historic Property Cases About the Environment", 64 *Cornell Law Review* 761 (1979).

者可以在有生之年续展一次。《安娜女王法令》将促进一个无限扩大的"知识公域"作为其立法理念加以突出,这一理念引起了当时伦敦书商公会的强烈不满,出版商们纷纷寄希望于法院以判决的方式予以否定。最终,1774年唐纳森诉贝克特案[1],法院以判决的方式认可并继承了《安娜女王法令》中关于"著作权保护存在期限"这一思想,从而彻底否决了普通法上永久著作权的主张。由此可见,公共领域与知识产权制度是同时产生、互相依存的,并且最早的知识产权公共领域实质上指的就是根据保护期限的限定已经不再纳入知识产权保护范围的知识产品。

公共领域作为一个正式法律术语,最早出现在19世纪的法国著作权法中,指不受著作权法保护的作品,由此正式开启了公共领域术语的法律化。随后,1886年《伯尔尼公约》[2]和1952年《世界版权公约》[3]中也相继出现了公共领域一词。国际公约对公共领域的确认,使得在知识产权法中保留公共领域成为一种国际趋势。

公共领域的术语虽然产生于法国著作权法,但它的长足发展却形成于美国。[4]早在1787年,《美国宪法》就提出了知识产权的"三P"原则,即促进学习知识(the promotion of learning)、公共领域保留(the preservation of the public domain)、保护

---

〔1〕 See Donaldson v. Beckett, 1 Eng. Rep. 837(H. L. 1774).

〔2〕 1886年《伯尔尼公约》第14条规定,根据共同协议所达成的有关保留和条件,本公约适用于那些在公约生效时在来源国尚未处于公共领域的作品。

〔3〕 1952年《世界版权公约》第7条规定,条约不适用于本条约生效时在签署国已经属于永久的公共领域的作品。但该公约也例外地规定,允许成员国将因任何原因而处于公共领域的作品再次纳入保护范围之内。

〔4〕 See Tyler T. Ochoa, "Origins and Meanings of the Public Domain", 28 *University Dayton Law Review* 240(2002).

创造者(the protection of the author)。[1]同时，美国还将著作权法和专利法的立法宗旨引入宪法之中。[2]虽然公共领域概念正式成为美国知识产权法的术语始于 1909 年的《美国著作权法》，但这并不能阻止美国法院在司法判例中对其探索应用。事实上，早在 1896 年的一个知识产权案件中，美国联邦最高法院就开始使用"公共领域"一词，这也被视为公共领域的法律术语首次在司法实践中应用。该案通过引用法国著作权法并参考《伯尔尼公约》第 14 条的规定，将《美国宪法》"著作权专利条款"中"不受知识产权保护的部分"界定为公共领域。20 世纪以来，公共领域理论在美国的知识产权判例法中不断得到发展和壮大。美国汉德法官曾经在 1915—1924 年的 12 个判例中使用了公共领域概念。[3]因此，有学者认为，"公共领域这一术语一般使用在案件中，比起最后的法律结论来说，它还远远够不上经验性表达。"[4]

正所谓过去决定未来，公共领域伴随知识产权制度的产生而产生，并且从一开始就被划分和界定为"不受知识产权保护的部分"。[5]由此也说明公共领域作为一个重要概念，并不是从属于知识产权法，而是与知识产权法具有同样重要的地位。

---

〔1〕 ［美］约纳森·罗森诺:《网络法——关于因特网的法律》，张皋彤等译，中国政法大学出版社 2003 年版，第 51 页。

〔2〕 1787 年《美国宪法》第 1 条第 8 款第 8 项规定，通过在一定期限内保障作者和发明者对各自作品和发明的专有权利，以促进科学和实用技术的发展。

〔3〕 See Tyler T. Ochoa, "Origins and Meanings of the Public Domain", 28 *University Dayton Law Review* 243-244 (2002).

〔4〕 M. William Krasilovsky, "Observations on Public Domain", 14 *Bulletin of Copyright Society of the USA* 205 (1967).

〔5〕 See Rebecca Tushnet, "Domain and Forum: Public Space, Public Freedom", 30 *Columbia Journal of Law & the Arts* 597 (2006-2007).

第二节 知识产权公共领域的界定

通过对知识产权公共领域的历史回顾，我们清楚地看到了公共领域的产生和来源。由此，定义公共领域，明确其内涵和外延，对其分类和属性加以讨论都是必要的，并且也有着重要的意义。

一、知识产权公共领域的内涵与外延

尽管对于公共领域的概念存在分歧，但不可否认的是，知识产权法上的公共领域与专有领域是一对相互对立、相互限定、相互阐释的概念。探究知识产权公共领域的内涵，首先必须对知识产权专有领域予以界定。公共领域无非是将"知识产权保护范围"从反面重述一遍。[1]一般来说，知识产权专有领域是指知识产权专有权能够直接控制的范围。[2]在知识产权专有领域内，知识产权权利人可以充分行使自己的权利，其他人如果要使用该项知识产权，必须征得知识产权人的同意；在符合法律规定的某些情形下，如强制许可、法定许可，虽然不需要经过知识产权人的同意，但必须向其支付报酬。与之相对应，专有领域之外的知识产品则处于公共领域。公共领域是人类共同的智慧结晶，也是典型的"知识共有物"，通常包括没有纳入知识产权保护范畴、保护期限届满的以及权利人放弃的知识产品等。这些"知识共有物"是人类的共同财富和共同智慧，也是推动人类科学、文化、经济不断向前发展，取得一个又一个进

---

〔1〕 See James Tully, *A Discourse on Property: John Locke and His Adversaries*, Cambridge University Press, 1980, pp. 72-74.

〔2〕 参见冯晓青："知识产权法利益平衡原理论纲"，载《河南省政法管理干部学院学报》2004年第5期。

步与飞跃的公共资源。同时，需要注意的是，知识产权保护主题内也存在公共领域，如在一部作品中既有作者自己独创的部分，也有其借鉴和利用他人作品的部分。这部分存在于知识产权范围内的公共领域，如思想、事实、公有素材等，也属于全体公众可以自由利用的空间。而且，知识产权范围内还有基于对知识产权权利限制而形成的公共领域。这部分公共领域属于不特定公众可以自由利用，不需要征得权利人同意，也不需要向其支付费用，如著作权合理使用、专利权侵权例外等。有学者还进一步认为，公共领域与知识产权除具有相互对立的一面外，还具有互相补充的一面，即知识产权是丰富公共领域的手段，公共领域是知识产权的最终目标。[1]这主要是从权利保护期限角度来描述的，因为任何一项知识产权在保护期限届满后都将进入公共领域，从而不断丰富和扩充公共领域的空间，公共领域也因此成为失效知识产品的终极依归。

综上，知识产权公共领域是指不属于知识产权控制范围，可供全体公众或者不特定公众自由利用的知识产品，它既包括保护主题以外可供全体公众自由利用的领域，也包括保护主题以内可供全体公众自由利用的空间，同时还包括诸如合理使用、不视为侵权等对权利进行限制而形成的不特定公众可以自由利用的空间。[2]保护主题以外的公共领域，如没有纳入知识产权保护范畴的知识产品、保护期限届满的知识产品以及权利人放弃知识产权的知识产品等。保护主题以内的公共领域主要是指思想、事实、科学发现等不受知识产权保护的内容，这些内容因各国知识产权法律制度的制度目标和调整对象不同而有细微差别。

---

〔1〕 参见王太平、杨峰："知识产权法中的公共领域"，载《法学研究》2008年第1期。

〔2〕 下文将"全体公众"统一简称为"公众"。

根据上述定义，知识产权公共领域应当包括以下几个方面，这些内容也相应构成了知识产权公共领域的外延：

第一，人类共有的知识。如著作权法不保护的思想，思想之所以不能被垄断，是因为思想来自公有，属于人类的集体财产，将其放在公共领域让公众自由利用，可以实现比保护思想原创者的私权更为重要的公共利益。再如数学公式等基础知识，对于科技进步和社会发展具有重要价值，保留在公共领域系知识产权制度为实现社会福祉而做出的取舍。

第二，保护期限届满的知识产品，既包括权利保护期限届满的知识产品，也包括虽未形成知识产权但已过保护期限的知识产品。前者如保护期限届满的专利权、著作权，失效的商标权；后者如未发表但已过保护期限的作品等。对知识产权规定一定期限的保护期，是知识产权制度正当性的首要表现。同时，在知识产权制度建构之初，就对此前已经存在的知识产品以及人类文化遗产进行了公有与私有的划分。按照私有保护的理念，人类文化遗产与不符合条件的知识产品被一劳永逸地划入公共领域。知识产权法通过规定保护期限来换取公众对知识与信息的接近和利用，防止因信息闭塞或无法共享导致的"专利竞赛"等社会资源浪费现象，有效实现权利人利益与社会公共利益的平衡。

第三，因权利人自身原因，如发生自愿放弃或者没有履行相关手续，以及权利被宣告无效或者被判定为独创性不足以构成作品等情况，导致其权利丧失的知识产品。例如，没有缴纳年费而主动放弃的专利。又如在著作权制度产生之初，著作权并非自动取得，而是需要履行一定的登记手续，满足相应的形式要件，没有履行登记手续的作品自然不能获得著作权，由此成为公共领域的作品。

第四，根据国际公约或者国家之间的对等原则，在一国不受保护的外国知识产权。由于知识产权具有地域性，在一国获得授权并不代表其当然地在其他国家也拥有权利，或者获得同等保护。根据国际公约或者国家之间的对等原则，在一国范围内不予保护的外国知识产权，当然属于该国可以自由使用的公共领域范畴，如美国曾经为了鼓励本国文学的创作和发展而将外国人的作品排除在著作权法的保护范围之外。

第五，基于知识产权权利限制而形成的公共领域，如合理使用、不视为侵权等。这些行为原本属于侵权行为，但法律为了保护某些特殊利益或者重要的公共利益，规定其不视为侵权。根据知识产权法的理论，知识产权权利限制的范围内既不需要向权利人支付报酬，也不需要经其同意或者授权许可的知识产权。值得注意的是，这类公有不是全人类的公有，而是符合行为与身份条件的不特定主体的公有，如电台、电视台等媒体播放时事性文章。由于这类公有面向不特定主体，并非私有意义上的共有，也可以视为公共领域的一种形态。

前述对知识产权公共领域内涵与外延的厘清，有助于明晰本书的研究对象，也有利于明确当前应当永久保留在公共领域的一些因素，这对于社会发展和科学文化进步都是十分重要的。

二、知识产权公共领域的分类与特性

如果说概念及内涵与外延是认识知识产权公共领域的前提和基础，那么类型和特性就是深入研究这一命题所必需的途径，因为这既是公共领域理论研究的迫切要求，也是展开知识产权公共领域具体制度研究的基础。

（一）知识产权公共领域的分类

作为与知识产权制度密切相关的功能性范畴，公共领域主要表现在著作权法、专利法、商标法等知识产权专门法中。具体来说，由客体制度中的公共领域、保护期限届满形成的公共

3. 权利限制中的公共领域

"任何权利，唯于合法限制之范围内，有其存在。"[1]知识产权也不例外，作为一项私权，行使中也要受到一定限制。知识产权权利限制是从专有权范围内划出一块特殊空间，使不特定公众可以自由接近，并从中获益。合理使用、不视为侵权等都是对知识产权的权利限制，由此也形成了权利限制中的公共领域。通过对权利保护与权利限制的平衡设置，达到了知识产权法化解利益冲突、实现和谐有序发展的目标。

(二) 知识产权公共领域的特性

在关于知识产权公共领域属性的讨论中，学者泰勒·T. 奥乔亚（Tyler T. Ochoa）和王太平教授等人认为，公共领域具有"公众所有权"和"不可撤销"两种特性。公共领域与财产所有权相比，不存在所有权，如果一定要赋予其所有权，也仅能作为公众的所有权，公众整体就是该公有领域的所有权人[2]。"不可撤销"强调的是知识产权一旦超出保护期限或者因权利人放弃等原因进入公共领域，就不可撤销和放弃，政府不能通过将某项材料从公共领域取回而让渡那个"财产"[3]。黄汇教授认为，公共领域除具有上述两种特性外，还具有国别性、历史性、开放性、交互性和程序性等特点。不同国家的公共领域范畴不同，即使同一国家不同时期的公共领域范畴也不同。公共领域对所属领域的成员开放，任何人都可以通过公共领域这个

---

[1]　史尚宽:《物权法论》，中国政法大学出版社 2000 年版，第 66 页。

[2]　See Tyler T. Ochoa, "Origins and Meanings of the Public Domain", 28 *University Dayton Law Review* 215 （2002）；王太平、杨峰："知识产权法中的公共领域"，载《法学研究》2008 年第 1 期。

[3]　参见 Tyler T. Ochoa, "Origins and Meanings of the Public Domain", 28 *University Dayton Law Review* 215 （2002）；王太平、杨峰："知识产权法中的公共领域"，载《法学研究》2008 年第 1 期。

平台交换信息和知识，实现信息共享与交流。公共领域绝非创作要素的静态集合，而是实现知识产权目的和遏制权力扩张的观念、步骤和方法。[1]研究馆员李华伟认为，公共领域具有非竞争性与非排他性、使用上的无偿性、自由使用与有效接触性、边界的动态性等特点。公共领域可供公众自由使用，个人使用并不排斥他人使用，因此它不存在竞争性与排他性。并且对公共领域的使用不需要支付费用，使用起来也无须获得许可，接触起来也不存在什么障碍。[2]作为知识产权对立面的公共领域，它的边界会随着知识产权边界的变化而处于动态之中，也会随着不同国家的法律规定而发生变化，因此具有边界的动态性。

虽然学者们对于知识产权公共领域特性的讨论各有不同，但究其本质，无不是围绕着时间和空间而展开。从时间上看，公共领域并非一成不变。知识产权作为一种法律拟制，它的范围本身就处于不断变化之中，会随着一国政策的变化而变化，也会随着时间的变化而变化。相比之下，作为相反面的公共领域，必将随着这一界限的变化而变化。例如在我国，过去商业方法因属于智力活动的规则和方法而被排除在可专利的客体范围之外，但随着科技时代和网络时代的到来，商业方法逐渐显现出巨大的经济价值和智慧成果，于是我国逐步放开了对商业方法的专利授权[3]，从而使得原本处于公共领域范畴的客体踏入了专有领域的"领地"。此外，公共领域随时间而变化还体现在，知识产权具有保护期限的独特设计，这使得某种知识产品

---

〔1〕 参见黄汇：《版权法上的公共领域研究》，法律出版社2014年版，第19页。

〔2〕 参见李华伟：《版权制度中的公有领域研究——兼论图书馆对公有领域资源的利用》，哈尔滨工业大学出版社2016年版，第59—60页。

〔3〕 2017年修正的《专利审查指南》强调涉及商业模式的权利要求不应排除其可专利性。

可能此时处于知识产权的保护范围之内，但不久之后就成为公众可以自由利用的公共领域。

从空间上看，公共领域的范围在不同国家也是不尽相同的。同一知识产品可能在某些国家属于公共领域范畴，但在其他国家就属于知识产权的保护客体。如在 1992 年《中华人民共和国专利法》（以下简称《专利法》）第一次修正以前，药品、化学物质都不属于该法保护的客体，处于公共领域的范畴。但同一时期，这些知识产品却属于美国专利法保护的范围，未经权利人许可，他人不得随意使用。

第三节　知识产权公共领域的正当性

传统知识产权理论聚焦于权利人本身的权利主张和利益需求，热衷于为知识产权提供强有力的法律保障，但忽视了知识产品的来源与基础。殊不知，公共领域是一切知识创造活动萌芽和发展的首要保障，是知识产权制度改良的功能设计。对于知识产权公共领域的正当性，现有研究认为可以从劳动财产权论、公地理论、知识论、宪法以及利益平衡五个不同视角予以论证。这种正当性体现了作为社会科学的法学的典型特征与研究视角的多学科性。而且，公共领域是与知识产权制度相伴相生、共同发展的制度设置，因此，对知识产权公共领域正当性的理解亦与知识产权制度本身的正当性问题息息相关。

一、劳动财产权论视角下的正当性

知识产权是一套源自西方的私法体系，人们总是习惯于从自然法中寻找知识产权的正当性，而其中比较有代表性的当属英国哲学家洛克的劳动财产权论。洛克认为任何人都可以通过劳动取得劳动所有权〔1〕，从而为知识产权的正当性奠定了基础。其实，洛克也是公共领域的坚定拥护者。他认为，要通过劳动取得劳动所有权，必须满足以下两个前提条件：一是在劳动者通过劳动获得劳动所有权之前，必须为他人留下足够多同样好的东西。二是人们在为自身"自保"之需要而享用其份额时，不得浪费。〔2〕这是因为世界本属于全人类共有，当劳动者利用公有资源或者公共土地获得劳动果实后，他只能取走属于自己的劳动成果，即劳动果实的财产权，而他利用的公共资源仍然应当属于所有人公有。〔3〕简言之，"一个人不能从共有物中取走超出其能够充分利用的那部分"〔4〕，从而通过构建一个广阔的公共领域为其他人留下足够多同样好的公共资源。

在洛克看来，诸如劳动者利用的土地、河流等都属于公共物，虽然他描述的是有形领域的财产性质和状态，但实际上知识产权领域也完全包含了这些"公有"特质。〔5〕不管这些"公有"属于有形的财产领域还是无形的知识产权领域，基于生存和发展，人们都有权利接近和利用它。知识产权法通过将公有信息和公有知识放置在一个可供人们自由利用的空间，使得人们可以平等地享用这些美好的东西，并在此基础上进行再创造。

---

〔1〕 参见［澳］彼得·德霍斯：《知识财产法哲学》，周林译，商务印书馆2017年版，第70页。

〔2〕 参见［澳］彼得·德霍斯：《知识财产法哲学》，周林译，商务印书馆2017年版，第69页。

〔3〕 参见胡朝阳：《知识产权的正当性分析：法理和人权法的视角》，人民出版社2007年版，第169页。

〔4〕 ［澳］彼得·德霍斯：《知识财产法哲学》，周林译，商务印书馆2017年版，第70页。

〔5〕 参见冯晓青："知识产权法的公共领域理论"，载《知识产权》2007年第3期。

　　洛克不主张将知识产权作为一项永久的权利予以保护，并认为知识产权最终都应放置在公共领域供所有人共享。为了积极呼吁知识产权的"公有"，洛克甚至还多次建议朋友在议会中为保护公共利益、保留公共领域而建言献策。[1]在他看来，赋予书商和皇家特许公司以著作权永久权利的做法，将使得人们无法对书籍进行有效利用，不利于人类知识的更新和公共领域的维护。

　　为了满足洛克关于"为他人留下足够多同样好的东西"之要求，知识产权法通过一系列制度设计构建了一个广阔的公共领域。以著作权法为例，通过思想表达二分法形成了思想公共领域。著作权法只保护表达而不保护思想的原因有两点：一是对思想进行保护有碍于文化事业发展。将思想留存在公共领域，后续作者可以从中获得灵感、启发与帮助，还可以基于相同的思想创作出各具特色的作品，从而促进文化的繁荣和发展。简言之，"思想必须保持必要的自由并被给予，给予得越多，我们将得到越多。"[2]二是思想是公共领域的重要组成部分。没有一部作品是完全原创性的作品，它或多或少都包含或者凝结了此前他人的思想。所谓的"原创性"作品只是人们的一种狂妄[3]。思想本就属于公共领域，只是在作者的笔下，通过情感、观点的表达使它变成了现实。[4]思想终究是要被发现的，但是体现作者个人风格的表达却未必如此。如果没有吴承恩，就不会有中国四大名著之一的《西游记》诞生，没有夏洛蒂·勃朗特（Charlotte Brontë），就不会有《简·爱》的出版。因此，将丰富

────────────

〔1〕　参见张玉敏、黄汇："版权法上公共领域的合理性"，载《西南民族大学学报（人文社科版）》2009年第8期。

〔2〕　黄汇：《版权法上的公共领域研究》，法律出版社2014年版，第45页。

〔3〕　Jessica D. Litman, "The Public Domain", 39 *Emory Law Journal* 976 (1990).

〔4〕　参见黄汇：《版权法上的公共领域研究》，法律出版社2014年版，第45页。

的思想保留在公共领域，可以使不同的作者创作出各具特色的作品，人类社会由此变得丰富多彩，可以与他人分享的"好东西"自然也丰足起来。再如商标法上的合理使用，通过将通用名称、商品特点等描述性词汇保留在公共领域，保证他人可以在"第一含义"上自由使用，从而在制度上创设了一个永久留存、不受时间限制的公共领域，使得公共领域可以永远为人类所共享和使用。在专利法上，超过保护期限而形成的公共领域，也是人类技术更新和社会进步的重要来源。如果专利法不对专利权设置一个保护期限，而是任由权利人永久享有垄断权，对于他人来说无疑是一场悲剧，因为后来者几乎不可能自由、无偿地获取前人的研究成果，而必须经过授权并且支付相应的费用，由此导致技术创新的成本增加，创新的速度变慢，人类的福利也随之下降。

概言之，洛克的劳动财产权论不仅可以用于解释知识产权的正当性，它的更大贡献在于合理解释了知识产权保留公共领域的正当性。保留一个丰富而又充满活力的公共领域，不仅是知识产品产生的基础，也是一个"自然正当"的知识产权体制构建的前提条件。

二、公地理论视角下的正当性

从经济学的视角来看，公共领域与知识产权一样，有其存在的经济合理性。早在1968年，英国著名经济学家加勒特·哈丁（Garrett Hardin）就用"公地悲剧"理论来阐释私人财产权设定的合理性。哈丁发现，由于部分公有牧场不设限制，牧民们都希望利用公有牧场来喂养自己的羊，这使得公有牧场里的羊越来越多，牧场不堪重负，最终草地耗竭、牧场荒废。哈丁认为，公地悲剧发生的原因就在于作为公有资源的公有牧场不受限制，允许所有牧民放牧，而牧民基于自身经济利益的最大化必然不断增加饲养的羊，从而导致牧场彻底退化。[1]

但富有戏剧意味的是，由于知识产权的客体——知识产品——具有非竞争性和非排他性的特点，将其放置在公共领域不会使其被消耗殆尽，而且彼此的使用互不干扰、互不影响。因此，哈丁的"公地悲剧"理论不会发生在知识产权领域。相反，"公地喜剧"[2]才是知识产权制度和公共领域关系的"最佳演绎"。随着公共领域的公有资源和公有知识越来越多，人类共有的财富不但不会被消耗，还会产生"梅特卡夫"法则所说的网络效应，即参与共享知识的节点越多，知识呈现出指数级发展的趋势的可能性就会越大。[3]当公共领域的资源越来越多，使用者呈现不断增加的态势时，公共领域的价值倍加凸显。人们通过公共领域的分享与交流，能够取得的收获和成果远远大于通过自身努力而产生的。而且，新知识的产生并不会减损旧知识，"客观知识只有陈旧问题，没有损耗问题"。[4]这与华为创始人任正非所倡导的"一杯咖啡吸收宇宙能量"的企业交流文化的观点如出一辙，思想因交流碰撞而产生更大的能量。进入公共领域的知识和信息不断丰富和充实着人们的头脑，而且公共领域还汇集了大量不同的作品、不同的技术，甚至包含同一思想的不同作品，从而使得人们可以从中获得灵感与启发，并激发新作品和新技术的产生。

此外，知识产品的消费也不同于有形物品的消费。对于有形物品，一般会呈现"边际效用递减"的规律。这里有一个生

〔1〕 See Garrett Hardin, "The Tragedy of the Commons", 162 *Science* 1243 (1968).

〔2〕 See Samuel Oddi, "The Tragicomedy of the Public Domain in Intellectual Property Law", 25 *Hastings Communications and Entertainment Law Journal* 1 (2002).

〔3〕 参见寿步、方兴东、王俊秀编：《我呼吁》，吉林人民出版社2002年版，第256页。

〔4〕 郭强：《反思知识经济》，中国经济出版社1999年版，第13页。

动的比喻，即对于一个饥饿的人来说，给予不同数量的馒头所带来的效果各不相同，第一个馒头是一种恩赐，第二个是一种享受，第三个是一种食物，到第四个就成了一种负担。[1]但是知识产品的消费不一样，"边际效用递增"才是它的消费规律。对于知识产品的利用，不但不会随着使用次数的增加而减损权利人的权利或者影响他人的使用，反而可以激发更多的创作和创新的灵感，为后来的再创造提供知识储备和信息来源。

"公地喜剧"理论从经济学角度解释了知识产权保留公共领域的正当性和合理性。公共领域的存在，不仅不会使知识产品消耗殆尽，还有助于知识产品的产生和丰富。因此，保留公共领域是知识产权制度发展中最经济合理的要求。

三、知识论视角下的正当性

作为人类智力创造成果的知识，满足了人们多方面的需求，其中既有物质层面的需求，也有精神层面的需求。一方面，知识可以交换，并且成为知识经济中越来越重要的部分，这就是知识价值的商品属性，属于物质层面。另一方面，知识是人类文明的结晶，可以推动科技创新、文化繁荣和社会进步，有助于人们交流思想和互换观点，这就是知识价值的文化属性，属于精神层面。虽然实现知识价值的方式多种多样，但是无论哪种实现方式，都离不开广泛地、普遍地运用知识。知识的价值在于运用，只有充分运用，才能发挥知识的价值，才能在此基础上进行再创造。

"知识产权所要保护的并非知识本身，而是对知识的商业利

---

[1] 参见李玉峰等编著：《知识经济学》，南开大学出版社2003年版，第65、76页。

用带来的经济价值。"[1]这种保护对于知识本身也是一把双刃剑。一方面，知识产权通过制度设计使知识产权权利人获得了对知识的垄断权，并由此激发了更多知识产品的创造。另一方面，知识产权权利人的垄断权与促进知识的传播与利用又是相悖的，由于权利人可以随心所欲地许可或者不许可他人使用，信息的传播与利用成本增加，甚至可能导致信息闭塞。因此，必须在这对利益矛盾中找到平衡点，而公共领域的存在就是化解这对矛盾、平衡利益需求的有效方式。

公共领域通过将各种丰富的知识放在一个可供自由利用的空间，保障公众对于知识的自由接近与利用，促进了知识的传播与使用。同时又通过知识的传播与利用，促进更多更好的知识产品产生，充分体现了公共领域在促进和实现知识价值方面的重要作用。特别是在信息社会，随着传播技术的快速发展，知识的传播与利用变得更为方便和快捷，公共领域的极大丰富必将推动人类文明的飞速发展。知识产权应当确保和壮大公共领域，因为公共领域符合知识创造与利用的客观规律，对于有效利用知识、传播知识和丰富知识发挥着不可取代的作用。

此外，知识的承继性也为公共领域的保留提供了正当性。在人类发展的历史长河中，每个人不仅是知识的借用者，也是知识的创造者。作者创作新作品总是站在前人和他人作品的基础上，吸收前人总结的知识和经验，与他人进行知识和观点的交流，并在此基础上获得灵感与启发，形成具有作者情感、观点、特色的作品。技术的创新也是同理，新技术总是建立在现有技术的基础上，通过与本领域技术人员的不断交流与学习而实现，不依靠公有知识和公有技术的创新不可能产生，也不可

---

[1]　刘春田主编:《知识产权法》，法律出版社2009年版，第38页。

能发展。简言之，知识产品的创造需要保留公共领域，需要从公共领域中吸收必要的"养分"，这既是历史发展的规律，也是知识创造承继性的充分表现。

四、宪法视角下的正当性

从宪法的视角来看，公共领域也有存在的正当性和合理性，这里不妨从著作权保护的角度加以论证。首先，虽然每个公民都有自由表达言论的权利，但在著作权权利保护的观念下，某些言论属于特定权利人的专有权，其他公民不得重复他人的表达，进而无法自由地发表言论，使得保护作者的表达与公民的言论自由发生了冲突。如果允许他人随意重复作者的表达，将使作者的利益受损，并将削减作者的创作动力；如果不允许重复，则又会使其他公民无法自由陈述观点、发表意见，从而丧失参与民主政治的权利。[1]为了缓解这种矛盾与冲突，必须借助一种特殊的制度设计，公共领域就是解决这一难题的关键。通过赋予公众合理利用公共领域的权利，防止"著作权法阻碍对思想和表达进行具有社会价值的使用"[2]，可以保证公民获得参与"政治或者社会评论之自由"[3]。与保障公民的民主价值相比，保留著作权法上的公共领域对作者利益的损害要小得多。公共领域的存在具有重要的政治价值和社会意义，它可以避免因为重复他人的言论表达而陷入侵权的境地，而这正是确保民主社会民主政治和言论自由的机制。

---

〔1〕 See Julia Kristeva, *Desire in Language: A Semiotic Approach to Literature and Art*, Leon Roudiez ed. , Thomas Gora and Alice Jardine trans. , Columbia University Press, 1980, p. 65.

〔2〕 Geoffrey P. Hull, *The Recording Industry*, Allyn and Bacon, 1998, pp. 135–136.

〔3〕 ［美］威廉·W. 费舍尔：《说话算数：技术、法律以及娱乐的未来》，李旭译，上海三联书店 2008 年版，第 36 页。

其次，言论的辩论也需要保留公共领域。在民主社会，人们不仅需要自由发表言论，还要互相表明看法和观点。甚至在某些情况下，要对他人的不同观点进行质疑、批判，并与之辩论、竞争，从而在这种越辩越明的自由舆论环境中，激励人们发现真理、探寻真理。通过保留公共领域，可以创设一个言论自由的公共空间，在这个空间里，言论可以被嘲讽、批驳和质疑，思想和观点可以竞相流动与传播，决策者可以通过在这些不同观点与言论的争锋对决之间找到解题的思路与方法，并获得真理的感悟与力量。[1]

最后，对国家权力的制约也需要保留公共领域。国家权力需要制约，需要受到社会监督和舆论引导。在哈贝马斯看来，通过阅读和文学支撑的公共领域，可以使公众形成某种共识，达成所谓的公共舆论，而这种公共舆论可以对国家权力机关形成政治压力，纠正错误的政治观点，并进而影响一国政策和法律的制定。如果国家权力不受到监督和制约，那么所谓的"民主政治"可能只是执政者的谎言。公共领域通过创制一个舆论的公共空间，可以使市民社会不断获得自救的能力，而这种自救是现代社会实现民主政治和权力制约所不可缺少的，也是社会发展与人类进步的重要支撑。

五、利益平衡视角下的正当性

在知识产权利益关系中，围绕着知识产品的生产、传播和利用，产生了许多不同的利益代表。知识产权制度需要在这些利益之间进行平衡与协调，以实现不同利益的相互均衡与发展。其中最引人关注的是知识产权权利人与知识产品使用人之间的

---

〔1〕　See Habermas, J., *The Structural Transformation of the Public Sphere*, The MIT Press, 1991, p. 38.

利益平衡，这一利益关系构成了知识产权法调整的基本矛盾。在保障知识产权权利人利益的基础上保障公众对知识和信息的自由接近与利用，实现权利人利益与社会公共利益的平衡，成为知识产权法的首要任务。

从知识产权制度的立法宗旨出发，它是一项鼓励科技创新、智力创作的激励机制。一方面，赋予知识产权人对知识产品的专有垄断权体现了法律"劳有所获、劳有所得"的正义精神，是对权利人的经济投入与智力付出的合理回报，有助于激发全社会创新创作的动力。另一方面，对私权的关注不能忽视社会公共利益，为公众保留可供自由利用的公共领域。缺乏公共领域的滋养，不仅知识产权制度促进科技文化繁荣发展的社会目标无法实现，知识产权权利人的利益也不能获得保障。毕竟不建立在前人和他人经验之上的创造是不存在的，任何人既是知识的创造者，亦是知识的使用者，知识创造离不开对公共领域"养分"的吸收与借鉴，失去了公共领域的滋养，知识创造犹如无源之水、无本之木。正因如此，为了实现知识产权权利人利益与社会公共利益的协调发展，保留公共领域才显得尤为重要。

首先，通过知识产权排除的客体和限定知识产权的保护条件，在客体层面构建了公共领域。一方面，将对于人类发展极为重要的科学发现、数学公式等基础理论知识和思想、事实、公有素材等信息予以保留，扩充了公有知识和公有信息的容量；另一方面，通过作品的独创性、专利的"三性"、商标的显著性等授权条件的设定，明确了知识产权专有领域与公共领域的界限，在专有权领域外保留了一个公众得以自由接近和利用的公共领域，实现了知识产权权利人利益与社会公共利益的平衡，化解了权利人与社会大众之间的矛盾。

其次，保护期制度使得知识产权权利人可以暂时享有对知识产品的专有垄断权，通过自己使用或者授权他人使用收回成本，获得经济收益与社会价值，激发了权利人和全社会再创新再创造的热情。当保护期限届满或者权利失效后，知识产品纷纷进入公共领域，成为公众可以自由接近和利用的公有资源，从而通过短暂的保护使得所有的知识产品最终都汇聚到公共领域空间。从这个意义上说，知识产权公共领域既是知识创造的起点，也是知识创造的终点。"著作权法不仅服务于维持公共领域，也服务于丰富公共领域。"[1]通过保护期制度，实现了保护知识产权与维护公共领域的有效平衡，并最终促进了科技创新、文化繁荣和社会进步。

最后，知识产权作为一项私权，对其予以保护有着充分的正当性与合理性，但任何权利的行使都必须受到一定限制，知识产权也不例外。通过合理使用、先用权、权利用尽、侵权例外等权利限制制度，在专有权范围内划出了一块特殊空间，使得不特定公众得以接近和合理利用原本属于专有领域的知识，从而通过对权利保护与权利限制的平衡设置，保障了社会公共利益，增加了社会福利，化解了知识产权内部各种利益冲突，实现了权利人、使用者与公众之间的和谐有序。

知识产权法的正义价值，意味着在知识产权各种利益之间，特别是知识产权权利人个人利益与社会公共利益之间的权利义务分配符合正义精神，使人人得以公平、合理分享社会知识财富。保留一个丰富而又充满活力的公共领域，给予公众自由利用公共领域的公有资源，可以在保障权利人合法利益的基础上实现知识传播、社会进步的社会公共利益。简言之，保留公共领域实现了社会分配的公平正义，体现了知识产权法确保公平、

---

[1]　冯晓青：《知识产权法利益平衡理论》，中国政法大学出版社 2006 年版，第 102 页。

合理分享社会知识财富的平等正义精神，是实现知识产权法上利益平衡的重要途径。

第四节　知识产权公共领域的实践意义

实践证明，任何不恰当、不公平的知识产权扩张，都必然有违"知识产权与公共领域历史同在的逻辑"[1]和社会发展客观规律。任何追求知识产权盲目扩张的行为，都是短期的、肤浅的做法，必将动摇知识产权制度存在的基础，践踏公共领域存在的意义和价值。公共领域作为与知识产权相伴相生、共同发展的功能性范畴，对于中国立法保护和司法保护具有重要的实践意义，是中国知识产权制度发展的必然保留，是中国知识产权法律实践对公共领域理论的真实需求。

一、知识产权公共领域的立法保护意义

知识产权法作为现代社会法律制度，其在确立之初就受到人们的质疑。知识的垄断和限制，是否会危及知识与信息的传播，对人类的发展进步造成阻碍？回顾美国知识产权制度产生的历史，公共领域的价值被《美国宪法》认为是专利法和著作权法制定的终极目标。实现这一价值目标，不得不依靠一个内容丰富的公共领域。在立法保护层面，公共领域凭借对知识产权权利限制和权利边界的限定作用彰显了其独特的立法保护意义。

首先，公共领域是知识产权权利限制的依据。虽然洛克认为任何人都可以通过劳动获得劳动所有权[2]，但在此之前，必

---

〔1〕　黄汇：《版权法上的公共领域研究》，法律出版社2014年版，第26页。
〔2〕　参见［澳］彼得·德霍斯：《知识财产法哲学》，周林译，商务印书馆2017年版，第70页。

须为他人留下足够多同样好的东西[1]，这是公平合理分享有形财产的要求。无形财产的分配也不例外：一方面，赋予权利人对知识产品的专有垄断权，使通过知识创造获得财富成为再正当不过的事情。另一方面，法律的公平正义要求实现资源分配的公正，知识的传承与发展、社会的进步与飞跃都需要广袤而富足的公有土地的滋养，都需要站在前人和他人研究的基础上进行探索，这离不开一个丰富而又充满活力的公共领域。借此，诸如合理使用、权利用尽、侵权例外等权利限制制度得以产生，通过从专有领域划出一块特殊空间实现对知识产权利益关系的合理配置，实现法律公平正义的目标。

其次，公共领域有助于知识产权权利边界的划定。如前所述，知识产权法上的专有领域与公共领域是一对相互对立、相互限定，同时又相互阐释的概念。公共领域无非是对"知识产权保护范围"的反面重述。[2]例如：在著作权领域，通过思想表达二分法、独创性原则的运用以及排除不受著作权保护的范畴，明确了著作权客体层面的公共领域；在专利领域，专利法排除的客体和专利授权的新颖性、创造性与实用性条件确定了专利权客体制度中的公共领域；在商标领域，商标法通过显著性和不得作为商标注册的标志排除构成了商标权客体层面的公共领域。此外，知识产权法还通过对知识产权的时间限制和范围限制，将保护期限届满的知识产权、权利限制的知识产权纳入其中，进一步扩充了公共领域的空间和范围。与之相对应，公共领域以外的空间则属于权利人专属、他人未经许可不得随

---

[1] 参见［澳］彼得·德霍斯：《知识财产法哲学》，周林译，商务印书馆2017年版，第69页。

[2] See James Tully, *A Discourse on Property：John Locke and His Adversaries*, Cambridge University Press，1980, pp. 72-74.

意踏入的专属领地，是激发权利人乃至全社会创新动力的源泉。由此，知识产权中客体制度、保护期制度和权利限制制度在构建知识产权公共领域的同时，也明确了专有领域与公共领域的界限，实现了对知识产权权利边界的有效划定。

二、知识产权公共领域的司法实践意义

知识产权公共领域的实践意义除了体现在立法对于专有领域与公共领域的界分上，还体现在司法机关在审理知识产权案件时对专有领域保护范围的确定上，既不得随意扩大知识产权的权利保护范围，也不得随意增加知识产权的保护客体，从而凭借在个案中有效界分专有领域与公共领域，化解各种利益冲突，实现和谐有序的发展目标。

首先，保留公共领域要求司法不得随意扩大知识产权的权利保护范围。在知识产权制度发展中，知识产权权利范围有不断扩张之势，"在被扩张的知识产权中，原来留存在公共领域中的是以前被认为没有被占有的、不能被占有的或者是公共占有的信息，后来被不断地从知识'共有物'中移除并转化成私人的知识产权。"[1]而实践证明，公共领域对于提升我国公共教育水平和人们的文化消费能力、缩小东西部发展差距、增加社会福祉有着极为重要的意义，它为公众自由接近和利用公有知识、公有资源提供了可能，被视为促进文化繁荣、科技进步和社会发展的重要功能设置。由此，在保留公共领域理念的引领下，司法必须保持谦抑性，审慎地在专有领域与公共领域间划定界限，合理确定知识产权的保护范围，如正确解读专利权的权利要求，科学确定作品的独创性、商标的显著性、专利的创造性

---

[1] 冯晓青："知识产权法的公共领域理论"，载《知识产权》2007 年第 3 期。

等，并以此为基础定分止争。不得一味保护权利人利益而忽视社会公共利益，不得为了一时的快速发展而忽视人类社会的长久发展。

其次，公共领域的保留亦要求司法不得随意增加知识产权的保护客体。随着新技术与新业态的不约而至，司法实践中涌现出许多新的权利客体，如角色形象、体育赛事类节目等，迫切要求获得法律的承认与司法的保护。因此，有学者指出，当前在知识产权的客体领域，存在着一种法官造法的倾向。[1]对这些新型权利客体的保护还呈现出向反不正当竞争法逃逸的现象。这为知识产权的司法保护敲响了警钟。殊不知，公共领域就是破解这一难题的良药。在保留知识产权公共领域视野下，对知识产权领域出现的新客体、新利益，必须在现有的法律框架下，依据已有的法律规定作出判定，不得将法律未确认的保护客体随意纳入保护范围，从而不合理地扩大专有领域的保护范围。司法必须通过科学合理地划定专有领域与公共领域的界限，维持权利人利益与社会公共利益的有效平衡，实现法律的分配正义。

本章小结

公共领域是认识知识产权制度的起点，而知识产权公共领域的基础理论是认识公共领域的起点。公共领域不是知识产权法上的专属概念，它在政治哲学、产权经济学中亦存在。公共领域与知识产权相伴相生，二者是矛盾统一体，是一个硬币的两面，可以说没有公共领域，就没有所谓的知识产权。本章通过回溯知识产权公共领域的历史发展，明确了知识产权公共领

---

〔1〕　崔国斌："知识产权法官造法批判"，载《中国法学》2006年第1期。

域的概念——指不属于知识产权控制范围，可供全体公众或者不特定公众自由利用的知识产品，既包括保护主题以外可供全体公众自由利用的领域，也包括保护主题以内可供全体公众自由利用的空间，同时还包括诸如合理使用、不视为侵权等对权利进行限制而形成的不特定公众可以自由利用的空间。知识产权公共领域的边界处于动态变化之中，它既会随着作为对立面的知识产权专有领域的边界改变而发生变化，也会随着不同国家的知识产权保护政策或者同一国家不同时期的知识产权保护政策而改变，因此，科学划定专有领域与公共领域的界限显得尤为重要。客体制度、保护期制度和权利限制制度是支撑知识产权公共领域的基石，也是知识产权公共领域的主要构成。传统知识产权理论聚焦于权利人本身的权利主张和利益需求，无法有效解释知识创造中对于智力资源的使用行为和效率问题。这扭曲了知识产权鼓励知识创造与知识产权人利益之间的精细平衡，并且误导了大众对于公共领域重要性的忽视——公共领域是知识产权法律制度下知识创造可能性的首要保障。无论是劳动财产权论、公地理论，还是知识论、宪法和利益平衡视角，都能找到保留公共领域的正当性与合理性。公共领域向我们展示了知识产权扩张背景下，保留公共领域在立法和司法上的实践意义，也向我们证明了公共领域是知识产权制度历史演进的必然。公共领域是立法保护层面对知识产权进行权利限制的依据，也是划定知识产权权利边界的标尺。同时，保留公共领域意味着在司法实践中不得随意扩大知识产权的权利保护范围，也不得随意增加权利保护的客体，而必须在现有法律规定的范围内裁量，将法律的留白归于社会、归于公众。

第二章

公共领域视野下的知识产权保护理念

法律理念贯穿于法律条文和司法实践中，指引知识产权保护朝着既定的方向前进。知识产权保护的基本理念直接影响着保护的基本方向，是知识产权保护追求的价值目标概括。既然在知识产权法中保留公共领域具有充分的正当性，也是国际社会的共识，为什么当前要从公共领域的视角去探讨知识产权保护问题？究其原因在于知识产权保护理念中包含着保留公共领域的制度设计，这些保护理念与保留公共领域具有内在的一致性与融合性，从而在知识产权保护中保留公共领域有着充分的正当性与合理性。当前，知识产权保护理念主要包括利益平衡、激励创新、严格保护、比例协调等。本章拟对这些基本理念与保留公共领域之间的内在联系予以探讨。

第一节　利益平衡理念

利益平衡是指一定利益格局和体系下出现的不同利益主体间相对和平共处、相对均势的状态。[1]不同利益主体反映不同利益需求，希望实现各自的利益目标，由此导致利益格局内部存在着竞争与冲突。而法律的目的是平衡和协调不同的利益关系，达成不同利益共存的状态，并建立起一种你我他和谐共处的伙伴关系。因此，法律需要协调各方冲突因素，使各种利益

---

〔1〕　参见冯晓青：《知识产权法利益平衡理论》，中国政法大学出版社 2006 年版，第 11 页。

在共存和相容的基础上达到合理优化。[1]

一、利益平衡的基本内涵

知识产权法作为人为拟制的法律，与利益天然存在着密切联系，它的内部包含着许多不同的利益主体，如权利人、传播者、使用者、公众等，他们各自代表着不同的利益诉求，都希望获得反映与支持。知识产权法需要在这些不同利益间进行平衡，保护创造者的利益，激励其不断创新；保护传播者的利益，促进知识产品的传播；保护使用者和公众的利益，实现知识的共享与利用。通过对不同利益的平衡协调，实现促进社会发展进步的最终目的。正因如此，平衡利益冲突是知识产权制度的重要特点，利益平衡在知识产权法中比在其他法律中显得更为重要。

立法平衡是国家对知识产权利益冲突的初次平衡，也被称为首次平衡。国家通过颁布一系列法律规定来界定不同主体的权利边界，从宏观上满足人们对于权利和义务的分配需求。哪些属于知识产权的权利客体应当获得保护，划入专有领域；哪些应当予以排除，保留在公共领域供公众自由利用，立法者通过科学划定权利边界，在权利人、使用者、传播者及公众之间实现了利益均衡。但是立法平衡毕竟是一个普适性的调整机制，无法满足现实生活的各种情形，由此导致立法平衡具有静态性、滞后性、针对性不强等缺陷。面对具体的、情况各异的利益冲突，不得不求诸司法平衡予以解决。司法具有权威性、终局性、强制性等特点，凭借其"强势不确定规定"[2]之特性，法官可以在利益平衡精神的引领下，根据个案的具体情况进行裁判，

---

[1] 参见陶鑫良、袁真富：《知识产权法总论》，知识产权出版社2005年版，第17—18页。

[2] 徐国栋：《民法基本原则解释——成文法局限性之克服》，中国政法大学出版社1992年版，第21页。

以恢复利益均衡的现状，并化解知识产权利益冲突，实现法律的实质公平正义。因此，利益平衡贯穿知识产权保护的始终。

首先，利益平衡体现在追求相关利益最大化的同时又对其他利益损害较小，即在面对各种利益冲突时，应综合考虑各种利益诉求，兼顾各方利益需求。如若为了实现某种利益而不得不对其他利益造成损害，必须注意把握与之相适应的尺度。[1]面对互相交叉重叠的利益，应尽量寻求共同点，扩大相互间的互补性，以保证每种利益都能得以公平对待，并尽可能使之均得以实现。[2]如在星河湾公司、宏富公司诉炜赋公司侵害商标权及不正当竞争纠纷案[3]中，法院认为，在商标权与物权发生冲突时，应当基于善意保护原则和社会公共利益，对当事人的法律责任作出判定。由于该小区的居民已经入住多年，且在购买前并不知道小区名称涉嫌侵权，如果非要判决小区更名，会导致商标权人、公众、小区居民之间发生利益冲突，故基于社会公共利益的考量，认定小区名称构成侵权但不判决更名。该判决通过对各方利益的综合评判和兼顾考虑，最终实现公益与私益的平衡。

其次，利益平衡体现在裁判结果的合理性上。不管何种合法利益，都有其存在的理由和价值，都不能被无理剥夺和践踏。既不能为了追求一方的利益而不顾他方的利益，也不能为了维护公共利益就置个人利益于不顾。对于囿于客观情况而暂时无法得到满足和保护的权益，需要在特定的时间，以特定的方式给予补偿，唯有如此，司法裁判才能受到各方的尊重，才能经

---

〔1〕 参见［德］卡尔·拉伦茨：《法学方法论》，陈爱娥译，商务印书馆2003年版，第285页。

〔2〕 参见沈仲衡："论法律推理中的利益选择——兼评《利益平衡论》"，载张文显主编：《法学理论前沿论坛》（第二卷），科学出版社2003年版，第128页。

〔3〕 参见最高人民法院（2013）民提字第102号民事判决书。

得起时间的考验，裁判结果才是合理的。如在新白云机场幕墙专利侵权纠纷案[1]中，虽然被告被认定为专利侵权，但由于判令被告停止使用该专利产品将会造成社会投资的巨大浪费，甚至会影响我国航空运营，导致公众出行选择受限而波及公共利益，法院最终判定被告构成专利侵权但不停止使用该专利产品，以支付使用费的方式平息了纠纷。该案系以公共利益限制停止侵权的典型案例。停止侵权是知识产权排他权的表现，在司法案件中呈现出很强的适用性，如果停止侵权明显会使国家利益、公共利益与专利权人利益出现失衡，采取赔偿和支付使用费的方式将收获更高的社会评价。

最后，利益平衡还体现在动态平衡中，即利益平衡的重心和理念在不同国家有所不同，也会随着一国不同历史时期的知识产权政策而变化。以美国的专利法发展历程为例，美国在建国之初颁布了一系列加强专利保护的政策，激发了全社会创新的热情，科技发展水平实现快速提升。但是专利的垄断权也引起了社会的强烈不满，人们纷纷指责市场上占据垄断地位的大公司控制商品价格并垄断市场。于是，在 20 世纪四五十年代，司法实践中出现了一批专门针对大公司大寡头的垄断诉讼案件，美国法院纷纷作出实施专利强制许可的裁判，以达到严格控制专利权的目的。进入 20 世纪 80 年代，这一趋势愈加明显，美国许多学者提出要加强对专利权的限制，美国法院也要求专利权人在撰写专利文件时，必须将专利保护范围概括清楚，而不能将专利权利要求的解释毫无根据地扩大。美国从激励专利权，到控制专利权，再到限制专利权的发展历程，反映了利益平衡是一种动态的立法技术和司法技术，需要根据一国的客观需要

[1] 参见广东省高级人民法院（2006）粤高法民三终字第 391 号民事判决书。

和发展状况等现实国情适时调整。

二、立法目的中的利益平衡取向

知识产权法的立法目的是促进文化繁荣、科技创新，实现经济发展与社会进步。具体来说，知识产权法以保护知识产权人的知识创造与利益，激励其持续创新为直接目的，以促进知识信息的广泛传播和社会发展进步为最终目的。这二元价值目标体现了知识产权法需要对不同利益主体进行平衡协调，也充分体现了利益平衡的理念。

（一）知识产权法的立法目的

首先，知识产权法将保护知识产权人的利益作为直接目的。知识产权人是一切知识创造活动的实施者，是知识产品的生产者，如果其在付出智力劳动和辛勤汗水后，精神权利和经济权利得不到保护，必然会失去创作新作品、研发新技术的动力，社会也会失去技术更迭和文化繁荣的希望。所有的知识产品都源自权利人的创造性劳动，否则不可能产生，因此，知识产权法需要通过制度安排，保障其在付出创造性劳动后，能够取得知识产品，并基于知识产品收回成本、获得报酬。只有保障了权利人的利益，让其保有创新的动力和创作的积极性，才能推动新的技术手段不断涌现，新的作品层出不穷。相反，如果权利人的智力劳动不能得到充分保护，社会将失去创新的动力源泉，知识产权法的立法基础也将不复存在，成为一纸空文。

其次，知识产权法以实现经济社会发展的社会公共利益为最终目的。虽然从知识产权各个专门法的篇章结构及条文内容来看，似乎知识产权法更关注的是权利人及利害关系人权利的实现，如著作权法的笔墨大多停留在作者和邻接权人身上，但当我们透过这些表面文字去探寻法律的实质精神时，不难发现，知识产权法之所以关注权利人，是为了激励更多知识产品的产出，以满足人们对美好生活的向往和追求，促进社会的进步与发展。而知识产品的创造离不开前人经验的积累、与他人知识的交流，更离不开一个可以汲取各种营养的公共领域。

直接目的和最终目的相辅相成、并行不悖。保护知识产权人的利益是起点和核心，促进社会的发展与进步是终点和关键。因此，知识产权法在对私权进行保护的同时，也要注重对社会公共利益的维护，要在维护知识产权人利益与社会公共利益之间实现平衡。当前，我国的知识产权立法散落在各单行法中，无一例外，这些法律也同样包含着实现利益平衡的二元价值目标。以下将以著作权法、专利法和商标法为例，探讨其蕴含的利益平衡理念。

1. 著作权法的立法目的

著作权法是保护思想的法律，其同样具有保护作者利益与促进文化繁荣发展的双重目标，也需要在两者之间实现利益的协调与发展。

（1）以充分保护作者利益作为首要目的。著作权法的条文虽然各有侧重，有的注重保护作者利益，有的注重增加社会公共利益，但不可否认也无可置疑的是，著作权法首先以保护作者的利益为基础和出发点。从《伯尔尼公约》到《世界版权公约》都旗帜鲜明地确认著作权是作者权，著作权法属于保护作者权利的法律。大陆法系国家的著作权甚至还被称为作者权，由此可见对作者保护的重视。[1] 著作权法之所以将保护作者权利作为首要目的，有着充分的理由：

首先，著作权保护的客体是作品，作品是作者智力创造的成果。作者之于作品，就像母亲之于孩子，没有作者的存在，

---

〔1〕《中华人民共和国著作权法》（以下简称《著作权法》）第 1 条也首先明确了对作者的保护，规定著作权法保护的是文学、艺术和科学作品作者的权利。

作品不可能诞生。通常而言，作品的创作过程是艰难和痛苦的，它是作者在付出一定的时间和汗水，经过头脑风暴后形成的创作成果。而且，这些不断产出的作品极大地丰富了人们的精神生活，推进了社会文明进程。根据劳动财产权论，既然作品是作者的劳动成果，付出创造性劳动的作者理应受到尊重和保护。

其次，著作权的人身权及财产权[1]都源自作者的创作。从人身权来看，这是一项基于作者创作而带来的与作者人格和身份密切相关的权利。作品是作者个性、特点、知识结构、习惯等人格特性的延伸，反映了特定作者的思想、观点和情感。正是因为作品被打上了作者的人格烙印，著作权法才需要赋予作者署名权、修改权和保护作品完整权等人身权。从财产权来看，作品是作者经过头脑风暴、付出辛勤汗水后产生的知识产品，将作品的经济价值归于作者自然正当。因此，复制、发行、表演和信息网络传播等财产权利也源自作者的创作，作者既可以自行使用，也可以授权他人使用，或者转让作品来实现经济价值。而且，就邻接权而言，它是由著作权派生出来的权利，它的存在也以著作权的存在为基础。

（2）以保障社会公共利益作为最终目标。有学者曾指出，著作权法致力于"促进社会经济文化事业的全面、迅速和可持续发展"[2]，一句话道明了著作权法对社会公共利益的关注。具体来说，著作权法的公共利益价值目标体现在以下几个方面：

第一，促进创作和传播。著作权法通过激励作者创作，促进了更多更好的作品产出，随着作品的广泛传播，公众可以从中获取知识与信息，获得灵感与启发，而且还能在此基础上创

---

〔1〕 我国著作权法规定的人身权及财产权，在国外和国际公约中被称为精神权利和经济权利。

〔2〕 张玉敏主编：《知识产权法学》（第二版），法律出版社2011年版，第10页。

作出更多优秀的作品，包括同一主题的不同作品。如在张晓燕诉雷献和等侵害著作权纠纷案[1]中，原、被告根据 20 世纪 80 年代精简整编中骑兵部队撤编这一历史线索，分别创作了不同的作品，原告认为被告的作品在主要人物关系、故事情节等多方面与其作品存在相同或近似之处，便将被告诉至法院。法院审理后指出，思想不属于著作权法保护的范畴，不同的作者可以基于同一主题、同一历史题材创作作品，这不为法律所禁止。通过百花齐放、百家争鸣，越来越多的作品得以创作出来，著作权法在"促进表达多样性"[2]的同时，也使公众从中受益。

第二，保留公共领域。公共领域是全体公众或者不特定公众自由利用的公共空间，公共领域的保留对于人们获取作品、接近和利用作品具有重要意义。著作权法通过对著作权客体排除、保护期限以及权利限制的规定，划清了专有领域与公共领域的界限，为公众保留了一个可供自由学习、自由利用的空间。即使在获得著作权保护的作品内部，也并不是所有部分都属于作者的专有权范围。思想表达二分法、独创性原则是衡量作品是否能获得著作权保护的条件，如果属于作品中的思想范畴或者作品不具备独创性，则均应纳入公共领域，为公众自由利用。

第三，保障公众自由接近作品。著作权的授予以保障公众自由接近作品作为对价。虽然从表面上看，对作品的保护增加了公众接近作品的成本，并在一定程度上限制了公众使用作品的自由，但究其本质，对作品的保护可以激发更多更好的作品产生，随着著作权保护期限届满，这些作品无一例外地进入公共领域，成为公众可以自由接近和利用的公有知识和公有资源。

---

[1] 参见最高人民法院（2013）民申字第 1049 号民事裁定书。
[2] 冯晓青：《知识产权法利益平衡理论》，中国政法大学出版社 2006 年版，第 99 页。

此外，作者创作作品，需要继承和吸收前人作品和他人作品中的"养分"，作者也是在接近和利用已有作品的基础上实现创作，获得创作的"酬劳"——著作权，并得到一定的经济回报的。因此，从这个意义上来说，作者创作作品，也应当确保他人可以自由接近和利用，这是著作权法实现公平正义的公共利益目标的必然选择。

第四，促进民主文化目标的实现。著作权法的民主文化目标是更高层次的公共利益目标。首先，著作权法倡导文化的多元化和表达的多样化。一方面，鼓励不同的作者就同一主题创作不同的作品，如前述的张晓燕诉雷献和等侵害著作权纠纷案[1]中，法院对张晓燕和雷献和等两人根据同一主题分别独立创作的作品获得著作权，均予以肯定和支持。另一方面，也鼓励作者在公有素材或者已有作品基础上进行再创作，如在上海美影厂诉玺匠公司侵害著作权纠纷案[2]中，法院指出，公有素材是公众可以自由利用的信息，法律对此并不禁止。作者在公有素材或者他人作品的基础上，再次创作出具有独创性的作品，依然可以获得著作权法的保护。可见，著作权法鼓励作者的智力创作，通过激励作品产出促进信息和思想的交流，满足社会成员公共交流的需求。其次，著作权法促进公共教育。著作权法通过合理使用、法定使用等制度，保障了不特定公众可以合理接触作品、获得公平教育的权利。而且，公众在知识和信息的传播与利用中，可以不断接近和触碰人类的知识财富，从而提升公众的知识能力和水平。

2. 专利法的立法目的

专利法是对具备新颖性、创造性、实用性的发明创造授予

---

〔1〕　参见最高人民法院（2013）民申字第 1049 号民事裁定书。
〔2〕　参见最高人民法院（2017）最高法民申 1497 号民事裁定书。

专利权，以换取公开技术方案，促进技术与信息传播利用的法律制度。专利法也具有保护专利权人利益与保障社会公共利益的二元价值目标。

（1）以保护专利权人的利益作为首要目的。专利法通过赋予发明创造以专有权，确保了发明人的付出可以获得经济回报，从而激发了全社会进行发明创造的积极性。为什么专利法首先要确保发明人的利益？因为只有通过发明人，发明创造才可能被创造；只有确保了发明人合法利益的实现，才会有更多的发明成果被创造出来。发明创造所带来的技术提升与一国的经济发展有着密切联系，对于提升国家的科技水平和经济发展有着重要的推动作用。试想如果缺乏对发明人的保护，科学研究必将减少，能够传播与利用的技术和信息也必然减少，国家的科技水平将会因此停滞不前。

专利法授予发明人以专有垄断权的做法获得了很多经济学者的支持。亚当·斯密（Adam Smith）肯定了"垄断是对社会必要的损害"的看法，指出授予发明者暂时的垄断权是回报发明者投入研发成本与承担风险的最佳方法。[1] 杰里米·边沁（Jeremy Bentham）认为授予发明人专有权是"最合适的、最自然的、最不需要负担的，也是能够产生确定结果的"。[2] 随着经济全球化与国际竞争的加剧，世界各国越来越认识到科技是推动社会发展的重要引擎和强大动力。专利制度就是提升国家科技能力与水平的重要手段，是保护发明创造的重要制度设计。只有发明人的科研投入获得了回报，才会有千千万万的科技工作者愿意继续投身科研活动，也才会有越来越多的技术得以更

---

〔1〕 See Adam Smith, *The Wealth of Nations*, Penguin Classics, p. 189.

〔2〕 See Jeremy Bentham, "A Manual of Political Economy", in John Bowring ed., *The Works of Jeremy Bentham*, Vol. 3, 1962.

新换代，并最终促进科技进步与经济发展。

（2）专利法具有保障公共利益的价值目标。专利法的公共利益目标主要体现在：

第一，保障技术公开。专利法是一种以垄断换公开的机制，技术公开是发明人获得专有权所应当履行的社会义务和责任，也是专利法保护公共利益的重要体现。因此，专利又被称为发明者和社会通过法律保护换取社会公开的协议。根据这一协议，对发明人给予一定时间的专有垄断权，可以实现技术信息的迅速公开，而技术信息的公开有助于专利技术的扩散，使人们在短时间内得以掌握最新的技术资讯、接触最新的技术成果，减少"专利竞赛"带来的社会损失。技术信息的公开不仅对发明人有利，表现为信息的公开与传播增加了发明人获得经济回报的可能性，而且对社会也是十分有益的，因为技术公开促进了更多更好的先进技术的广泛传播，也使更多的新构思、新发明可能因此产生。

第二，促进科学技术进步。随着经济全球化与国际竞争的加剧，世界各国越来越认识到科技水平是推动一国社会发展的重要引擎和强大动力。要想在世界科技竞赛中获得胜利，就必须掌握先进的科学技术，拥有一流的科学人才。专利制度就是提升国家科技能力与科技水平的重要手段，是保护发明创造源源不断生产出来的重要制度设计。对于企业而言，专利制度也是保障其能在市场竞争中取胜的法宝，因为企业要想在市场竞争中获胜，就必须有优于同类企业的领先技术，而这离不开专利制度的推动。专利法通过客体制度、保护期制度和权利限制制度，保留了一个全体公众或者不特定公众得以自由接近和利用的公共领域。在这个领域，科技工作者可以自由进行研发，特定公众可以合理使用所需技术，从而通过提供充足的公有技术和公有资源，推动技术的改进与提升，增进社会福祉，并最终促进科技进步与经济社会发展。

3. 商标法的立法目的

不同于著作权法和专利法以知识创造成果作为权利保护的基础，商标法保护的是商业标记，由此决定商标法的立法目的与著作权法、专利法既有相似之处，也有不同之处。相似之处表现为都以保护权利人的利益作为直接目的，且最终目的都是维护社会公共利益；不同之处在于，商标法关注的公共利益不是一般意义上的公众利益，而是微观意义上的消费者和竞争者的利益。[1]

（1）以保护商标专用权为直接目的。在普通法国家，商标保护最早源于防止虚假商品误导和欺诈公众。早期的商标诉讼由公众受到欺诈而不是商标权人被欺骗而引发，后来法律逐渐以一种法律权利——商标专用权——确立了商标保护的基础。商标专用权是市场主体确保自身利益，进行市场竞争的有力武器，也是防止竞争对手搭便车、消费者混淆的手段。商标的立法、执法、司法都是紧紧围绕着商标专用权展开的：国家以立法的形式对商标专用权予以确认，提供法律依据和法律保护手段；执法部门在商标管理与商标执法的过程中，以商标专用权为保护范围，切实维护专用权的行使，严厉打击侵权假冒等违法行为，维护商标管理的协调有序发展；法院在审理商标侵权纠纷案件中，也需要对原告是否具有商标专用权、被告是否侵犯了原告的商标专用权作出认定，并在此基础上明确各自的权利义务和法律责任。因此，商标专用权是商标法的基础和核心，一切商标活动都紧紧围绕着商标专用权而展开。

---

[1] 冯晓青：《知识产权法利益平衡理论》，中国政法大学出版社2006年版，第130页。

（2）商标法对消费者利益格外关注。消费者是商标法中的重要角色，并且商标法最初就是通过避免消费者混淆和受到欺骗来实现商标的其他功能的。如果消费者在购买商品中受到了欺骗、产生了混淆，商品将没有区分的必要和意义，与之相伴的商标也毫无价值可言。而且，商标权人之所以控制商标专用权，也是为了避免消费者混淆误认。因此，从这个意义上说，保护商标专用权与保护消费者利益是一致的，只有通过确保消费者不致误认误购，商标法的其他价值才能得以实现。由于商标是表征同一商品或者服务来源的指示器，当消费者通过认牌来识别商品、区分商品来源，并形成对特定商品或者特定商标的偏好时，必然刺激生产者保持并且提升商品质量、服务者改进服务水平，而随着商品质量与服务水平的提升，又将吸引越来越多的消费者，使商品在市场竞争中获胜。此外，对商标权的保护也体现了商标法对消费者利益的关注，制止侵权行为、防止假冒商标都是为了避免消费者混淆误认。因此，消费者是商标法最关注、最在乎的利益群休，保护消费者利益是商标法的核心和关键所在。

（3）具有促进有效竞争、维护竞争秩序的公共利益目标。由于具有识别商品来源、确保商品品质一致性的作用，商标逐渐成为表征商品信誉与特点的符号。当经营者通过诚实劳动、合法经营，提供质优价廉的商品或者提升服务水平时，必将吸引越来越多的消费者，从而在市场竞争中击败竞争对手，取得较多的市场份额。换言之，商标是商标权人开拓市场和击败竞争对手的有效手段。试想，如果商标不能把商品与其背后的经营者联系起来，消费者无法区分市场上琳琅满目的商品，那么，激励商标权人合法经营、提供更多质优价廉商品或者服务的源泉将不再存在，商标权人必将失去竞争的动力，消费者也将不能享受到更优质的商品和服务，最终市场将陷入混沌之中，公平有序的市场竞争秩序也将不复存在。此外，商标法保护合法竞争、维护市场竞争秩序的价值目标也体现在打击商标侵权行为中。侵犯商标专用权是一种不正当竞争行为，商标法通过对违反诚实信用和良好商业道德行为的打击，促进了市场的有效竞争，维护了良好的市场竞争秩序。

综上，知识产权法通过有效"保护知识创造者"的直接目的，实现了"促进社会经济文化事业的全面、迅速和可持续发展"[1]的最终目标，并最终实现了对知识产权各方利益的全面保护和有效平衡。

（二）知识产权法维护公共利益的利益平衡取向

知识产权法本质上是保护权利人的法律，属于私法范畴，如著作权法、专利法、商标法开篇都首先强调保护权利人利益，而且在具体制度设计上也以私权保护作为中心任务。但知识产权是一种具有重要公共利益属性的私权，公共利益目标在知识产权法的内部构造中占据着重要位置，是知识产权法的核心和关键，是知识产权法的利益平衡取向。

公共利益是指关系到一个特定社会群体的存在和发展，人人得以享有的社会价值。[2]公共利益代表了全社会的整体利益，为所有社会成员所共享，它不是个人利益的简单相加，也不允许个人专有或划分。而且，公共利益往往需要对个人利益予以限制，因为个人利益不可避免会与他人利益、社会公共利益发生冲突，个人利益有时需要做出必要的让步。一切法律都是在

〔1〕 张玉敏主编：《知识产权法学》（第二版），法律出版社2011年版，第10页。
〔2〕 参见麻宝斌："公共利益与公共悖论"，载《江苏社会科学》2002年第1期。

维护社会公共利益的终点上，追求个人利益的最大满足。[1]知识产权法也不例外。如果知识产权法的公共利益目标无法实现，知识产权法的立法基础就会动摇，知识产权人的个人利益也将无法实现。

首先，知识产品的公共产品属性决定了保护公共利益的本质要求。知识产品是知识产权人进行知识创造劳动的产物，体现了创造者的智力与体力的结合，因此具有私人产品属性，应当为知识产权人专有。与此同时，知识产品的创造离不开人类文明的积淀，总是建立在公有知识和公有信息的基础上，要从前人和他人的知识产品中吸收养分，同时也要成为未来知识产品的来源和基础，知识产品因而具有公共产品的属性。如果仅将知识产品作为私人产品，则知识产品的再创造将变得困难，会极大地损害公共利益。

其次，知识产权公共利益是个人利益实现的保障。知识产权法强调对公共利益的保护，绝不是以牺牲个人利益作为代价的。相反，只有促进社会经济文化事业全面发展的公共利益目标实现了，可供分享和利用的公有知识和信息丰富了，包括知识产权人在内的所有社会成员才能享受到更多的社会福利。因此，知识产权法保护公共利益，既是法律的要求，也是个人利益的需要。

知识产权法维护公共利益的利益平衡取向在著作权法中表现得淋漓尽致。著作权法从产生之初就具有维护公共利益的目标，并且得到了世界各国的普遍认可。作为世界上第一部著作权法，《安娜女王法令》在制度设计中确立了公共领域，这可以视为保护公共利益的起源。该法对公共利益的保护体现为：其

---

[1]　梅夏英："当代财产权的公法与私法定位分析"，载《人大法律评论》2001年第1期。

一，规定了著作权的保护期限。它规定作品的保护期限为 14 年，在期限届满后，可以在作者有生之年续展一次。这一规定改变了以往作品永久属于书商的制度，确保了公众可以尽快接触到著作权人的作品，并最终进入公共领域，为人们自由使用。其二，设定了著作权的保护条件。著作权保护的作品必须是真正值得保护的内容，而不能全是公共领域的知识或者不值得保护的内容。其三，规定了只有 1710 年以后的作品才受著作权保护，从而将此前的作品纳入公共领域，为公众利用这些作品提供了便利。其四，限制了出版商的权利——印刷、出版和销售，除此之外的其他行为，公众可以自由为之而不受干预。《安娜女王法令》通过对出版商权利的限制，以及保障公众可以自由获得作品并最终将作品保留在公共领域，确保了著作权法上公共利益的实现。因此，有学者在论及著作权法时指出，"著作权不能专注于作者权利的保护，而应顾及广大使用者的利益。"[1]

知识产权法维护公共利益的价值取向也在国际立法和司法实践中被不断重申，成为当前国际发展趋势。《伯尔尼公约》和《与贸易有关的知识产权协议》（即《TRIPs 协议》）都明确引入了公共利益原则。[2]公共利益原则也得到了世界各国的确认，如《美国宪法》中的著作权条款规定，著作权的最终目的是促进学识的公共利益。而且美国的著作权立法者在建国之初就指出，著作权法的最终立法目的不在于保护作者，而在于利用公共领

---

〔1〕 Edward W. Ploman, L. Clark Hamilton, *Copyright: Intellectual Property in the Information Age*, Routledge & Kegan Paul , 1980.

〔2〕《TRIPs 协议》虽然明确了知识产权的私权属性，但同时亦重申了公共利益原则——承认保护知识产权的诸国制度中被强调的保护公众利益的目的，而且还规定为保护公共利益，各国可以采取一定的措施，以防权利滥用。具体参见《TRIPs 协议》第 8 条规定。

域促进社会进步。[1]在 Fox Film Corp. v. Doyal 案[2]中，美国法院指出，美国著作权法的唯一利益和主要目标是公共利益，公众获得的公共利益来源于作者的创造性劳动。不仅如此，英国著作权法的发展历史也表明，"著作权作品应当满足于公众获取和利用知识和信息的公共利益"的观点逐渐取代了"著作权作为一项永久性自然权利"的观点。日本学者亦指出，著作权法的规定是从公共福利的目标出发的。[3]在我国，著作权法维护公共利益的目的也是彰明较著[4]，而且司法实践中也常常体现出对公共利益的"偏爱"。如在何平诉教育部考试中心侵犯著作权纠纷案[5]中，原告何平享有漫画作品《摔跤之后》的著作权，其发现 2007 年的全国高考语文试卷采用了类似的漫画，便提起了侵权诉讼。法院审理后指出，高考关乎社会公平、民众命运和国家兴衰，与社会公共利益紧密相连，故教育部考试中心接受国家教育委员会的委托承担高考出题任务，属于著作权法所规定的合理使用行为，不构成侵权。

二、利益平衡与公共领域

利益平衡作为现代知识产权制度的基本价值观，主要体现在本权与他权、私益与公益间的平衡。[6]一方面，无论是个人利益还是公共利益，本质都是相同的，公共利益在某种程度上

---

〔1〕　See Michael H. Davis, "Extending Copyright and the Constitution: 'Have I Stayed Too Long?'", 52 *Florida Law Review* 1016 (2000).

〔2〕　286 U. S. 123 (1932).

〔3〕　[日]胜本正幌:"权利的公平使用"，载《独协法学》1977 年 10 月 22 日。

〔4〕　我国《著作权法》第 4 条规定："著作权人和与著作权有关的权利人行使权利，不得违反宪法和法律，不得损害公共利益……"

〔5〕　参见北京市海淀区人民法院（2007）海民初字第 26273 号民事判决书。

〔6〕　参见吴汉东等:《知识产权基本问题研究》，中国人民大学出版社 2005 年版，第 108 页。

代表了个人利益，是个人利益的集合，反映了共同的诉求。另一方面，个人利益与公共利益又有利益矛盾和互相冲突的一面，表现为：公共利益反映的是全体社会成员的共同利益，而不具体体现某个个体利益，社会成员在追求个人利益的同时难免有与公共利益存在不一致之处，发生冲突。因此，需要在公共利益与个人利益间进行平衡协调，而这离不开一个丰富而又充满活力的公共领域。

（一）公共领域保障利益平衡价值目标的实现

在知识产权领域中，由于知识产品同时具有私人产品与公共产品的属性，它不能只作为权利人的专属产品，而必须实现作为公共产品的价值。一方面，知识产品是权利人在付出创造性劳动后所产生的创造成果，它首先应当归属权利人，这是对权利人劳动付出的认可与回报，权利人可以通过自行使用，或者授权他人使用，或者转移其权利而取得与之相关的经济利益。另一方面，知识产品又具有社会属性，知识产品的创造离不开人类文明的积淀，总是建立在公有知识和公有信息的基础上，要从前人和他人的知识产品中吸收养分，同时也要成为未来知识产品的来源和基础。因此，知识产权法需要通过制度设计在私益与公益之间找到平衡，既不能以保护专有权为由置公众的知识产品需求于不顾，也不能因为公众需要亲近知识产品、社会需要广泛传播知识就无视知识产权人的合法利益。任何一种只考虑一方利益的方式都将打破知识产权固有的平衡，从而阻碍社会的发展与进步。知识产权保护的价值目标和制度设计应当着眼于平衡知识产权人个人利益与社会公共利益。应以私权保护作为利益平衡的前提，以实现公共利益作为利益平衡的重心，而保留公共领域是实现这一利益平衡价值目标的重要保障。对此，可以从以下两方面加以理解：

1. 公共领域与专有权保护是对立统一的关系

首先，知识产权法需要对专有权进行充分保护，因为只有确立了知识产权人的专有权，并对这种专有权进行充分有效的保护，才能调动权利人和更多的人进行知识创造，从而刺激知识产品的产出，满足人类对于物质文化产品的需求。因此，保护知识产权、打击侵权假冒行为，是实现市场资源公平分配的正义标准和目标。虽然从表面上看，知识产权法赋予知识产权人对知识产品的专有权，似乎是对公共领域的"侵蚀"，但经过一番思考后，不难发现，这种"侵蚀"不仅不会损害现有的公共领域，反而最终会扩大公共领域的空间。一方面，知识产品之所以能获得知识产权，是因为其中包含了公共领域以外的知识和信息，这些添加的内容原本就不属于公共领域，自然也不会对公共领域造成影响。而原本属于公共领域内的知识即使再次进入专有领域，也仍然属于公众可以自由利用的部分。另一方面，保护期制度的存在使得知识产品在期限届满后都将进入公共领域，成为公共领域的重要组成部分，由此不断丰富和扩大公共领域。正因如此，有学者指出，"著作权法不仅服务于维持公共领域，也服务于丰富公共领域。"[1]

其次，知识产权权利人的专有权是一种相对的权利。这种相对性体现在不能任由专有权自由行使，而必须对其予以限制。由于知识产权的产生都建立在既有知识创造的基础上，是对既有知识的吸收、总结、升华与创新，知识产权必须回归到公共领域，为未来的知识创造提供知识与信息。而且，权利人具有天生的逐利性，如果对其权利不予限制，其必将追求自身利益的最大化，而忽视他人利益和公共利益，从而可能导致"公地

---

〔1〕　冯晓青：《知识产权法利益平衡理论》，中国政法大学出版社 2006 年版，第 102 页。

悲剧"的发生，使专有权成为人类文明传播与利用的障碍，最终导致社会文明的发展停滞。通过合理使用、不视为侵权等权利限制制度，可以在实现对权利保护的同时使其亦受到一定限制，从而通过权利保护与权利限制的平衡机制，为不特定公众构建一个合理利用的公共领域空间，实现专有权保护与社会公共利益维护之间的动态平衡。

2. 公共领域是平衡知识产权各种利益的必然选择

首先，知识产品的产生需要保留公共领域。知识具有承继性，任何知识产品的产生均离不开从公共领域吸收养分。公共领域为权利人的知识创造活动提供了广泛的公有素材和公有信息，知识创造的过程就是对既有素材的重新整合和创新。如一部作品中往往既包括作者独立创作的内容，也包括作者非原创的部分，即从前人作品或者公共领域的知识、信息、素材中吸收和借鉴的内容。

其次，知识的传播与利用需要保留公共领域。知识产品是知识产权权利人通过智力创造劳动取得的，因此，给予权利人对知识产品的专有权具有正当性。但知识创造活动总是建立在已有知识产品的基础上，不可避免会将原本属于公共领域的公有知识和公有信息重新纳入专有领域。引入公共领域的概念，可以使人人得以自由使用和吸收公共领域中的公有素材和公有信息，而这些公有资源即使重新纳入专有领域，由于其固有的不宜由个人垄断的特征，仍然属于人们可以自由使用的部分。

最后，社会公共利益的实现需要保留公共领域。赋予权利人一定期限的专有权，可以使知识产品尽快进入公共领域，保障公众获得大量公有知识，并在传承与学习中实现创新与发展。如在著作权法上，思想、信息、事实等内容具有难以控制的特点，而它们对于公众来说如此重要，授予任何形式的财产权都将极大地损害公共利益，将之放置在公共领域对于作者的损害却极小。因此，思想表达二分法应运而生，并且一直在司法实践中被遵守着。

利益平衡追求知识产权人利益与社会公共利益的协调发展，知识产品的产生离不开公共领域的养分，社会公共利益的维护更离不开公共领域的浇灌。公共领域的保留，实现了知识产权法上各种利益的和谐有序发展，是对知识产权利益平衡目标和利益平衡理念的有效贯彻，为实现人类文明的繁衍与发展提供了养分与沃土。

（二）公共领域确保知识产权法立法目的的实现

前文已对知识产权法的二元价值目标作了探讨：知识产权法以保护知识产权权利人的利益为直接目的，以促进经济社会发展进步的公共利益作为最终目的。确保公共领域，特别是在知识产权保护中保留公共领域，已成为实现知识产权法立法目的的关键所在。

1. 知识创造需要借鉴公共领域的公有知识和公有信息

知识产权承载着激励创新、保护知识产品并促进知识产品传播与利用的重任，其中的知识创造活动离不开公共领域的滋养。在人类发展的历史长河中，人们常常扮演着借用者和创造者的双重角色。以人类的创作活动为例，作者创作新作品需要从前人作品中吸收"营养"并获得创作的灵感，也需要与他人进行交流，实现知识的互补，即知识沿时间和空间进行积累与互补。今天的知识建立在前人的成果之上，即时间上的积累；不同知识个体之间的交流则是新知识产生的前提，即空间上的互补。[1]罗宾·乔治·科林伍德曾说："艺术作品常常是一件合

---

〔1〕　参见汪丁丁：《知识印象》，中信出版社2003年版，第77页。

作作品，既包含了作者本人的功劳，也不可或缺地包含了作者学习、模仿的其他人的功劳。"[1]20 世纪以来，美国迪士尼公司从经典文化中获取创作的灵感，再融入自身的改变与表达，创作了《公主和青蛙》《花木兰》《白雪公主》等一批优秀的经典童话故事作品，受到了人们的广泛喜爱。迪士尼公司向我们巧妙地诠释了知识创造的客观规律：既有作者自身的灵感与创意，也有对来自公共领域的公有素材和公有信息的吸收和借鉴。技术的创新和发展也是同理，新技术总是建立在现有技术的积累上，通过与本领域技术人员的不断学习和交流而实现，完全不依靠现有技术、不依赖公共领域的知识和信息的技术创新不可能产生。因此，知识产权的创新创造需要保留公共领域，这既是历史发展的规律，也是知识创造承继性的充分表现。创造者以历史积累为基础，通过个人的创造性劳动，对存量知识进行重新排列组合，而这个过程产生出来的知识产品又将成为下一代人进行创造的公有元素。因此，知识创造活动需要保留公共领域，知识产权的产生与激励更需要保留公共领域。

2. 公共利益价值取向的实现有赖于公共领域

既然知识产权法具有维护社会公共利益的价值取向，与公共利益密切相关，那么实现公共利益就显得格外重要。尤其是在当前西方发达国家强推高标准保护知识产权的背景下，如何防止知识产权滥用和过度保护而损及公共利益，是我们应当密切关注的问题。确保知识产权法上公共利益的实现离不开公共领域的保留，公共领域是实现确保知识产权法上公共利益的重要途径，这在知识产权各专门法中都得到了充分体现。

在著作权领域，思想表达二分法是在司法判例基础上产生的

---

〔1〕［英］罗宾·乔治·科林伍德：《艺术原理》，王至元、陈华中译，中国社会科学出版社 1985 年版，第 325 页。

法律原则。美国法院在多个侵害著作权纠纷案件中都表达了著作权不保护思想，只延及表达的观点。在 Feist Publ'ns, Inc. v. Rural Tel. Serv. Co., Inc. 案[1]中，美国法院指出，著作权保护作者的原创性表达，但也鼓励他人从该作品中自由获取思想和信息。在 Moreau v. St. Vincent 案[2]中，法院指出，即使思想是独创的，作者也不对思想享有著作权，因为思想是公共的财产；著作权仅限于作品的表达，作者只能对表达享有著作权，这是著作权法的基本原则。我国法院也在司法判例中重申了思想表达二分法。如在张铁军诉王晓京等著作权侵权纠纷案[3]和NEXON（韩国电脑游戏公司）等诉腾讯公司等侵犯著作权、不正当竞争纠纷案[4]等案件中，都适用了思想表达二分法，对属于思想范畴的内容不予保护。著作权法通过将思想、事实等公有素材保留在公共空间，构建了客体层面的公共领域，确保了后续作者可以从中源源不断地吸收养分，并获得灵感与启示，从而实现了公众有效接近与利用知识信息的公共利益。

在专利领域，公共领域的存在为发明创造的产生奠定了基础，并最终实现了技术能力提升、科技进步与社会发展的公共利益。公共领域为技术创新提供了大量公知技术、公有设计，有助于科技工作者学习和借鉴，并在此基础上进行技术创新。技术创新促进了市场有效竞争，带动了更多创新活动的蓬勃发展，最终有助于科技水平和科技能力的提升。对此，相关案件的观点无不有所体现。如在 Graham v. John Deere Co. 案[5]中，美国法院指出，《美国宪法》的专利权条款既有授权的一面，也

---

[1]　499 U. S. 340（1991）.

[2]　Alfred Moreau v. Roland St. Vincent Ex. C. R. 198, 204（1950）.

[3]　参见北京市第二中级人民法院（2005）二中民终字第 00047 号民事判决书。

[4]　参见北京市第一中级人民法院（2006）一中民初字第 8564 号民事判决书。

[5]　383 U. S. 1（1966）.

有限制的一面。这种限制体现在没有授予永久的专利权，而且授权的专利必须有利于增进知识和促进社会进步。专利的垄断旨在促进新知识产生的公共利益，只有发明者进一步增进了人类的知识，增加了新的和有用的知识，授予专利垄断权才具有正当性。在 Pfaff v. Wells Electronics, Inc. 案[1]中，美国法院适用了法定禁止原则认定专利无效。法院指出，一旦发明者将他的发明通过许诺销售的方式公之于众，该发明就进入公共领域而脱离专利权人的控制。允许发明者从公共领域中移除公知技术，重新纳入专有领域，是缺乏正当性的。专利法既要保障权利人的垄断权，也要增进公众的知识。对公共领域的关注，就是对鼓励公众学习知识、促进交流的公共利益的关注。

综上，公共领域对于保障社会公共利益、实现私益与公益的有效平衡发挥了重要作用，已经成为知识产权制度发展史上一个不言自明的公理。知识产权法上的公共利益集中表现为保留一个可供公众对知识和信息必要接近的公共领域。美国著作权法的历史向我们揭示：保留公共领域是被宪法明确确认的实现公共利益的有效途径。公共利益的实现，不能仅依赖于私权保护，更需要通过丰富和壮大公共领域来实现。知识产权公共领域在建构之初就包含了维护现存公共利益的设想，并与知识产权制度一起扩充公共领域，在整体上实现社会福利。公共领域是为保障公共利益所必需的，公共领域不仅对于权利人十分重要，而且对于使用者和公众也极为重要，公共领域的减少将会影响公共利益。因此，维护和保持丰富的公共领域对于实现知识产权法上的公共利益不可或缺。保留公共领域，知识产权法得以在确保私权的同时，实现其维护公共利益的二元价值目

---

[1] 525 U. S. 55 (1998).

标。当然，面对迅速发展的科技，我们也要警惕一味追求公共
利益而牺牲个人利益的做法，防止为了公共利益而随意将专有
知识与专有信息放置在公共领域，这种杀鸡取卵的做法必将挫
伤知识创造者的积极性，给知识产权制度带来毁灭性的打击。

第二节 激励创新理念

在知识产权保护中，维护知识产权权利人的合法利益，提
升全社会的创新能力和创新水平，既是知识产权制度的内在要
求，也是目标所在。知识产权对于激励创新、建设创新型国家、
提升国家的竞争力和引领国际知识产权治理规则具有重要意义。
与此同时，知识产权保护也要在激励创新理念的引领下，充分
保障知识产品，实现知识产权的价值功能。

一、激励创新的基本内涵

知识产权制度是现代社会一项伟大的制度发明，对于保护
人类文明、推动社会发展进步发挥着重要作用。回顾发达国家
的发展历史，凡是知识产权制度完善、保护强劲有力时，人类
创新的动力就充足，创新的意识就强烈，创新的成果就丰硕。
从中可以发现这样一个规律，即社会创新能力随着知识产权制
度的产生而萌发，并随着知识产权保护水平的提升而不断提高。
这一点在司法实践中亦可见一斑。例如，在常熟纺织公司诉斯
托布利公司发明专利权无效行政纠纷案[1]中，案件的争议焦点
是专利说明书是否清楚、完整，是否能够支持权利要求书的内
容。最高人民法院认为，虽然说明书存在瑕疵和错误，但本领
域技术人员在阅读说明书时即能发现该错误并进行更正，因此权

---

[1] 参见最高人民法院（2016）最高法行再 94 号行政判决书。

利要求可以得到说明书支持。同时，法院进一步指出，如果不对说明书进行更正性理解，将会大大挫伤发明创造者的积极性，使其获得与付出不相适应，从而违背专利法鼓励发明创造的立法本意。该案通过对说明书的更正性理解，有效弥补了权利人在撰写说明书时可能存在的疏忽与瑕疵，使专利权人的合法权益得到了有效保护，体现了知识产权保护激励创新、促进创新成果产出的作用。

与此同时，激励创新绝非仅意味着对知识产权的保护，它是在加强知识产权保护并且兼顾社会公共利益的基础上实现激励创新的。一方面，激励创新要求必须加强知识产权保护，促进知识产品的极大丰富，不断提升社会创新动力，这离不开公共领域为创新活动提供的灵感、启发与素材。另一方面，激励创新也要兼顾社会公共利益，避免将不属于专有领域的公有知识和公有信息纳入专有权的保护范围，不当扩大权利人的专有权范围。如在诺基亚公司诉华勤公司侵害发明专利权纠纷案[1]中，法院认为，对权利要求进行解释，目的在于合理确定专利保护范围，使权利人获得与其贡献相一致的保护。既要使权利人的知识产权受到保护，又不能随意扩大专利保护范围，以使本不应属于权利人的技术纳入其专有权的保护范围。本案中诺基亚公司的专利保护范围不能确定，故其指控华勤公司侵权没有依据。可见，激励创新并不代表仅注重保护私权，而必须在权利人与公众之间寻求一个利益平衡点，实现利益的均衡与协调，唯此才能推动全社会创新意识的萌发。

二、激励创新与公共领域

当前，我国正走在建设创新型国家的发展大道上，激励创

---

[1] 参见上海市高级人民法院（2013）沪高民三（知）终字第96号民事判决书。

新的时代发展号角已经吹响。但激励创新绝非只意味着保护知识产权，而是还必须维护公众得以自由接近和利用的公共领域。事实证明，公共领域的发展和壮大也有助于保障创新源头，促进社会的发展进步。

（一）公共领域有助于促进再创新

今天的科技进步既是建立在对现有技术的研究和创新基础上，亦是作为中间投入品，为未来的技术改进与提升提供智力来源和技术支持。一项新的发明创造中，除了有权利人自己对于新技术的辛勤付出和创意开发，必不可少地还利用了存在于公共领域的公有技术和公有知识。随着保护期限的届满，专利技术都将一并进入公共领域，为技术创新、经济发展和社会进步作出贡献。特别是当前我国把激励创新放在了全面协调可持续发展的核心位置，围绕创新驱动发展战略提出了一系列激励创新的机制和政策，要实现这一重要目标，离不开一个人人得以自由接近和利用的公共领域的强大支撑。知识产权法的发展历程也证明，人类对于无形领域公有资源的需求——一个不受法律保护、能为人人所公平和自由使用的公共领域，是如此迫切。如果公共领域消失，那么创新将失去基础而变得不太可能，而当创新不再出现时，国家必然失去发展动力，知识产权制度也将失去其存在的意义。

而且，信息分享的代际公平也要求保留公共领域，这意味着每一代人都有权从前代人那里公平地获得信息遗产并在死后将之留给后人。[1]今天赋予知识产品专有权具有正当性和合理性，但如果不建构一个丰富而又充满活力的公共领域，让知识产权人永久享有垄断权，就会使得公知技术和公有资源纷纷被

_____

〔1〕　参见何建华：《分配正义论》，人民出版社2007年版，第364页。

强取豪夺，使世世代代流传下来的宝贵财富在当代被垄断，后人无法获得一个可供免费学习和利用的公共领域，也无法为未来的创新发展作出自己的贡献。继承是基础，发展是目标，而创新就是手段。离开对传统的继承，创新活动就会失去生命力，成为无源之水；而不进行创新，过往的文化成果也会失去新的生命，永远成为历史遗产。[1]

（二）公共领域有助于促进社会发展进步

牛顿曾经说过："如果说我看得远，那是因为我站在巨人的肩膀上。"虽然知识产品从表面上看似乎来源于权利人，发明人凭借发明与实验，作者凭借创意与灵感，才使千千万万的知识产品得以产生，但从社会的发展进步来看，人类很多伟大的发明和创作都建立在前人的发明和作品基础上，是在既有知识和信息的基础上不断进行改进创新而取得的。正是借助公共领域这一现有知识的集合，人类文明才得以传承和延续，社会才得以进步和发展。公共领域绝不是一个可有可无的领域，在当前知识产权不断扩张的趋势下，对它的保护已经关系到一个民族乃至全人类的发展，也关系到两代之间甚至代之间的平等发展。因此，必须在创新理念的引领下，通过保留一个丰富而又充满活力的公共领域，为知识产品的竞相迸发提供智力资源和丰富素材，并最终实现社会的发展进步。

人类社会的发展历程向我们证明，文化与科技的发展具有历史传承的特点。在作品的创作过程中，作者不可避免要学习前人的作品，从中吸收并构筑属于自身思想的成分，逐渐形成独具特色的表达和作品。苏珊·H. 威廉姆斯（Susan H. Williams）认为，创作是建立在现有资料基础上的重组。现有资料既包括

---

〔1〕 参见刘秀乡：《发现·启示：漫话舞剧与舞蹈》，文化艺术出版社 2009 年版，第 11 页。

作者的经验，也包括从中获取的故事、价值、观念等。[1]在技术的创新中，也需要对现有科技成果和公知技术进行学习和研究，促进自身的知识积累，实现技术的改进与提升。

新思想和新知识的产生与培育需要以旧思想和旧知识作为原材料，这也意味着保留公共领域既是激励社会创新发展的必备条件，也是实现社会发展进步的必然要求。这样一个可供人类接近、吸收和利用的公共领域，在人类社会和科技进步不断前进和发展的进程中，不但不能缩小或者保持不变，反而应当不断扩大，填补更多"知识共有物"。

第三节　严格保护理念

严格保护理念就是在知识产权保护中严格执行法律，采取有效措施维护知识产权权利人的合法利益，严厉打击侵权行为，充分体现知识产权价值的理念。严格保护是实施创新驱动发展战略、建设创新型国家的必然要求，也是知识产权制度正当性的重要表现。

一、严格保护的基本内涵

知识产权权利人是发明创造、作品和商标产生的来源和核心，如果权利人在付出辛勤劳动后不能获得与之相应的权利，侵权行为横行猖獗，他将失去持续创新的动力，知识产权保护私权的价值目标将无从体现，知识产权制度的立法目的也将成为空谈。只有对知识产权予以严格保护，使知识创造活动获得相应回报，权利人才能获得创新的动力，社会才能营造激励创

---

[1]　See Susan H. Williams, "A Feminist Reassessment of Civil Society", 72 *Indiana Law Journal* 417（1997）.

新的良好氛围，国家才能实现创新发展。

首先，严格保护体现在依法维护权利人的合法利益上。近年来，我国不断完善知识产权的法律法规，出台了一系列保障权利人利益的政策文件，使知识产权人的合法权利得到了切实保障。一方面，司法机关不断加大打击力度，使侵权人付出了沉重代价，得到了应有的惩罚，不敢侵权、不愿侵权的氛围日渐浓厚；另一方面，大力降低权利人的维权成本，对于有证据证明的维权合理成本全额给予支持，给权利人提供了充分的司法救济，努力营造了崇尚创新、保护知识产权的良好法律氛围。如在握奇诉恒宝侵犯发明专利权纠纷案[1]中，法院从案件代理的必要性、案件难易程度、律师的实际付出、诉讼程序的复杂程度等多方面进行考量，支持了原告关于合理支出100万元的诉讼请求。这种做法体现了实事求是的司法态度，尊重了市场上实际存在的按时计费的律师收费标准，认可了律师的劳动价值，体现了加大司法保护力度、降低权利人维权成本的司法保护政策。

其次，严格保护还体现在赔偿数额的规定和判定中。立法上，除了法定赔偿，对于重复侵权、恶意侵权等侵权行为，商标法、反不正当竞争法还规定可以适用惩罚性赔偿，从而提高了赔偿额的上限。司法上，严格保护体现在人民法院在判定赔偿数额时充分体现出知识产权的价值上。在知识产权侵权诉讼中，权利人常常感觉低额赔偿难以弥补自己创造和保护知识产品的成本，无法体现知识产权的市场价值。由此，"赔偿低"成为知识产权司法保护中亟待解决的问题。为了破解这一难题，法院建立了体现知识产权市场价值的损害赔偿机制，对于权利

---

〔1〕 参见北京知识产权法院（2015）京知民初字第441号民事判决书。

人能够初步证明侵权人的侵权事实和侵权责任，而与赔偿有关的账簿、资料又掌握在被诉侵权人手中且拒不提供的，参照权利人的主张和相关的证据判定赔偿数额。如在金星徽公司、亚都环保公司诉德尔玛公司、京东世纪公司侵害实用新型专利权纠纷案[1]中，涉案专利为"一种上加水式加湿器"，经过三次无效宣告程序依然维持有效，法院通过向淘宝、京东等销售平台公司发调查令的方式，调取了被告销售侵权产品的数量和价格，结合产品合理利润计算出被告获利已远超原告的全部诉讼请求 1000 万元，并考虑到被告拒绝提供被诉侵权产品的生产销售数量、销售金额等销售凭证的情节，最终全额支持了原告的全部诉讼请求，充分体现了对专利权人知识产权价值的尊重和保护。此外，人民法院还广泛运用诉前证据保全、行为保全、财产保全等临时保护制度，积极维护权利人的合法权益。在"中国好声音"诉前行为保全案[2]中，法院有效运用诉前保全措施及时维护了权利人的合法权益，获得了社会的广泛好评和高度评价。2018 年，最高人民法院还出台了行为保全司法解释，进一步发挥行为保全制度的重要作用，彰显了人民法院严格保护知识产权的司法理念。[3]

严格保护权利人的合法利益，严厉打击侵权行为，意在加强对知识产品的保护。但同时亦需清醒地认识到，严格保护并不是扩张保护，它只是体现在专有领域界限内的严格保护，专有领域界限外的公共领域仍属于公众可以自由利用的空间，严格保护不应也不能干涉。只有严格划定权利保护范围，明确知

---

〔1〕　参见北京知识产权法院（2017）京 73 民初 146 号民事裁定书。
〔2〕　参见北京知识产权法院（2016）京 73 行保 1 号民事裁定书。
〔3〕　2018 年 12 月 12 日，最高人民法院发布了《关于审查知识产权纠纷行为保全案件适用法律若干问题的规定》，自 2019 年 1 月 1 日起施行。

识产权专有领域与公共领域的界限，才能实现知识产权法保护私权与维护社会公共利益的二元价值目标。

二、严格保护的正当性

之所以要对知识产权进行严格保护，是因为知识产权具有私权性与专有性两大基本属性。对这两大基本属性的回顾是我们理解严格保护理念的前提，也是从严格保护视角认识知识产权制度的出发点。

(一) 知识产权的私权性

私权与公权的划分最早源于罗马法。古罗马的私权体系是以"物"为基础的，既包括有体物，也包括无体物。但这里的无体物并不是近代意义上的知识产权，它是以主观拟制之物作为权利之客体的[1]，这意味着对"物"的理解不应局限于有体物。无体物理论的形成为知识产权抽象物的诞生奠定了坚实的思想基础，并逐渐形成了有别于传统财产权的知识产权。

1. 私权性的历史沿革

知识产权产生于 18 世纪，它首先作为一种封建特权的形式存在。[2]这种特权主要表现为君主、政府授予商人独占印刷出版图书的权利或者制造、销售产品的权利，本质就是一种垄断权。随着工业大革命的爆发，到了 19 世纪，封建王朝逐渐没落，越来越多的特许权进入私法领域，"精神所有权"理论应运而生。该理论以自然法思想为基础，主张对出版图书的垄断权不应由君主、政府授予，而应当由图书作者转让而取得。知识产权成为个人迫切需要保护的权利，并逐渐被国家法律制度确认，

---

〔1〕 参见吴汉东：《知识产权总论》（第三版），中国人民大学出版社 2013 年版，第 11 页。

〔2〕 参见郑成思：《知识产权论》，法律出版社 1998 年版，第 4 页。

从而演变成为一种新型的私人财产权。[1]进入市场经济社会后，由于市场交易行为需要确定知识产品的所有人，知识产权的私权属性愈加明显。

在中华人民共和国成立初期，受"极左"思想的影响，社会普遍反对知识私有，认为创新创作活动都离不开社会创造的知识营养，因此每个人都有权使用，从而明确了知识产品是带有社会属性的产品。改革开放以后，市场经济逐渐确立，知识产权制度也逐渐得到了承认。随着中国加入世界贸易组织，《TRIPs协议》关于"承认知识产权为私权"的规定成为对我国入世的要求，借此机会，知识产权私权原则得以确立并不断修改完善。我国学术界对于知识产权的私权属性认识也有一个不断深化的过程。从20世纪80年代的一体两权（财产权和人身权），到90年代认为是无体财产权，再到21世纪将其定义为特殊的人权[2]，都始终未否定其私权属性。

2. 私权性的理论内涵

虽然知识产权具有不同于债权、物权的特点，但它归根结底"是一种主体之间平等的财产关系，反映和具备了民事权利的最本质特征"[3]，这一点已为我国学术界所公认，也为《中华人民共和国民法典》（以下简称《民法典》）所确认[4]。知识产权的私权属性表现为：其一，它是私人的权利。一般来说，

---

〔1〕　参见吴汉东："知识产权的私权与人权属性——以《知识产权协议》与《世界人权公约》为对象"，载《法学研究》2003年第3期。

〔2〕　参见吴汉东："关于知识产权若干理论问题的思考"，载《中南政法学院学报》1988年第1期；吴汉东："无形财产权的若干理论问题"，载《法学研究》1997年第4期；吴汉东："知识产权的私权与人权属性——以《知识产权协议》与《世界人权公约》为对象"，载《法学研究》2003年第3期。

〔3〕　刘春田主编：《知识产权法》（第三版），高等教育出版社、北京大学出版社2007年版，第15页。

〔4〕　《民法典》中"民事权利"一章有知识产权的内容。

知识产权是平等主体之间的权利，虽然特殊情况下国家也可以成为其中一方主体，但此时两者处于平等地位。其二，它是私有的权利。知识产权是权利人独有的权利，其他人未经许可不得实施。其三，它是私法上的权利。权利人可以按照自己的意愿形成许可、转让等关系，而不受他人干预。与此同时，与其他民事权利相比，知识产权的客体及内容存在一定特殊性[1]，其属于一项特殊的民事权利，无法全面纳入民法规制的范畴，需要制定单行法加以特殊规定。

知识产权的私权属性要求坚持与之相适应的法律价值理念——私权神圣。它强调知识产权所包含的民事权利受法律保护，要处处体现与私权理念相符的制度、体系、内涵。[2]体现在知识产权保护中，就是要做到严格保护知识产权，维护权利人的私权利益。

之所以要严格保护知识产权，其原因在于：首先，规定知识产权权利人对知识产品享有私权符合法律的公平价值观。洛克曾说，人们通过劳动获得属于自己的劳动成果是再正当不过的事情，劳动是获得财产最正当的方式。既然知识产品是权利人付出创造性劳动后生产出来的，就理应由权利人对其创造的知识产品享有所有权。但仅赋予权利人专有权还不够，还需要将这种专有权保护落到实处，对知识产权进行严格保护，唯有如此，知识产品才能源源不断地被生产出来，也只有知识产品丰富了，公众才能接触到更多更好的知识产品，公共领域才能不断得到发展壮大，社会才能发展进步。

其次，从经济学视角看，知识产品具有非排他性、非消耗

---

[1] 知识产权的客体是无形财产，由此决定其不能完全适用民法的一般原则。

[2] 参见吴汉东：《知识产权多维度学理解读》，中国人民大学出版社2015年版，第6页。

性、难以控制性等特性，知识产品不会因为一次或者一人的使用而被消耗，也不会因为某个人的使用而排除其他人同时使用。因此，每个人都想要免费地使用知识产品，这就容易滋生搭便车现象，搭便车的行为又会导致权利人的投入无法得到回报，进而可能会选择以商业秘密的方式将知识产品专有化，而这将导致知识产品的价值无法体现，无法为实现全人类的进步而作出更大贡献。因此，国家需要通过制度设计赋予权利人以专有权，并对其权利进行严格保护，以激励知识产品的产出和社会的进步。

（二）知识产权的专有性

知识产权的专有性也被称为独占性、排他性或者垄断性，是指权利人对知识产权享有垄断权，非经权利人本人同意或者法律规定，他人不得干涉。知识产权的私权性与专有性密不可分，且专有性是由私权性决定的。[1]在市场经济环境下，知识产品因其无形性而容易脱离权利人的控制，被他人无偿利用，因此国家需要通过一种特殊安排对其进行保护，知识产权的专有性就是为保障权利人对知识产品的占有而作出的制度设计。知识产权的专有性也是严格保护知识产权的正当性来源。

知识产权的专有性表现为：其一，权利人独占权利。在知识产权领域，由权利人垄断和独占知识产品是法律的基本规则，也是法律实质正义的表现。其二，知识产权不受任何人侵犯。未经权利人许可或者同意，他人不得占有、使用、收益、处分知识产权，否则会构成侵权。其三，所有权的唯一性。每一项知识产品上只能存在一项所有权，两项互不相容的权利不可能

---

[1] 参见冯晓青：《知识产权法利益平衡理论》，中国政法大学出版社 2006 年版，第 197 页。

同时存在。[1]

专有性在不同的知识产权专门法上表现不一。如在著作权法上，专有性表现为法律规定作者对其独立创作的作品享有垄断权，这种垄断权主要表现为禁止他人对作品表达的复制。尽管赋予作者垄断权有着诸多弊端，如他人不得随意复制出版、人们需要支付费用才得以接近作品等，但如果作者不享有对作品的垄断权，就会失去创作的动力，作品也将不可能产生，整个社会的文化状况将会变得糟糕。因此，法律需要以较小的牺牲换取社会更大的进步。在专利法上，专有性表现为发明创造者享有对其经过辛勤劳动后获得的发明创造的垄断权，非经其同意，他人不得实施该专利。发明是技术进步的标志，是社会财富增加的重要手段。发明者通过技术创新，提供了一种与以往不同的技术方案，提供了更多更优的方案供人们选择，作为回报，国家授予发明者对其发明创造的暂时垄断，以换取技术的提升和技术方案的公开。在商标法上，专有性表现为法律保障商标权人在特定商品或者服务上使用某个标志，同时禁止他人未经许可而同样使用。商标承载着诚信的商品生产者和服务提供者通过持续经营、改善商品或服务质量等努力而形成的"商誉"，[2]禁止任何意在混淆、欺骗、攀附商标商誉的行为。因此，赋予商标权人对商标的专营，可以使不同来源的商品互相区分开来，进而避免消费者的混淆。

---

〔1〕 当然，在专利实践中，可能会存在对一项知识产权"重复授权"的情形，专利法通过一系列制度设计解决了该问题，如专利无效制度、现有技术抗辩制度等。此外，在不同的知识产权领域，也可能存在一项知识产品上存在着多种权利的现象，但与此处所讲的情形不同。

〔2〕 参见杨利华、李红辉："商标法意义上的商标使用研究"，载《邵阳学院学报（社会科学版）》2015年第6期。

三、严格保护的限度与公共领域

虽然知识产权的私权性和专有性为严格保护知识产权提供了正当性和合理性，但这不意味着对知识产权的严格保护没有边界，正所谓没有规矩不成方圆，严格保护也必须牢牢限定在专有领域的范围，不能侵蚀公共领域的空间。

（一）私权限度与公共领域

知识产权的私权性不仅意味着对私权的保护，它追求的是利益平衡中的私权保护。利益平衡强调在保护权利的同时要对权利予以限制，兼顾公共利益，力求实现知识产权权利人利益与社会公共利益的均衡与协调。知识产权虽然本质上是一种私权，但与其他的私权相比，又是一种具有重要公共利益属性的私权。

首先，知识产品的公共产品属性要求公权力介入。如前所述，知识产品具有无形性，容易滋生搭便车现象，需要国家公权力机关从立法上予以制度保障、司法上予以制度保护、行政上进行规范管理。在立法上，立法机关颁布了一系列知识产权法律法规，为知识产权保驾护航，最高人民法院通过制定司法解释进一步细化各项法律规定，为司法实践提供指引。在司法上，各种知识产权矛盾纠纷的化解、各类知识产权案件的审理都离不开各级法院提供司法保障，需要法官在具体案件中定分止争。在行政管理方面，各类知识产权的创造、运用、管理都离不开国家公权力的介入。另外，行政保护也是我国知识产权保护的一大特色，其凭借便捷、高效等特点，成为知识产权人维护自身权益的一种途径。虽然著作权和商业秘密的保护，不需要像其他知识产权一样经过行政授权确权程序，而是自动形成，但是对它们的保护也离不开国家公权力的介入。

其次，知识的承继性要求保留公共领域。知识产品总是建立在对公有知识和公有信息的研究和改进基础上，由此决定它必须回归到公众中，成为公众文化创作、技术创新等知识创造活动的"沃土"，满足社会所需。历史证明，每一部作品的产生、每一项技术的创新都离不开前人的研究成果，离不开与他人思想的碰撞，是建立在公共领域基础上的合作产品。无论现在还是未来，私权保护都不能忽略公共领域的保留。利益平衡的价值理念必须通过私权保护与公共领域保留的制度设计得以实现。私权保护必须以对知识产权进行严格保护为前提，这是知识产权制度的起点和首要要求。同时，严格保护也不能突破现有法律规定，进行扩张保护。即使在私权保护范围内，通过权利用尽、先用权、合理使用等制度，也形成了一块不特定公众可以合理利用的公共领域，这是增加社会福祉和社会公共利益的重要途径。

（二）专有限度与公共领域

专有性是区分知识产权专有领域与公共领域的重要分界线。首先，在专有领域内，由于法律赋予权利人对知识产品的专有权，权利人可以控制知识产品的使用，非经其许可或者同意，他人不得使用，从而牢牢地将知识产品控制在其"势力范围"内。因此，在知识产权的专有权范围内，必须做到依法保护、严格保护，严厉打击各种侵害知识产权专有权的侵权假冒行为，提高侵权人的侵权成本，使知识产权人的合法利益受到充分尊重和保护。

其次，知识产权的专有权范围外则属于公共领域，任何人均可以自由接近和利用处于公共领域内的公有知识和公有信息，而不受权利人或者他人的干扰。公共领域是人类进行作品创作、技术创新的基础和来源，是科技提升、文化繁荣、经济发展与社会进步的动能和关键。对知识产权的严格保护不能超越法律的规定和边界进入公共领域，侵蚀公共领域的范围，损害社会公共利益。否则，这种严格保护必将阻碍思想的交流与启发，成为社会发展进步的极大障碍。

私权性和专有性是知识产权的两大基本属性，也是严格保护知识产权的正当性来源。但私权性和专有性也有边界，也需要对专有领域与公共领域进行合理界分，从而在动态中实现各种利益的平衡与协调。因此，严格保护仅限于在专有领域范围内的严格保护，超出这个范围，则属于扩张保护或者过度保护，是有违知识产权制度发展规律和本质要求的。

第四节　比例协调理念

比例协调理念是指知识产权的保护不仅要实现各种利益之间的平衡，还要与其他利益相协调，从而以最小的摩擦与代价，实现各种利益的最大化。

一、比例协调的基本内涵

比例协调要求在知识产权保护中，对知识产权的保护范围和保护强度要与其创新和贡献的程度相协调；侵权人为侵权行为付出的代价要与其主观恶性和行为危害性相适应；知识产权的保护水平要与社会的发展规律、国家的经济社会发展状况需求相适应，从而实现知识产权内部各种利益的均衡发展。

（一）合理确定不同类型知识产品的保护范围和保护强度

知识产权种类繁多，涉及人类智力活动的方方面面，且每一类知识产品都具有各自鲜明的特点及属性，如作品属于创意类知识产权，专利属于科技类知识产权，商标属于商业标记类知识产权。因此，在知识产权保护中，对于不同类型的知识产权，要合理确定权利的保护范围，科学界分专有领域与公共领域的界限；对于同一类知识产权，也要根据作品独创性、专利创造性以及商标显著性的高低，给予与之相适应的保护，做到既充分保护权利人的合法利益，又不将公共领域的公有知识和公有信息纳入专有权的保护范围，从而为公众保留一个适当的、可供自由利用的公共空间。

（二）合理确定侵权责任和赔偿数额

根据性质和作用的不同，侵权行为可以分为源头领域的侵权行为和末端领域的侵权行为。两种侵权行为主观恶意程度和客观表现方式均不相同，故在确定侵权责任和赔偿数额时需要对这两种行为加以区分。一般来说，生产商、制造商是侵权行为的源头，是后续侵权行为产生的根源，因此属于重点打击的对象，需要施以较重的侵权责任，在判定赔偿数额时也要施以相较于其他侵权行为较高的赔偿数额。销售商、网络服务平台和具体使用者等末端领域的侵权行为，通常主观恶意程度较低，侵权行为情节轻微，故可以根据侵权行为的具体情节，合理确定相应的法律责任及赔偿数额。如在"自拍杆"专利侵权系列案[1]中，最高人民法院指出，对于作为侵权源头的生产商，应当加大侵权损害赔偿力度，鼓励专利权人直接针对被诉侵权产品制造环节溯源维权；对于被诉侵权产品的零售商和使用者，应当实事求是依法确定其法律责任，有证据证明侵权损害高于法定赔偿上限或者低于法定赔偿下限的，可以在上限以上或者下限以下确定赔偿数额。对于网络服务平台，重点需考察其是否尽到注意义务。对于能够提供合法来源的销售商或者使用者，一般判定其停止侵权行为即可，而不要求其承担相应的赔偿责任。对于因历史原因造成的侵权行为，要综合考量历史成因、侵权人的主观恶意程度以及侵权现状等因素，合理确定侵权责任。如在

---

〔1〕 参见最高人民法院（2020）最高法知民终357号、376号民事判决书。

大宁堂诉山西药材公司商标侵权、不正当竞争纠纷案[1]中，最高人民法院从双方的历史传承、现实发展情况等出发，对案件的法律适用和社会效果等方面综合考量，判决允许双方的商标和字号善意共存，共同弘扬大宁堂的商誉。

（三）保护水平要与社会发展规律、国情实际和发展需求相匹配

"初看起来知识产权是一种先进制度，然而实际却是一种既能促进也能延滞发展的制度。"[2]实践证明，如果采取了与一国经济社会发展现状、国家国情相适应的知识产权制度，将会大大推动经济发展和社会进步，反之，则将阻碍社会的发展与进步。因此，我国要根据经济社会发展阶段和国家的实际情况，采取与之相匹配的知识产权制度。具体来说，在知识产权保护中，要实现保护水平与国家的科技和经济发展水平相适应。对于因新技术、新商业模式引发的知识产权侵权纠纷，在化解利益冲突、解决案件纠纷时，既要注重对权利人的保护，营造激励创新的有利环境，也要保留对社会有益的智力活动，使全社会可以共享科技发展带来的技术进步和生活便利。如在定牌加工、平行进口问题上，既要注重维护权利人的合法利益，加强知识产权保护，又要从国家的国情实际出发，合理适用权利用尽原则，以适应自由贸易、电子商务蓬勃发展的现状。

当然，在当前全球经济一体化的环境下，国内知识产权保护水平必须与国际接轨，遵守一般国际规则和国际惯例。但即便如此，国内知识产权保护仍需要在国际公约允许的范围内充分考虑本国国情、社会发展规律以及国家发展需求。

---

[1] 参见最高人民法院（2015）民提字第 46 号民事判决书。

[2] ［日］富田彻男：《市场竞争中的知识产权》，廖正衡等译，商务印书馆 2000 年版，序第 4 页。

二、比例协调的实施原则

在知识产权保护中，实现各种利益的比例协调，必须科学界定不同类型知识产权的保护需求和保护特点，实现对其保护强度与其创新和贡献相协调。同时，比例协调原则也体现了保留公共领域的精神。

（一）科学界定不同类型知识产权的保护需求和保护特点

知识产权包括创意类、科技类和商业标记类，每一类知识产权都具有不同的属性和特点，由此决定对不同的知识产权，应当采取不同的保护方法和保护政策，以适应不同知识产品的特质和需求。在著作权领域，著作权的主体既包括著作权人，也包括邻接权人。作者等著作权人是作品的直接创造者和权利拥有者，因此法律赋予著作权人同时享有人身权和财产权；而邻接权的存在必须以存在著作权为基础，因此邻接权人只能部分或者全部取得著作权的财产权。针对著作权和邻接权之间不同的特点分别给予不同的权利，使得著作权人和邻接权人的人身权利和经济权利都能得到有效保护。在专利、集成电路布图设计领域，根据知识产权权利法定原则，要积极适用等同原则对权利进行充分保护和严格保护，但同时不能不当扩大权利保护范围，侵蚀公众可以自由利用的公共领域。在商标、不正当竞争领域，要合理界定显著性标准，既要保护在先权利，维护驰名商标的声誉，限制商标恶意抢注的行为，又要将商品通用名称、图形等公共领域的标志排除在商标专有权保护范围之外，保障不特定公众可以在第一含义上自由使用。如在维多利亚的秘密公司诉国家知识产权局商标异议复审行政纠纷案[1]中，法院综合考虑该公司"维多利亚的秘密"商标的知名度，以及该商标

---

[1] 参见最高人民法院（2018）最高法行再 101 号行政判决书。

宣传、销售、使用情况和既往受保护的情况，认定该商标属于驰名商标，从而对诉争商标不予核准注册。该判决肯定了维多利亚的秘密公司的在先权利，使权利人的合法利益获得了充分保护，有力打击了商标恶意注册行为。在计算机软件、商业秘密领域，从有利于保护创新、营造创新环境的角度，合理采取保护措施。如在商业秘密保护问题上，技术信息和经营信息究竟是否具有秘密性常常存在争议，既要注重对符合法律规定的商业秘密予以保护，也要避免将公知性的技术信息和经营信息纳入专有领域的保护范围。

（二）比例协调原则与公共领域保留

比例协调原则的适用，也体现了知识产权公共领域保留的理念。对知识产权保护采用比例协调原则，意味着在知识产权保护中，不是一味强调强保护或者弱保护，而是需要考虑不同国家的经济社会发展状况或者一国不同时期的国情需要。对于发展中国家，由于其科技水平和经济发展现状相较于发达国家均较弱，保留丰富的公共领域对于促进科技的发展、文化的繁荣和经济的发展均具有重要作用。我国是文明古国，非物质文化遗产十分丰富，因此，对于非物质文化遗产的知识产权保护，实践中既要注重保护传承人的合法权利，维护相关主体的经济权利和精神权利，也要允许他人利用公有素材进行创新，以确保合理使用的空间。对于发达国家，由于其处于公共领域的公有知识和公有信息均比较丰富，提高知识产权的保护水平和保护强度不至于对公共领域影响太大，反而可以使其在世界竞赛中处于优势地位。对知识产权保护采用比例协调原则，还意味着在知识产权保护中，对知识产品的保护强度要与其创新难度和技术贡献程度相协调。对于创新程度高、技术贡献大的知识产品，要给予其较高程度的知识产权保护，以此激发知识产权人再创新的热情和动力。对于创新程度弱、技术贡献相对较小的知识产品，由于其依赖的公有知识和公知技术相对较多，对社会的发展进步贡献相对较小，对其的知识产权保护也可相对降低。

总之，比例协调理念使权利人能够获得与其贡献相适应的知识产权保护，使侵权人受到与其侵权行为相适应的惩罚，从而通过合理界定知识产权的保护范围，实现专有领域与公共领域的科学界分，保障知识产权法的实质正义。知识产权法的正义价值，意味着在知识产权各种利益间特别是知识产权人个人利益与社会公共利益之间的权利义务分配符合正义精神，使人人得以公平、合理分享社会知识财富。保留一个丰富的公共领域，已成为知识产权法实现知识产权权利人利益与社会公共利益平衡的关键。

本章小结

通过对利益平衡、激励创新、严格保护、比例协调知识产权保护理念的深入分析，不难发现其中蕴含着保留公共领域的制度理念和制度精神。利益平衡理念强调促进知识产权各方利益的和谐有序发展，是在保护知识产权权利人利益的基础上，通过保留公共领域维护社会公共利益，促进社会的进步与发展。激励创新不能仅靠保护知识产权，而必须在丰富和壮大公共领域的基础上，实现再创新、再发展。严格保护来源于知识产权的私权性和专有性，它们共同为保护知识产权权利人的合法利益、打击侵权行为提供了正当性，但知识产权私权性和专有性也有一定的限度，表现为严格保护并不是扩张保护，不能侵蚀公共领域的范畴。严格保护只是在知识产权专有领域范围内的严格保护，从而通过确保公共领域对立面的稳定实现专有领域与公共领域的有效平衡。比例协调理念蕴含的合理确定不同类型知识产权的保护水平和保护强度，合理确定侵权责任和赔偿数额，实现知识产权保护与社会发展规律、国情实际和发展需求相匹配等内容，都与公共领域的保留有着密切关系，都是为了实现知识产权权利人利益与社会公共利益的平衡协调，实现专有领域与公共领域的共同繁荣与发展。因此，保留公共领域是实现上述知识产权保护理念的要求和重要途径，两者具有内在的统一性和目标的一致性。也正因如此，我们必须在知识产权保护中妥善处理好专有领域与公共领域的关系，在充分保障权利人合法权益的前提下，留存丰富的公共领域，从而通过对知识产权人与社会公众之间权利义务的合理、公正分配，使全体社会成员得以公平、均衡分享社会知识财富。

第三章
公共领域视野下我国知识产权保护制度考察

　　本书第二章已经从理念层面证明，知识产权保护理念中蕴含着保留公共领域的机制设置，保留公共领域不仅是正当的，也是必要的。这样，在知识产权保护中就必须有效界分知识产权专有领域与公共领域，在充分保障知识产权人合法权益的前提下，留存丰富的公共领域，为公众充分利用公有知识以及实现再创新提供制度保障。但知识产权制度中存在着许多动态概念和弹性因素，诸如独创性、思想表达二分法、现有技术、合理使用、显著性、权利用尽等，使得公共领域在知识产权保护制度的运行中充满了诸多不确定性，导致公共领域面临现实和潜在的威胁。本章将从立法和司法层面分析我国知识产权保护制度保留公共领域的现状，并试图发现其中存在的问题以及带给我们的启示。

第一节　著作权保护与公共领域

　　著作权法的利益平衡体现了公众权利与公共领域。公共领域的利益平衡作用在著作权法领域表现得最为突出。本节尝试从思想表达二分法、作品独创性、著作权保护期限、著作权合理使用四个非常典型的保留公共领域制度适用情况进行分析和总结，并指出当前存在的问题。

一、思想表达二分法与公共领域

思想表达二分法是著作权法上一个极为重要且普遍适用的原则，它是指作品中的思想不受著作权法的保护，只有特定表达才能获得法律的保护。这一原则的确立对于指导司法实践具有重要的意义，如在琼瑶诉于正等侵犯著作权纠纷案[1]中，琼瑶指责于正的电视剧本《宫锁连城》抄袭其小说作品《梅花烙》，于正对此予以否认，并称"艺术本来是需要继承与发展的"，究竟孰是孰非，一时间莫衷一是。一审法院在审理该案中，妥善运用思想表达二分法对哪些内容属于公共领域的素材，构成合理借鉴，哪些内容构成相似以及是否侵权作出了划分，最终认定于正构成侵权。此后该案经过二审，维持了一审判决。对于该案的判决结果，影视界和社会大众纷纷表示赞赏，认为作者的付出受到了认可，知识产权保护强而有力。但与此同时，也有人对此质疑，认为《宫锁连城》电视剧本共有 900 多个故事情节，仅以 9 个情节相似就认定侵权，似乎显得过于严格，而且著作权本就只保护表达，不保护思想，该作品中的情节、桥段等究竟属于思想还是表达，值得怀疑。[2]笔者认为，要回答这些问题，必须回归到思想表达二分法理论的发展脉络中寻找答案。

（一）思想表达二分法的基本内涵

从公共领域的功能主义视角看，被知识产权保护的客体中存在着一些不能被任何人占有，应当被公众自由使用的部分，其是如此基本、如此重要，以至于应当永久保留在公共领域而不能被某个人或某些人独占，作品的思想就属于此范畴。利特

---

[1]　参见北京市第三中级人民法院（2014）三中民初字第 7916 号民事判决书、北京市高级人民法院（2015）高民（知）终字第 1039 号民事判决书。

[2]　参见包红光："论思想表达二分法——兼评琼瑶诉于正等侵害著作权案"，载《湖南科技学院学报》2017 年第 5 期。

曼教授在谈及思想的重要性时，曾指出"作品中的思想是公共领域最重要的组成部分"[1]。笔者认为，这句话可以从以下三方面加以理解：

首先，思想就像事实一样，不容易人为控制，留存在公共领域对著作权人影响不大，但对文化的繁荣和发展有着重要意义。将作品中的思想保留在公共领域，作者就可以借助思想的"翅膀"自由创作而不必有侵权的后顾之忧。同样，不同的作者也可以基于相同的思想，创作出各具特色的作品，并以其各自独特的表达而分别受到著作权法的保护，这也有利于人类文化的不断丰富和繁荣发展。

其次，从作品创作的承继性来看，已有作品中的思想和信息元素无疑为后续作者的创作提供了大量可供利用的素材。如果赋予思想以专有权，无疑会对后续作品的创作造成极大的阻碍，也会使一部分已经进入公共领域的思想从公共空间重新抽回到专有领域，这对于后续创作的影响将是巨大的。事实上，没有一部作品是完全原创的，它或多或少都体现了他人的思想。如我国古诗文有"引经据典"的传统，引用恰当，不但不被认为是剽窃，反而会成为学贯古今的佳话。利特曼教授还指出，所谓的"'原创性'作品只是人们的一种狂妄"[2]。

最后，从民主的角度看，对思想给予专有权虽然可保护小部分人的言论与表达自由，但这种保护是以牺牲其他人的民主自由、言论自由以及在此基础上的社会秩序为代价的，将会影响民主协商和民主对话的进程。著作权法中公共领域的存在，

---

〔1〕 See Jessica D. Litman, "The Public Domain", 39 *Emory Law Journal* 976 (1990).

〔2〕 See Jessica D. Litman, "The Public Domain", 39 *Emory Law Journal* 976 (1990).

不仅为自由利用及传播思想和观点提供了可能，还通过侵权豁免的方式，使人们可以不需顾忌地对不同的观点发表意见、评价甚至质疑，触发不同观点、思想的自由竞争。

（二）思想表达二分法的历史发展

思想表达二分法是在著作权司法实践中不断探索发展的。18 世纪末，英国法官耶茨（Yates）在审理一起著作权案件时指出，"思想本是自由的，但如果作者将其限制在自己的作品中，思想就会变成笼中鸟，始终处于作者的控制之中。"[1]到 19 世纪中期，美国司法实践逐渐出现了思想表达二分法的原型。1858 年，厄尔（Earl）法官在案件审理中表明了"权利的主张不能延及思想"[2]的观点。在 Baker v. Selden 一案[3]中，布拉德利（Bradley）法官论述了著作权法对记账方法的保护问题，指出著作权法不保护记账方法，它和科学真相、技术方法等都是社会的公有财富，应当允许他人通过不同的方式表达、使用。通过该案，美国法院正式确立了著作权不保护思想的原则，并将其广泛运用于司法实践。

随着司法实践的不断探索与完善，思想表达二分法陆续被世界各国法律引入，成为著作权法的基本原则，如 1976 年《美国著作权法》第 102 条（b）款等。不仅如此，《伯尔尼公约》和《TRIPs 协议》等国际公约也有关于思想表达二分法的规定。[4]

国际公约为我国的著作权司法实践作出了指引，实际上我国司法实践也已广泛接受并适用了思想表达二分法，如在张铁

---

〔1〕 See Millar v. Taylor, 4 Burr, 2303, 98 ER 201（1769）.

〔2〕 参见李雨峰："版权制度的困境"，载《比较法研究》2006 年第 3 期。

〔3〕 101 U. S. 99（1879）.

〔4〕 《伯尔尼公约》第 2（8）条规定："版权保护不及于具有纯粹新闻消息性质的新闻或者各种各样的事实。"《TRIPs 协议》第 9（2）条规定："著作权的保护及于表达方式，但不延及思想、程序、操作方式或数学概念本身。"

军诉王晓京、世纪星碟公司侵害著作权纠纷案[1]中，原告创新了中国民族音乐的表现形式，形成了中华女子乐坊整合报告，提出了成立中国的女子乐坊和相关经营方法等建议。被告创立了"女子十二乐坊"民乐表演组合，并形成了对该组合项目的实施计划。原告认为被告的实施计划抄袭了其中华女子乐坊整合报告的内容，侵害了其作品的著作权，便向法院提起诉讼。法院审理后指出，中华女子乐坊整合报告中的演出模式属于创意和思想的范畴，根据思想表达二分法，这些创意和操作方法不受著作权法的保护，故被告不构成侵权。再如，在庄羽诉郭敬明等侵犯著作权纠纷案[2]中，庄羽指控郭敬明创作的《梦里花落知多少》一书剽窃了其《圈里圈外》长篇小说的主要故事线索、情节和人物特征。法院指出，经过比对，两剧中的主要人物及情节、线索等存在诸多相同之处，已经超越了思想的范畴，进入表达的界限，达到了整体相似的程度，并据此认定郭敬明的作品构成侵权。

此外，在著作权法不保护的客体方面，我国法院也运用思想表达二分法作出了许多判决。如在陈建诉万普公司侵犯著作权纠纷案[3]中，法院认为，原告设计的答题卡属于通用数表，是线条、字母、数字和方框的组合，属于思想范畴，法律不予保护。在沈建平诉天津科技出版社侵犯著作权纠纷案[4]中，法院也表达了同样的意思，即用三角表来表示多种药品之间的配伍属于一种治疗方法，这本身就是思想领域的内容，是不能获得著作权法保护的。司法实践对思想表达二分法的大量应用，

〔1〕 参见北京市第二中级人民法院（2005）二中民终字第00047号民事判决书。
〔2〕 参见北京市高级人民法院（2005）高民终字第539号民事判决书。
〔3〕 参见四川省高级人民法院（2010）川民终字第334号民事判决书。
〔4〕 参见北京市高级人民法院（2008）高民终字第1041号民事判决书。

也从一个侧面证明了这一原则的存在有着充分的正当性。

（三）思想表达二分法的正当性

在著作权法上确立思想表达二分法有着充分的正当性，这种正当性可以从著作权法为何不保护思想以及确立思想表达二分法的意义两个方面加以理解。

1. 著作权法为何不保护思想

作品由思想与表达组成，它们共同构成了作品的重要部分。但著作权法不保护思想，究其原因在于：

首先，对思想进行保护有碍于文化事业发展。著作权制度虽以保护作者权利作为起点，但其最终目的是通过激励创作，促进文学作品的传播和利用，使更多的作品能尽快进入公共领域，促进文化繁荣和社会进步。因此，如果对思想进行保护，允许思想被垄断，必然会阻碍人们对既有思想的利用、学习与研究，导致文化事业的停滞。相反，将思想保留在公共领域，提供给公众自由利用，处于公共领域的思想就可以成为后续作者学习和利用的对象，思想便可以不断生根发芽，并获得研究、继承和发展，这将更加有助于文化繁荣和社会进步，而且对于实现著作权法的立法宗旨具有重要意义。正因如此，有学者指出："著作权法原理总是主张包含在著作权作品中的思想是公共领域的一部分。"[1]

其次，从思想的累积性来看，任何作品都建立在前人作品的基础上，其中属于原创的部分可能只有一小部分。如果对作品中的思想予以保护，等于将许多已经进入公共领域的公有素材抽回到专有领域，这势必导致后续作者创作的素材减少、创作的空间缩小，对后续的创作活动造成巨大影响。正所谓"给

---

〔1〕 冯晓青："著作权法中思想与表达二分法原则探析"，载《湖南文理学院学报（社会科学版）》2008 年第 1 期。

予一个创造者对思想的垄断权将会大大减少其他人进行创作时可供利用的基本因素"[1]。

再其次,从经济学角度看,如果对思想予以保护,则意味着后续作者使用他人的思想时必须增加创作成本。这种创作成本的增加包括两种方式:一种是作者为了避免抄袭他人的思想,不得不在自己的作品中投入更多的时间和精力,注入更多原创性的思想;另一种是为使用他人的思想而想办法获得他人的许可并支付相应的费用。无论哪一种方式,都会增加后续作者的交易成本,导致对这些思想利用的减少。除增加后续作者的交易成本外,保护思想还会影响公众接近信息,增加公众获取信息的成本。而且,事实上,作者完全可以通过表达而从思想市场中收回成本。[2]因此,著作权法不能也不应当保护思想。

最后,对无表达的思想进行保护在现实中也不具有可操作性。财产权的设立,在自然法观念上以财产可以被占有为前提,而思想属于难以占有的内容,对这种难以占有的思想给予保护在实践中缺乏可操作性,也没有必要。[3]而且,权利要获得保护,需要明确其受保护的时间和范围,由于思想是作者形成于头脑中的思维活动,其保护范围和形成时间难以确定,独立创造的证据也难以提供,实践中要对其进行保护比较困难。只有当作者通过一定的表达方式,将思想附载在作品中,形成了特定的表达,思想才具备了获得保护的基础。

具体来说,著作权法不保护的作品思想包括以下三个层面:

---

〔1〕 P. Goldstein, *Copyright: Principles, Law and Practice*, Little Brown & Co. Law & Business, 1989, § 2. 3. 1. 1. 1.

〔2〕 See P. Goldstein, *Copyright: Principles, Law and Practice*, Little Brown & Co. Law & Business, 1989, § 2. 3. 1. 1. 1.

〔3〕 参见冯晓青:"著作权法中思想与表达二分法原则探析",载《湖南文理学院学报(社会科学版)》2008 年第 1 期。

第一层面为概念。概念通常比较抽象，它是作品产生的根源。第二层面是原则、方法。功能性作品中常常拥有大量的原则和方法。第三层面是主题、情节和片段等内容。这一层面的内容可以由最小的材料——公有素材组成。[1]对公有素材不予保护，主要是由著作权法的立法宗旨决定的。著作权法以激励作者创作作品、促进作品的广泛传播，以及方便公众接近和有效利用作品为目的，如果对公有素材予以保护，则后续作者不能对其进行有效利用和创作，必将导致可供创作的空间减小，文化事业受到阻碍。因此，在司法实践中，逐渐形成了"公有原则"，即公有素材不受保护。[2]"公有原则"立足于思想表达二分法，是司法实践对著作权法保留公共领域的充分认可。

需要注意的是，在不同类型的作品中，不受保护的思想的表现方式也是不一样的，如在文学作品中，思想通常由主题、情节、场景等构成；在音乐作品中，韵律通常是不受保护的思想。

2. 确立思想表达二分法的意义

虽然思想是存在于人脑中的思维活动，其他人无法探知，必须通过外在的表现方式为人所知，但是著作权法上的思想不必然是一个抽象而模糊的集合，它可以通过不同的表达方式为人们所感知。例如，不同的作者可以根据相同的主题创作出不同的表达，只要这些表达各自具有独创性、符合作品的要求。而且，对于同样的客观存在，不同的人完全可能有相似的情感，他们都有自由表达言论的权利，因此思想不能为个别人所垄断。如前述张晓燕诉雷献和等侵害著作权纠纷案[3]中，张晓燕和雷献和创作的作品均系以20世纪80年代中期精简整编中骑兵部队

---

[1]　See Schwarz v. Universal Pictures Co., 85 F. Supp. 270（1945）.

[2]　See Schwarz v. Universal Pictures Co., 85 F. Supp. 275（1945）.

[3]　参见最高人民法院（2013）民申字第1049号民事裁定书。

撤编为主线展开的军旅、历史题材作品，而相同的历史题材属于思想的范畴，不属于著作权法保护的范围。因此，张晓燕和雷献和分别创作的作品，都能获得著作权法的保护。思想表达二分法的存在表明了著作权法鼓励不同的创作者围绕相同的思想进行表达。[1]同时，基于思想非独占性和非损耗性的特点，一个人对思想的使用并不会影响他人占有和继续使用，而且多人同时使用不仅不会给作者带来很大的影响，还会促进不同作者之间思想的交流与传播，有时甚至还会迸发出第三种思想，从而通过交换思想实现文化和创作的繁荣。

表达是将思想以各种方式表现出来，如文字、音符、线条、色彩、造型、形体动作等都属于表达方式的范畴。当思想处于作者的头脑中，没有表达出来，也不为人们所感知时，它不属于表达。只有当思想以某种特定的表达方式展现在人们面前，被人们感知和理解时，它才真正成为著作权法上作品的"表达"。尽管传递同样的思想可以通过不同的表达方式体现，且不同类型的作品表达方式也不尽相同，如文学作品的表达方式包括文字和其他可以记叙的符号等，美术作品的表达方式则为线条、色彩等，摄影作品通常由一系列有画面或者无画面的图像组成，并通过一定的器械予以记录，但不可否认的是，每种表达方式都有其独特的一面，可以展现作者不同的情感、喜好与观点，从而使思想通过不同的方式呈现在众人面前。总之，只有借助外在表达，作者的内在思想和情感才能得以展现，作者的个性才可被突出。[2]多种多样的表达都是思想的载体。

---

〔1〕 See Robert A. Kreiss, "Accessibility and Commercialization in Copyright Theory", 43 *UCLA Law Review* 13 (1995).

〔2〕 参见李雨峰："为什么著作权法不保护思想"，载《电子知识产权》2007年第5期。

　　思想表达二分法体现了知识产权法利益平衡的基本理念，即在保护作者著作权的基础上同时兼顾了社会公共利益，较好地实现了著作权人利益与社会公共利益的平衡。在著作权法上，对作者著作权的保护虽然很重要，但丰富公共领域、促进文化繁荣才是著作权法的终极立法目的。通过确立思想表达二分法，一方面，将思想保留在公共领域，丰富人们可自由利用的公有素材，允许作者接触前人和他人的思想，并在此基础上进行知识再创作，给予不同人以不同方式表达思想、情感平等的机会；另一方面，对于具有独创性的表达给予保护，确保作者在保护期限内可以从其作品中获得一定的回报，以此激励作者继续创作。通过思想与表达的分离，有效实现了知识产权法上的利益平衡。美国法院在审理一个著作权案件时也表达了同样的态度：思想表达二分法总是试图在回报个人创造性努力与允许分享利用思想、促进社会进步这两个竞争性利益之间进行协调。[1]

　　(四) 思想表达二分法实践之缺陷

　　本书通过对思想表达二分法的司法应用考察，发现其存在立法缺乏以及司法实践边界不清等问题。

　　1. 缺乏明确规定

　　在我国司法实践中，许多著作权案件通过适用思想表达二分法化解了争议，取得了良好的社会效果。部分行政法规，如《计算机软件保护条例》，也有不保护思想的规定。[2]《伯尔尼公约》《TRIPs 协议》等国际公约也已明确规定思想表达二分法这一原则。作为上述公约的成员，我国应当在著作权法中对思

----

　　〔1〕　See Kevin Janus, "Defending the Public Domain in Copyright Law: A Tactical Approach (Part I) ", 14 *Intellectual Property Journal* 56 (1999).

　　〔2〕《计算机软件保护条例》第 6 条规定："本条例对软件著作权的保护不延及开发软件所用的思想、处理过程、操作方法或者数学概念等。"

想表达二分法予以明确规定，为司法实践提供明确的指引。

2. 边界不清

虽然思想表达二分法已为许多国家和地区的著作权法所采纳，也为国际公约所普遍接受，但司法实践中思想与表达的界限并不清晰，想要厘清什么属于不受保护的思想、什么属于受保护的表达，并不是一件容易的事，甚至有学者还因此对该原则质疑。[1]由于思想与表达都是符号性、隐喻性的，有一些处于两者之间"模糊地带"的事实难以分辨、无法分离。如艺术作品在表达作者思想时，往往施以艺术的表达方式，这时，作者的思想与表达夹杂在一起，难以分离。因此，法官在处理这类案件时只能依据自己的判断，发挥自由裁量权，对思想与表达作一个界分。由于缺乏思想与表达的科学划分方法，司法实践容易出现同案不同判的结果。如在爱拼公司诉学而思公司侵害作品信息网络传播权纠纷案[2]中，原告爱拼公司主张其发布在大学毕业生就业情况分析报告中的"清华大学毕业生近十年的平均薪酬表""清华大学毕业生就业行业分布统计数据表""清华大学毕业生本科专业薪酬排名数据表"均系其原创的图形作品，是运用大数据和计算机技术独立设计和开发的，受法律保护。学而思公司在其网站使用的图表几乎与涉案图表一致，因此构成对其作品的侵害。学而思公司则认为，涉案图表的表达形式非常有限，在某种意义上已使得作品的思想与表达合并了，此时如果保护这种有限表达，就等于垄断了思想，从而违背了思想表达二分法的原理。两级法院经过审理后，作出了不

---

〔1〕 参见李雨峰："思想/表达二分法的检讨"，载《北大法律评论》2007年第2期；熊文聪："被误读的'思想/表达二分法'——以法律修辞学为视角的考察"，载《现代法学》2012年第6期。

〔2〕 参见广东省深圳市中级人民法院（2018）粤03民终10874号民事判决书、广东省深圳市南山区人民法院（2015）深南法知民初字第2220号民事判决书。

同的认定：一审法院认为，虽然涉案图表中的相关数据都来自公有资源，但是涉案图表中包含了爱拼公司对数据的选择与分析，体现了独特的编排方式，故涉案图表构成著作权法保护的图形作品，学而思公司使用图表构成侵权。二审法院则认为，涉案图表是利用公共领域中的制图工具制作的线状图、柱状图，属于通用表格。图表中体现的专业分类、年限的区分均属于通用表述；虽然数字节点是人脑力劳动的结果，但都属于运用既定公式得到的结果，是机械性的知识产品，不具有独创性。因此，涉案图表不具有独创性，不属于作品，不能获得著作权法的保护。可见，法官对思想与表达的边界有着较大的自由裁量权，需要加以规制和指引。

正如有的学者所言："有时思想与表达的密不可分不是例外，而是常规，所谓的信息独立于表达的看法是一个幻想。"[1]虽然目前尚不能明确划分思想与表达的边界，但至少可以提出一些具体的界分标准和划分时需要考量的因素，以使法官在审理具体案件时，可以沿着这种指引找到解决的办法。

此外，虽然关于思想与表达的界分还不清晰，尚存模糊之处，但是否因此就要抛弃这一原则？笔者认为，思想表达二分法属于著作权法理论之核心的地位不可动摇，在司法实践应用中也已存在广泛共识，并且也为部分国家和地区的著作权法所吸收。因此，我国应当在立法中尽快明确思想表达二分法，并在司法实践中不断丰富和明确具体的标准和方法，同时有效运用多种方法和考量因素，尽量使这一边界清晰明确起来。

---

〔1〕 Richard A. Lanham, *Analyzing Prose*, Continuum International Publishing Group, 2003; Frank Lentricchia and Thomas Mclaughlin, *Critical Terms for Literary Study*, University of Chicago Press, 1990, p. 203.

二、作品独创性与公共领域

一部作品之所以能获得著作权的保护，是因为其中除具有思想、事实等公共领域的公有素材外，还暗含了作者具有独创性的表达，这是作者在作品中贡献的内容，独创性也因此成为界分著作权法中专有领域与公共领域的重要标准。但独创性的定义和标准比较复杂，实践中难以厘清，因此，有必要加以研究。

（一）独创性的基本内涵

作品是作者特定创作行为的结果，作品独创性与作者创作之间存在密切的联系。对于独创性，可以从"独"和"创"两个方面加以理解。

1. 作品的"独"

"独"指作品不是来源于他人，而是源于作者自己的独立创作。对此，可以从两个方面加以理解：一是作品从无到有的创作。只要是作者独立完成，表达了自己的观点和看法，即使偶然出现与他人作品相同的情况，也符合作品对于"独"的要求。例如，两个摄影师在同一个地方拍摄风景照，照片相同的可能性就很大，并不因为照片相同就否定作者各自的独立创作。《最高人民法院关于审理著作权民事纠纷案件适用法律若干问题的解释》对此亦予以明确。[1]二是建立在他人作品上的创作。知识的传承性决定了所有作品在本质上都有来自他人作品的元素，甚至这种元素会存在于创作者的潜意识中，而且可供利用的他人作品的种类和数量随着后继者的视野范围的开拓而不断增长。事实上，每一部所谓的"他人作品"在一定程度上都是对以前

---

〔1〕《最高人民法院关于审理著作权民事纠纷案件适用法律若干问题的解释》第15条规定："由不同作者就同一题材创作的作品，作品的表达系独立完成并且有创作性的，应当认定作者各自享有独立著作权。"

存在的作品的组合与改造，即包含了前人作品的"养料"。这些新创作的作品由于具有与以往作品不同的表达，只要这种不同不是太细微，都可以被视为符合"独"的要求。

2. 作品的"创"

虽然作者完成了独立创作，但并不代表知识产品一定能获得保护，能否获得作品的保护，还要看其是否达到了"创作"的高度。关于"创作"的标准，各国的要求也不尽相同。"额头出汗"标准在早期英美法系国家比较流行，又以英国最为典型。这种标准认为，只要知识产品包含了作者的劳动，就应当保护。虽然这种标准充分肯定了作者的劳动，但简单的劳动就可以将公共领域的素材纳入专有权保护范围，并且事实上会影响后续作者对公共领域的继续利用，因此遭到众多学者的批评[1]，也逐渐被英美法系国家遗弃。现在英美等国普遍采取最低限度的独创性标准。相比之下，大陆法系的德国则强调作品必须具有一定的智力创作水准，绝非"额头出汗"就可以使作品获得保护。

根据《中华人民共和国著作权法实施条例》（以下简称《著作权法实施条例》）的规定，作品应当具有独创性。[2]但对于何为独创性、独创性的标准，法律和司法解释都没有明确规定。近年来各地法院受理的著作权案件数量呈井喷式增长，很多案件的争议焦点即涉案作品是否具有独创性，是受著作权法保护的作品还是属于公共领域的公有知识。独创性标准的缺失导致实践中对于作品独创性与公共领域的裁判冲突较为突出。

（二）独创性的司法保护现状

现有独创性案件中，与公共领域密切相关、涉及公共领域

---

[1]　See Sam Ricketson, *The Berne Convention for the Protection of Literary and Artistic Works: 1886-1996*, Kluwer, 1987, para. 6.15-6.15.2.

[2]　参见《著作权法实施条例》第2条。

的情况主要有以下几种:

1. 将自然景观和动植物形象引入作品创作中

由于自然景观和动植物形象具有普遍性,为人们所熟知,生活中存在大量直接借用或者引入的情形,例如,景观形状的发型、蘑菇形状的乳液瓶、太阳和月亮形状的灯具等。由于对作品独创性的理解不同,有观点认为此类设计成果不能构成著作权法意义上的作品,也有观点认为在排除属于公共领域的设计要素后,部分设计还是体现了作者的特定选择和特殊安排,能够获得著作权法的保护,比较典型的案例有刘金迷诉菲瑞佳公司等侵犯著作权纠纷案[1]及何吉诉天蚕公司侵害著作权纠纷案[2]。在前案中,法院认为,以手工技巧之劳动对人体发型所作剪裁形成的线条与造型,不属于著作权法意义上的作品,明确否定了发型设计作为著作权保护客体的观点。在后案中,法院则认为原告创作的"西湖十景"形象造型,属艺术领域内的智力成果,且具有独创性、可复制性,构成著作权法意义上的作品,其作品类型为立体美术作品。

2. 以已存在于公共领域的形象为基础进行创作

在当今"互联网+"背景下,获取信息的成本极低,在他人作品或者公有知识的基础上加入个人独特的创意表达,体现出个性的作品层出不穷。而且,伴随着短视频、直播产业的快速扩张,诸如对古籍进行点校、已发表歌曲的改编、表情包的再加工等,形形色色的网络文化新现象、新表现形式不胜枚举。因此,以公共领域存在的形象进行创作的作品能否成为受保护的作品?如果能,应给予何种程度或何种形式的保护?人们对此有不同的看法。相关的案例有张治非诉杨振华著作权权属、

---

[1] 参见北京市海淀区人民法院(2005)海民初字第8065号民事判决书。
[2] 参见浙江省杭州市中级人民法院(2011)浙杭知终字第54号民事判决书。

侵权案〔1〕及苑莆公司诉莱格公司等著作权侵权纠纷案〔2〕。在第一个案件中，原告创作的涉案"模特头"作品选择女性头部元素，主要外形特征表现为"西瓜头"发型、瘦尖瓜子脸型、厚长睫毛、高直鼻梁、丰满嘴唇等。法院认为这仅是对公有领域公共素材的简单组合，不能体现作者独特的艺术思想及个性特征，无法达到最低限度的创作性，不属于著作权法所保护的作品。在第二个案件中，法院认为，原告的太阳能灯作品是以公共领域存在的形象为基础创作而成的，这些公共领域的形象属于法律不予保护的思想范畴。但被诉侵权作品在排除了上述设计要素后，与原告作品差异明显，这些差异部分恰恰体现了各自创作者的独立创作，故不能认定被诉侵权作品构成侵权。

3. 对传统文化的丰富元素进行再创新

人类文明源远流长，从古至今流传下了许多神话传说、民间故事，产生了无数的传世佳作，富含着许多极具性格特色、传奇色彩的人物或虚拟形象。仅在我国传统文化艺术中，就存在着诸多鲜活的人物形象，构成了中华文化的"国民记忆"。诸如《西游记》《三国志》《水浒传》《西厢记》《白蛇传》等经典作品中就存在着大量为人们所熟知的艺术形象，是很多当代优秀美术、影视作品的灵感源泉，如 2019 年上映的国产动画电影作品《白蛇：缘起》，就以《白蛇传》中许仙和白娘子的前世姻缘作为故事创意的蓝本。在树立文化自信的当下，注重挖掘本土艺术形象的表达尤为重要，凸显出时代特征和中国元素的作品更容易脱颖而出、引爆口碑传播效应。但是，基于历史传统的再创新能否获得著作权保护，实践中存在不一致的观点。例如，近年来，涉及古籍点校成果的侵权案件不时发生。在既

---

〔1〕 参见广州知识产权法院（2015）粤知法著民终字第 608 号民事判决书。
〔2〕 参见浙江省宁波市中级人民法院（2011）浙甬知初字第 250 号民事判决书。

往的判例中，认定古籍点校成果构成著作权法中的作品并加以保护的居多。如在三民书局诉中华书局侵害著作权纠纷案[1]中，法院认为古籍点校的独创性包括选择最佳底本、改正错字、校补遗缺、加标点分段落、撰写校勘记等。不同的点校者对于相同的古籍文字内容可能会有不同的判断和选择，形成不同的表达，因此不同的点校者对其不同的点校成果分别享有著作权。但是亦有判决认为古籍点校成果不能构成受著作权法保护的作品[2]。该观点认为，点校者的目标都是力求点校后的作品文意与原作一致，因此，点校者在点校过程中必然受到点校者自身所理解的古籍原意的限制。当点校者点校的结果与古籍原意一致时，点校者仅仅是揭示了古籍原意这一早已存在的客观事实，而客观事实不是著作权法保护的客体，揭示客观事实的行为亦不具有创造性，因此该点校结果不能构成著作权法所保护的作品。

（三）独创性原则适用之缺陷

前述与公共领域密切相关的独创性案件表明，当前对于作品的独创性判断存在下列亟待完善和解决的问题。

1. 独创性概念的缺失

我国《著作权法》通过列举的方式规定了受著作权法保护的作品类型，但没有提及独创性概念。虽然《著作权法实施条例》提到了独创性的概念，但没有细化，导致司法实践中对于相关作品是否构成著作权法上的作品认定不一。实际上，对于独创性的概念，学术界存在诸多争论，主要体现在独创性是否包含独立完成、创作性、作品个性等内涵。司法实践中对于独创性的理解也各有不同，如有的认为独创性即独立完成，有的则认为除此之外还应当包含其他要求，但其他要求又各有不同，

---

[1] 参见北京市高级人民法院（2015）高民（知）终字第3456号民事判决书。
[2] 参见上海市高级人民法院（2014）沪高民三（知）终字第10号民事判决书。

存在艺术性、个性、差异性、创造性等多种理解。〔1〕

2. 独创性的判断准则不统一

由于法官对于独创性的内涵及标准理解不一，加之个案的情况又千差万别，司法实践中关于独创性的判断方法亦多种多样。如有的观点认为独创性并不要求很高的智力劳动，只要符合"额头出汗"原则就行；有的却认为独创性体现了一定的智力劳动，简单的加工、整理并不具有独创性。又如在前述古籍点校成果、头发造型等公有元素的再创新上，独创性的判断标准也存在互相矛盾的地方。在一些专业性较强的案件中，如计算机软件著作权侵权纠纷中，法官还常借助于专业的鉴定机构分析相似代码的比例和代码的具体含义，从而进一步判断独创性。还有一些案件中，法官则将利益平衡理念纳入独创性的判断方法，如在字体与字库是否具有独创性的问题上，北京法院作出了字库整体具有独创性而单字不具有独创性这样看似矛盾的认定，亦是出于利益平衡的考量。〔2〕可见，实践中，对于独创性的判断标准还不统一，有待进一步明确。

独创性的判定影响着专有领域与公共领域的界限。如何划分才能既激励作者的创作，又不致使公众可以自由利用的公共领域空间受到挤压，需要运用审判者的辩证思维加以完善。

三、著作权保护期限与公共领域

著作权保护期限作为专有领域与公共领域划分的时间标准，是公共领域研究中一个十分重要的机制构建。随着保护期限届满，作品的著作财产权便进入公共领域，成为人们无偿研究、学习和利用的对象。因此，著作权保护期限的长短对于维护公

---

〔1〕　参见刘丽娟："如何认识作品独创性"，载《科技与法律》2006年第4期。

〔2〕　参见北京市海淀区人民法院（2008）海民初字第27047号民事判决书。

共领域十分重要，有必要加以研究。

（一）著作权保护期限的基本内涵

从世界上第一部现代知识产权法开始，保护期限问题就一直伴随着著作权法的发展。1709 年，英国《安娜女王法令》规定作品的保护期限为 14 年，在该期限届满后，可以在作者有生之年续展一次。在这之后，保护期限陆续成为国际公约和各国著作权法的固有规定。《伯尔尼公约》第 7 条对各类作品的保护期限均作出了规定[1]。与此同时，各国著作权法也纷纷规定了著作权保护期限，如我国《著作权法》第 22 条、第 23 条对作者的经济权利和人身权利保护期限分别作了规定，此外，还对合作作品、法人作品及摄影作品等的保护期限予以明确规定。既然著作权法规定了保护期限，也就意味着期限届满后，作品就会进入公共领域，为公众自由使用。正因如此，有学者将超过保护期限的公共领域称为"时间性的公共领域"[2]。

之所以要从法律上明确著作权的保护期限，原因在于：首先，作品的创作具有承继性，作者通过前人作品或者他人作品的有效"滋养"，吸收"阳光雨露"，形成了具有自身特色的作品，而文化的传承和发展需要一代又一代人的努力，后续作者创作的作品也应当最终回归公共领域，为大家所用。著作权法设定保护期制度使得作者对作品的垄断不是永久的，而必须受到一定的限制。

其次，从著作权法的立法宗旨看，赋予作者一定期限的专有

<hr/>

[1]《伯尔尼公约》第 7 条规定，作品的保护期限为作者有生之年及其死后 50 年；电影作品的保护期限为该作品首次发表之后 50 年，但如果创作完成后，50 年内未发表的，就不再给予保护；对于摄影作品的保护期限，则允许各成员国自行确定，但不得低于 25 年的最低标准。

[2] 李华伟：《版权制度中的公有领域研究——兼论图书馆对公有领域资源的利用》，哈尔滨工业大学出版社 2016 年版，第 51 页。

权只是手段，"限制对作者经济权利的保护期限的目的是促进对受保护作品的利用"[1]。科学文化的繁荣，离不开丰富的而又充满活力的公共领域。特别是我国虽然具有千年的历史文化传承，但文化产业化、规模化起步较晚，文化传播资源还比较匮乏，尤其是公众获取知识的能力和文化消费能力也相对较弱，社会整体文化水平和公共教育机制都有待完善，因此迫切需要一个可以使公众自由接近文化资源和公有素材的公共空间，以实现促进文化创作与文化发展繁荣的社会整体利益最大化。

再其次，超过一定的期限，几乎再也无法找到权利的继承人，如仍需要通过授权才能使用作品，必将影响市场的供需关系，孤儿作品则更是几乎无法被后续作者利用。这不仅对于作品是"不经济"的，使许多作品难以得到有效利用，对于公众而言也是"不经济"的，不利于公众对信息、知识的有效利用。

最后，权利的永久化只会有利于权利人及其继承人，不利于作品的流通以及公众对文化的需求，不能激发创造力。[2]因此，为了实现著作权法促进科学文化事业繁荣的目的，需要对作品著作权规定一定的期限，使其能在期限届满后永久地进入公共领域，为公众自由使用。

（二）著作权保护期限不断延长的趋势

1998年，美国通过了《著作权保护期限延长法案》，这一法案也被称为"米老鼠法案"，根据这一法案，著作权保护期限将从作者死后50年延长至70年，从而使得原本即将在2003年到期、进入公共领域的迪士尼公司的"米老鼠"，推迟20年才

---

〔1〕［西班牙］德利娅·利普希克：《著作权与邻接权》，联合国译，中国对外翻译出版公司2000年版，第191页。

〔2〕参见［西班牙］德利娅·利普希克：《著作权与邻接权》，联合国译，中国对外翻译出版公司2000年版，第191页。

失去著作权的保护。其实，这并不是美国第一次将著作权的保护期限延长。纵观世界各国著作权法的发展历史，也普遍具有不断延长著作权保护期限的趋势。

从世界上第一部著作权法——《安娜女王法令》开始，英国就有了作品保护期限的规定。[1]1814 年，英国对著作权保护期限进行了延长，并提出了"作者有生之年"的概念。在那以后，人们发现仅保护作者有生之年并不够，因为有些人在去世以后才声名鹊起，有生之年的保护不足以使作者及其后人获得足够的回报，于是逐渐形成了作者有生之年加若干年的保护模式，即两代人标准[2]。真正从国际层面确立著作权保护期限的是《伯尔尼公约》，该公约确立了著作权保护期限为"作者有生之年加死后 50 年"的标准，这成为世界各国确立著作权保护期限的最低标准。《伯尔尼公约》各成员国可以突破该标准，寻求更高的保护。[3]1965 年，德国率先突破《伯尔尼公约》，将保护期限延长至作者死后 70 年。相继地，欧盟、澳大利亚、韩国、日本等国也纷纷将著作权保护期限延长至这一水平。墨西哥甚至还将著作权保护期限延长到作者死后 100 年。随着跨太平洋伙伴关系协定新一轮谈判的启动，以日本为首的相关国家拟将著作权保护期限的延长强行推行到该协定的所有成员，这给不少参与国带来了新的挑战，也使得著作权保护期限问题再一次被推到了风口浪尖。

（三）著作权保护期限延长之正当性分析

在美国和日本将著作权保护期限延长至作者死后 70 年时，

---

〔1〕 《安娜女王法令》将作品的保护期限定为出版之日起 14 年，如到期后作者还健在，则可以再延长 14 年，即最长不超过 28 年。

〔2〕 即涵盖作者及其后人两代人寿命的标准。参见程松亮："著作权保护期延长的合理性探究"，载《湖北社会科学》2012 年第 7 期。

〔3〕 参见《伯尔尼公约》第 7 条。

对于是否应当延长、延长的正当性何在，两国国内都展开了激烈争论，既有赞成，也有反对。本书将从著作权保护期限制度的价值目标以及知识产权的两个传统理论出发，对著作权保护期限延长的正当性问题进行研究。

1. 著作权保护期制度的两大价值目标

著作权保护期制度的发展经历了两次变革，由此产生了两种不同的价值目标。

（1）鼓励创作的制度初衷。著作权制度产生之初就是为了激发作者创作的积极性，通过赋予作者对作品的垄断权，促进创作活动的蓬勃发展。但是作品的创作具有承继性，再创作离不开对既有的公有知识的利用，人们需要自由接近和利用这些公有素材，这就必须保留一个丰富而又充满活力的公共领域。著作权法设定保护期制度，使得作者对作品的垄断不是永久的，而必须受到一定限制。保护期限一过，作品就永久地进入公共领域，成为人们再创作的公有素材。

（2）追求商业利益的后发态势。随着版权产业的不断发展，作品的经济价值越来越为亲作者的利益方，特别是大公司、大集团所关注，他们不断地向政府鼓吹加强著作权保护的必要性，而延长著作权保护期限就是加强保护的一种重要手段。他们提出的理由包括：复制技术、网络技术的快速发展对著作权保护产生了巨大影响，只有延长著作权保护期限，才能有效应对现实情况；随着人类寿命的延长，《伯尔尼公约》规定的作者有生之年加上死后 50 年已经无法涵盖作者及其后人两代人的寿命；较短的保护期限会使本国的作者不能在保护期限较长的国家得到同等保护。[1]在种种理由的刺激下，发达国家将作者的经济

---

[1]　参见李雨峰："论著作财产权的保护期限"，载《政治与法律》2008 年第4 期。

利益放在首位，甚至提出了只要作品尚存价值就要不断延长保护期限的理念[1]，不再更多地考虑公共领域的保留，一次又一次地延长著作权的保护期限，以维护版权产业的垄断利益。

2. 对两种著作权保护期限延长理论的质疑

对于著作权保护期限是否应当延长，自然权利论和激励论这两大理论都作出了解释。通过分析，不难发现这两种理论都有一定的局限性，不能对著作权保护期限的延长给出合理的解释。

（1）自然权利论。在著作权保护期限的设定上，自然权利论主张保护期限与人的寿命有关。[2]欧盟曾经在1993年延长著作权保护期限时指出，之所以延长，是因为人们的寿命普遍延长了，现有的保护标准不足以保护两代人。然而，从著作权保护期限的历史发展来看，保护期限是从"一代人"延长到了"两代人"，且法律上关于为什么要保护"两代人"，而不是"三代人""四代人"，并没有给出解释。而且，随着互联网时代的到来，人们文化消费能力的不断提升，尤其是网络文学的兴起，使得许多作者在有生之年就已经获得了充分的物质回报，如以《龙族》为代表作的江南、以《斗罗大陆》为代表作的唐家三少等幻想文学作家都以写作为职业并获得了巨大的商业成功，年纪轻轻就身家上亿。因此，"两代人标准"似乎不能为著作权保护期限的延长找到合理的说法。

（2）激励论。激励论主张著作权保护期限的延长必将大大激发作者创作的积极性，从而使作品总量增加，增进社会的整

---

[1] See Séverine Dusollier, Scoping Study on Copyright and Related Rights and the Public Domain, Committee on Development and Intellectual Property (CDIP): Seventh Session, available at http://www.wipo.int/meetings/en/details.Jsp? meeting_id=22102.

[2] 参见罗莉："版权保护期限限的是与非"，载《法学》2005年第11期。

体福祉。[1]从表面上看，此理论有一定道理，但从经济学的角度分析，却很难得到支持。美国的布拉德利法官曾经在 Baker v. Selden 案[2]中否定了这种认识，他指出：超过原保护期限而获得的价值是微不足道的，所以也不会对作者的创作产生实质的影响。20 世纪初，经济学家们就指出，著作权的最佳保护期限是 14 年，延长期限对作者的创作会产生副作用，且会不必要地影响作品利用。[3]经济学的实证研究也表明，延长著作权保护期限并不当然地促进了新创作作品的增加。[4]可见，激励论的说辞其实是缺乏事实依据的。

（四）中国当前不宜延长著作权保护期限的理由

结合中国国情及所处的国际环境，笔者认为，当前我国不宜延长著作权保护期限，主要理由是：

1. 满足公共利益的需要

就西方发达国家而言，经过几百年的发展，其经济发展水平普遍较高，公共教育制度比较完备，公共领域也较为丰富，可供人们自由利用和学习借鉴的作品基数不小，其中包括许多优秀作品。因此，对于发达国家而言，公众对于公共领域的需求相对没有发展中国家那么强烈，延长保护期限对于社会公共利益的影响也不那么明显。但我国不同，我国文化产业起步较晚，文化资源相对匮乏，公众获取知识的能力和文化消费能力也相对较弱，社会整体文化水平和公共教育机制都有待完善，

---

〔1〕 See Senate Committee on Judiciary, Senate Report 104-315 (Copyright Term Extension Act of 1996).

〔2〕 101 U. S. 99 (1879).

〔3〕 See Jennifer Jenkins, "In Ambiguous Battle: The Promise (And Pathos) of Public Domain Day, 2014", 12 *Duke Law and Technology Review* 1 (2013).

〔4〕 See Kai-Lung Hui, Ipl Png, "On the Supply of Creative Work: Evidence from the Movies", *American Economic Review* (2002).

因此亟须提供一个丰富的公共领域，使广大公众能在其中自由翱翔并寻找所需的公有资料和公有素材，以实现促进文化创作与文化发展繁荣的社会整体利益最大化。[1]如果延长著作权的保护期限，会使短期内进入公共领域的作品减少，影响"信息的共享和再利用"[2]，长远来看最终也会影响我国文化产业和公共教育事业的发展，阻碍我国著作权法公共利益的实现。

2. 文化产业的发展现状

从全球范围来看，相较于美、日等文化大国，我国文化产业并不占优势。虽然近年来发展很快，尤其是网络文学产业蓬勃发展，文化产业"走出去"的步伐加快，[3]但总体来看，我国在版权贸易中仍处于弱势地位，每年仍然需要从国外引进和购买大量文化产品，属于文化进口大国。相比之下，我国的文化输出相对较少，在版权贸易中处于逆差状态。[4]如果延长著作权保护期限，将有损我国的利益。而且回顾美国著作权法的发展历史，18世纪初美国也因大量盗印英国的作品而广受批评，之后经过多次立法修改，美国才将著作权保护期限延长到《伯尔尼公约》所订立的标准。在其动画、电影等文化产业居于世界领先地位后，为了维护本国在版权贸易上的顺差，美国于1998年将著作权保护期限延长至70年。[5]可见，著作权保护期

〔1〕 何华："著作权保护期限限研究三题"，载《法商研究》2012年第4期。

〔2〕 Pamela Samuelson, "The Copyright Principles Project: Directions for Reform", 25 *Berkeley Technology Law Journal* 1175（2010）.

〔3〕 参见梁达："文化消费升势强劲 文化产业发展迅速"，载中证网，http://www.cs.com.cn/sylm/zjyl_1/201706/t20170622_5335943.html，最后访问日期：2019年2月14日。

〔4〕 参见蔡玫："论著作权保护期限延长问题——以日本修改著作权法为例"，载《中国出版》2017年第2期。

〔5〕 See Mota S. A. , "ELDRED V. RENO—Is the Copyright Term Extension Act Constitutional?", *Albany Law Journal of Science & Technology*（2001）.

限的设定应与本国的国情以及版权贸易的现状紧密联系。

当前国际公约对于著作权的保护期限仅设定为作者有生之年加死后 50 年，我国已满足这一规定，没有必要为迎合国际趋势去追求著作权保护期限的延长。未来我国可根据国内、国际情况的变化与需求，再对保护期限进行调整。

著作权保护期限不断延长的趋势严重威胁到公众共享和利用公有信息的权利及自由。为此，有必要对不断扩张的著作权保护期限进行适度的控制，以缓解私权保护与公共利益之间的冲突。公共领域的保留有助于发展文化产业、繁荣文化市场，而著作权保护期制度是实现保留公共领域的重要手段，也是实现公共领域作品价值有效发挥的重要方面。

四、著作权合理使用与公共领域

著作权合理使用[1]是对他人著作财产权的一种利用，是无须授权也无须付费便可加以使用的权利。这意味着对著作权的限制，是在他人专有领域的范围内，划分了一定"合理"使用空间，从而排除了对侵权行为的认定。[2]之所以要将这些本应属于侵权的行为纳入合理使用的范畴，是因为这些行为具有重要的公共利益，也是不特定公众可以合理利用的公共领域。著作权法是一部利益平衡法，需要在权利人与公众之间实现利益的统一与均衡。既往的著作权研究往往从权利人视角考虑著作权合理使用制度，这大大限制了著作权合理使用制度功能与价值的发挥。有鉴于此，本部分将从保留公共领域的视角对这一制度加以考察。

---

〔1〕 著作权合理使用是指在一定的条件下不经著作权人的许可，也不必向其支付报酬而对作品进行使用。

〔2〕 参见吴汉东："论合理使用"，载《法学研究》1995 年第 4 期。

（一）著作权合理使用的基本内涵

著作权合理使用制度的价值目标，乃在于通过利益的均衡，促进社会的全面协调发展。若不允许他人合理使用，人类进行思想交流与表达的基本人权将无从实现。诸如个人使用、课堂教学使用和科研使用等合理使用情形，都使社会得以接触和利用的知识与信息大为增加，而任何知识产品都建立在对公共领域公有知识和资源的利用基础上，同时也将成为后续创造的前提和基础，缺少观点的交流、思想的碰撞与启发，思想的僵化必将带来作品的"苦涩乏味"。恰恰是著作权合理使用制度的存在，可以为这个密闭的房间打开一个与外界交流的窗口，为他人提供可以合理利用的空间。因此，有学者感慨道，著作权法致力于丰富公共领域内的信息，而合理使用制度就是实现保留公共领域的重要手段。[1]著作权合理使用在维持著作权扩张与著作权权利限制之间的平衡方面发挥了重要作用，其通过对著作权的限制创设了一个公共领域，"为著作权所有人针对信息传播中的公共利益提供了一个利益衡平的手段"[2]。明确著作权合理使用的功能，有助于我们更好地理解运用并加以改造。

著作权合理使用是各国著作权法中十分重要的内容，通常包括下列使用：个人使用或家庭范围使用；报刊报道时事新闻等或进行评论使用；翻译、译本的使用；引用或简短摘录；临时复制或短期使用；课堂教学、教育机构的使用；图书馆、档案馆使用；公共场所建筑、雕塑以及公开的美术作品使用；司法、行政或议会等使用；计算机软件、程序或数据库使用；非

---

〔1〕 See L. Ray Patterson and Stanley W. Lindberg, *The Nature of Copyright*: *A Law of Users' Rights*, The University of Georgia Press, 1991, p. 50.

〔2〕 New Era Publication Intern., ApS v. Henry Holt and Co., Inc., 873 F. 2d 576 (2d 1989).

营利公开表演或广播、滑稽模仿、讽刺模仿等使用。

（二）著作权合理使用的范围

我国关于著作权合理使用的规定，一般认为是指《著作权法》（2010 年修正）第 24 条第 1 款规定的 12 种"合理使用"情形。下面逐一进行研究。

1. 个人使用

对于这种使用行为有三方面限制：其一，目的限制，即这种使用是为了学习、研究或者欣赏，而不能为了出租、生产、经营等营利活动；其二，仅限于个人使用，而不能扩展到他人或者群体的使用；其三，使用的是已经发表的作品，而不包括未发表的作品。个人使用由于限制在必要的范围和情形内，不但不会对作者造成很大的影响，相反可以增加社会福利，扩大公众可以合理使用的公共领域。如在加拿大歌曲片段试听案[1]中，加拿大某网络服务提供商在网络上向人们提供 30 秒—90 秒的歌曲免费试听服务，人们可以根据试听效果决定是否购买该歌曲。加拿大著作权集体管理组织对该网络服务提供商提起了诉讼，认为试听播放的行为侵害了歌曲的著作权，应赔偿相应的许可费。法院认为，试听环节提供的歌曲时间短、音质差，且只能在线播放，不得下载，不会对原作品造成市场替代，故应属于合理使用。此案也从另一个方面说明，在个人使用行为中，使用的数量、限制手段和方式都可以纳入是否合理的考量范畴。

2. 适当引用

在创作作品，特别是评论文章时，往往需要对他人作品或者他人观点进行描述，适当引用由此而生。如撰写书评离不开

---

[1] See Society of Composers, Authors and Music Publishers of Canada v. Bell Canada, 2012, SCC 36.

对他人作品的复制、评判某一作者的观点离不开对作者观点的引用等。适当引用极大地促进了思想和观点的传播，对于观念的交换、思想的碰撞和文化的繁荣具有重要的意义，是实现社会公共利益的有效方式。但是，顾名思义，适当引用必然引用的内容或者数量只能是"适当"的，如果引用的范围和内容超过了必要的尺度，则可能转化为抄袭。如在李强诉于芬侵犯著作权案[1]中，于芬在其微博上引用了李强的《西方理念是科学，东方思想是宗教》一文当中的部分文字，于芬对此辩称其引用的字数只占李强原文字数的10%，数量很小且仅发表在微博上，影响不大，属于合理使用。法院审理后认为，虽然于芬引用的字数不多，但构成对李强文章核心思想和核心观点的使用，故不能适用合理使用抗辩。

　　3. 新闻报道使用

　　时事新闻是公众获取信息、了解国内国际局势的重要手段，特别是在现代信息社会，新闻供给的信息关乎政治、经济、文化、生活等方方面面，与每一个公民都息息相关。如果媒体播报新闻都要取得作品作者的同意，一来会导致信息延迟，乃至信息不通畅；二来会增加获取信息的成本，因为每个作品都需要征得作者授权，这在实践中不具有操作性且成本过高。如此一来，势必打击新闻媒体传播信息的热情，并将可能导致信息闭塞，从而损害社会公共利益，导致权利人利益与社会公共利益的失衡。因此，新闻报道使用成了合理使用的方式之一。但新闻报道也应注意合理使用的度，即引用的数量和比例不能超过必要的限度。如在新闻中介绍某一电视剧时，只能对个别镜头加以剪辑拼接播放，而不能大篇幅地播放电视剧中的片段，

────────────

〔1〕 参见北京市海淀区人民法院（2010）海民初字第2197号民事判决书。

或者直接播放电视剧的核心片段，否则将会超出合理使用的限度，构成侵权。

4. 对时事性文章的使用

时事性文章通常是有关政治、经济、宗教等问题的介绍，而积极参与政治生活不仅是每个公民的权利，也是推进国家民主进程所必需的环节，因此有必要将其保留在一个合理的使用空间。需要注意的是，如果时事性文章的作者在首次刊发该作品时即表明不得转载、播放，则不能以合理使用为由擅自播放或者刊登该作品。而且，转载或者播放时，必须注明作者的姓名和出处，这是法律对合理使用行为的限制。通过对权利的限制与反限制，实现了权利人与公众利益的有效平衡。

5. 对公众集会讲话的使用

这种合理使用情形是为了保障公民了解国家政治经济发展动态，为公民参与政治生活创造必要的条件。如国家领导人在人大会议或者政协会议所作的讲话，虽然可以构成口述作品，但更多的是向公民传达国家的经济社会发展状况以及参政议政内容，是为了保障公民的知情权，因此，应允许电视台、电台等新闻媒体播放和刊登。

6. 在课堂教学和科研中使用

公共教育事关我国文化繁荣、科技进步，与社会公共利益密切相关。为了公共教育或者科研工作，少量翻译或者复制作品，虽然会对作者造成一定影响，但与此举所增加的社会福利相比，属于以较小利益的牺牲换取较大利益的取得，因而是正当且合理的。需要明确的是，翻译或者复制行为都需要控制在一定的范围和必要的限度内，如果超出这个限度，实际上导致了"市场替代"，则不应被视为合理使用。如在美国教育考试服务中心诉新东方学校侵犯著作权纠纷案[1]中，作为被告的新东方学校复制了原告享有著作权的考试题，并通过学校和网络向不特定的人进行售卖，法院认为此种行为不属于少量复制行为，不构成合理使用。

7. 为执行公务使用

此种情形的使用范围既包括国家机关直接执行公务，也包括国家机关将部分公务委托或者授权其他单位执行。如前述何平诉教育部考试中心侵犯著作权纠纷案[2]中，教育部考试中心就属于接受国家教育委员会的委托承担高考出题任务。国家机关作为履行公共管理职能的部门，在执行公务时代表着国家利益和社会公共利益，因此可以适用合理使用免责原则。此种合理使用情形必须仅限于执行公务，而且要限制在合理的时间和范围内，如果超出了这一限制，则可能构成侵权。如在孙华鹏诉徐州市城市管理行政执法局（以下简称"徐州城管局"）等侵害著作权纠纷案[3]中，原告孙华鹏通过遥控航拍的方式拍摄了摄影作品《云龙山水》，徐州城管局因在徐州市创建江苏省优秀管理城市活动中，在徐州市某路段使用了该摄影作品，随后被诉至法庭。法院审理后指出，徐州城管局在使用涉案图片时没有查明涉案图片的来源及其作者，没有尽到依法署名的义务，而且在创建江苏省优秀管理城市活动停止后仍在继续使用涉案图片，故不属于为执行公务而合理使用情形。

8. 图书馆等公益机构的复制和传播

作品因长期使用会自然损耗，此时为了展览或者陈列的需要，对相关作品进行复制，不仅不会对著作权人造成经济损失，

---

〔1〕 参见北京市高级人民法院（2003）高民终字第1393号民事判决书。
〔2〕 参见北京市海淀区人民法院（2007）海民初字第26273号民事判决书。
〔3〕 参见最高人民法院（2018）最高法民申345号民事裁定书。

还可以增加社会福利，使当代以及后代的人均得以见证这些有纪念意义或者富含珍贵价值的作品，从而使人类文明得以流传和延续。因此，有必要将此种复制和传播行为纳入合理使用范畴。

9. 免费表演

免费表演活动有助于丰富大众的精神世界和业余生活，将其纳入合理使用范畴是为了实现社会公共利益而对著作权作出的限制。在判定是否属于免费表演时，需要特别关注该表演是否带有营利性质。例如，一家餐厅向前来就餐的顾客提供免费的钢琴表演，虽然商家并未就此收费，但实际上该免费表演已成为餐厅招揽顾客的一种营利方式，客观上会给餐厅带来经济回报，故此种行为不应被视为合理使用。我国就曾经发生过一起商场播放背景音乐的著作权侵权案件，法院审理后认为，商场对背景音乐的播放带有营利性质，不属于合理使用，应当支付相应的许可费。[1]

10. 对室外艺术品的临摹、绘画、摄影、录像

陈列在室外的艺术品已经成为大众生活的重要组成部分，关乎社会公共利益，故应当给予人们一定自由使用的权利。而且，如果对这些艺术作品进行复制或者演绎，都要获得著作权人的许可或者同意，势必大大增加经济成本或者导致客观上的不能。对室外艺术品的临摹品、绘画品、摄影品等进行再利用，应当是应有之义，但再利用应当排除以相同的方式，并且不能不合理影响他人的市场利益和合法权利。如"五月的风"雕塑作品案[2]中的涉案作品，系位于山东省青岛市五四广场的一座雕

〔1〕 参见李庆保、张艳："对我国著作权合理使用制度的反思"，载《知识产权》2013年第7期。
〔2〕 参见山东省青岛市中级人民法院（2003）青民三初字第964号民事判决书、山东省高级人民法院（2003）鲁民三终字第68号民事裁定书。

塑，被告将拍摄的五四广场的照片设置在其生产销售的一款手机中，该照片中能够显示出涉案雕塑作品，原告据此主张被告侵害其著作权。法院认为，被告上述使用行为未造成对涉案作品的歪曲、丑化，亦未影响原告的正常使用，合理的方式和范围应包括以营利为目的的"再行使用"，因此，被告行为属于法定的合理使用范畴。该案为室外艺术品的"再行使用"行为留下了创作空间，法院对合理使用的解释具有鼓励合理使用的示范效应。

11. 为制作少数民族语言文字版本而使用

我国是由 56 个民族组成的统一的多民族国家，东西部发展不平衡，特别是少数民族聚居地区经济文化欠发达是我国的发展现状。因此，为了保障少数民族地区的信息交流和公共教育事业发展，促进该地区的经济发展和文化繁荣，有必要给予一些特殊规定和人文关怀。

12. 为制作盲文版本而使用

盲人是身体残疾人士，事实上无法与正常人一样公平地获得受教育的权利，需要国家给予特殊的关怀和照顾，而且这种合理使用情形对作者的影响不大，不会导致作者经济利益的较大损失，所以法律作出特殊安排，将此情形纳入合理使用范畴。

（三）著作权合理使用制度的缺陷

著作权合理使用制度是应对著作权保护范围扩张，保留公共领域的重要制度设计。但是，当前的著作权合理使用制度中存在着一些不尽如人意的地方，以致该制度促进信息传播、维护公共利益的价值目标无法完全实现。

1. 列举式立法模式的局限性

《著作权法》（2010 年修正）详细列举了 12 种合理使用情形，这种列举方式具体明确，具有操作性，便于法律的适用和施行，但缺点就在于过于僵化，无法适应千变万化的现实生活。如拍卖公司为了展示作品，在拍卖之前将作品的照片印制在拍卖图录中，在拍卖过程中对作品进行展览、放映，在司法实践中就曾被认定为合理使用行为，但法律对此并无明文规定。[1]又如法律虽将课堂教学的合理使用限制在翻译和复制行为，但司法实践中，有的判决已将课堂教学的合理使用拓展至为教学目的而拍摄电影。[2]暂且不去讨论这种突破是否合理，但不可否认的是，2010 年版的著作权合理使用规定确实难以涵盖基于公共利益、公共权利的所有合理使用情形。

2. 缺乏配套的举证责任制度

我国民事法律制度采取"谁主张，谁举证"的举证责任分配原则，当事人对自己的主张要举证证明。著作权合理使用制度的根本目的在于维护社会公共利益，实现著作权人与公众间的利益平衡，但在实际的诉讼较量中，著作权人往往不是个体的创作者，而是商业组织、商业集团，作为被告的使用人常常是力量薄弱且十分分散的个人，在诉讼中处于弱势地位。因此，法律除赋予他们合理使用的权利外，还应在民事诉讼中构建有利于维护公共利益的举证规则，以维护与之相适应的公共领域空间。

3. 著作权人阻碍责任的缺失

我国《著作权法》（2010 年修正）在法律责任和执法措施一章仅规定了侵权人的侵权责任，对于著作权人明知使用人的行为构成合理使用，仍然加以阻挠的，却没有规定相应的法律责任。如著作权人通过技术保护措施阻挠使用人合理使用的，又如通过发警告函或者提起诉讼等方式来阻碍使用人自由使用的，这些阻碍不特定公众合理使用作品的行为都应受到法律的规制。

---

〔1〕　参见北京市第一中级人民法院（2003）一中民初字第 12064 号民事判决书。
〔2〕　参见北京市第一中级人民法院（1995）一中知终字第 19 号民事判决书。

为了应对著作权的不断扩张，著作权法通过对保护范围和保护效力施加限制，抑制对公共领域的侵蚀。著作权合理使用对于维持权利保护与权利限制之间的平衡发挥了重要作用。但是相关立法并不完善，不能有效改善权利人与不特定公众之间利益失衡的状态，有必要对这种不合时宜的法律规定加以改进。

第二节　专利权保护与公共领域

既往关于公共领域的研究多集中于著作权领域，专利领域较少涉及专有领域与公共领域平衡的研究讨论。事实上，专利法上权利人、使用者与公众之间的利益冲突亦十分明显，迫切需要在私权与公权之间进行利益平衡，而这离不开一个充满活力的公共领域。因此，保留公共领域对于实现专利法的二元价值目标有着至关重要的意义。本节将从保留公共领域的视角审视专利法中现有技术抗辩、等同原则、商业方法的专利保护以及专利权合理使用制度的运行现状，以期揭示有悖于保留公共领域的一些问题，为后续尝试解决这些问题提供分析。

一、现有技术抗辩制度与公共领域

公共领域作为知识产权制度中一个独立存在的概念，是"可由社会公众自由使用，并且不受知识产权法保护的部分要素的集合"[1]。公共领域的存在大大便利了公众获取公有资源，降低投入成本，而且促进了知识产品的产出。具体到专利领域，则体现在现有技术为公众的技术创新提供了公知技术。现有技术属于专利法上公共领域的公有资源。专利技术从来不是一种"从无到有"的智力成果，而是或多或少与现有技术存在某种联

---

〔1〕　孙阳："论公共领域的功能实现"，载《知识产权》2017 年第 12 期。

系，是在汲取现有技术资源的基础上完成的发明创造。纵观人类科技进步史，也是以改进型发明为主，突破性的发明屈指可数。现有技术的存在，为公众提供了获取技术资源的最优渠道，降低了技术的研发成本，提高了技术成果的产出效率。

当前，专利权呈现出扩张趋势，专利保护的客体不断增加，专利保护的范围不断扩大，专利保护的强度不断提升。相比之下，对现有技术的维护显得不足，现有技术的后续开发和利用受到了阻碍，这使得人们可以自由利用的技术资源受到了挤压。因此，有必要从保留公共领域的视角对现有技术抗辩的法律规定及司法适用状况予以研究。

（一）现有技术的正当性分析

现有技术[1]是个相对概念，是相对于某个具体专利技术而言的技术范畴。从知识产权的公共领域出发，现有技术抗辩的理论基础主要在于保护公众合理利用现有技术的可得利益，排除专利权人对公众合理、自由利用公有资源的妨碍。

1. 现有技术是技术创新的来源

一旦专利保护期限届满，受专利法保护的发明创造便进入公共领域，与此前被创造出来的众多公知技术共同构成专利法意义上的现有技术，成为公众研发新技术的公共资源和人类的共有财富。技术创新具有承继性，新技术的研发总是建立在对现有技术的不断研究、改进和创新基础上。同时，现有技术亦是科技人员改进技术、提升技术效果的源泉和资料库。因此，保留专利法中的公共领域，对于推动技术创新、促进经济社会发展十分重要。

---

[1]　现有技术是指专利申请日以前在其所属的技术领域已然存在的现有技术方案，包括该领域的普通技术知识以及此前的专利技术。

2. 现有技术是维护利益平衡的利器

专利保护范围不应涵盖现有技术，现有技术也不应为专利权人所独占。一方面，如果因为新技术获得了专利法的保护，就将其中包含的现有技术纳入专利保护范围，等于是将公共领域的技术重新拉回到专有领域，必将挤压公共领域的空间，使人们可以自由利用的公知技术减少，打破专利权人与公众之间的利益平衡。因此，专利权的保护仅限于其相对于现有技术的发明点和创新点，包含在专利权中的背景技术（现有技术）仍属于公众可以自由利用的部分。另一方面，由于我国对实用新型、外观设计专利不进行实质审查，大量技术创造可能面临重复授权，从而使一些本不应获得授权的现有技术披上了专利的外衣。现有技术抗辩制度的存在，使得公众可以运用现有技术进行侵权抗辩，免受所谓专利技术的侵害。

3. 现有技术是公众可以自由利用的公有资源

公众对现有技术的利用不应受专利权的限制或妨碍，公众有实施现有技术的自由。专利权的保护强调专利权人对其专利技术享有独占性权利，有权禁止他人未经许可实施其专利技术。而现有技术的合理使用则强调公众有权自由实施现有技术，专利权的行使不应妨碍公众实施现有技术。如同安装在公共场所的健身器材可供人们自由使用一样，现有技术是保留在公共领域的公有资源，任何人都可以自由利用而无须经过授权。自由实施现有技术是公众的一项可得利益，当专利权人主张其对某项现有技术享有专有权时，其实际上是限制和剥夺了公众自由利用现有技术这一可得利益，有违法律的公平正义。正是为了保障公众可以自由利用现有技术，专利法设计了现有技术抗辩制度，以避免专利权人将专利保护范围扩大到专利申请日前的现有技术。因此，从这个意义上说，现有技术抗辩的重心在于保障公众自由利用公共领域的公共资源而不受涉案专利权的限制。

（二）现有技术抗辩制度的立法和司法审视

现有技术抗辩制度是保障公众可得利益和自由使用技术的法律利器，同时也是专利民事侵权案件中适用范围广、认定难度大的一项抗辩制度。对现有技术抗辩制度的审视和研究有必要从其法律规定和司法实践运行现状开始。

1. 现有技术抗辩制度的立法规定

在专利侵权诉讼中，若被诉侵权技术落入涉案专利的保护范围，被诉侵权人往往以其实施的是现有技术进行抗辩，此时其实际上主张的是涉案专利属于现有技术。但按照我国现行法律规定，专利效力的审查是国家知识产权局的专属职责，法院无权审查，即无权直接在民事侵权案件中审理专利的效力，而只能中止民事程序，等待专利无效行政程序的审查结果。这种专利民事侵权程序与行政无效程序二元分立的机制使得专利侵权诉讼程序拖沓、效率低下。因此，为了缓解这一矛盾，现有技术抗辩制度应运而生。

现有技术抗辩制度的规定最早源于最高人民法院 2001 年发布的《关于审理专利纠纷案件适用法律问题的若干规定》：当被告有证据证明其使用的是公知技术时，法院可以不中止诉讼，径直作出判决。根据这一原则性规定，各级人民法院积极探索。北京市高级人民法院在 2001 年《专利侵权判定若干问题的意见（试行）》中指出，现有技术抗辩只适用于等同侵权，相同侵权时不得直接进行现有技术抗辩，而只能向国家知识产权局申请专利无效，即把运用现有技术抗辩对抗相同侵权理解为是对专利效力的质疑。但在后来的司法实践中，北京市高级人民法院逐渐突破这一规定，认为现有技术抗辩可以适用于相同侵权。这一做法也得到了最高人民法院的认可。在施特里克斯公司诉圣利达公司侵害发明专利权纠纷案〔1〕中，最高人民法院维持了北京市高级人民法院的二审判决，指出：在进行公知技术抗辩比对时，仅需对被诉侵权产品中落入专利保护范围的技术特征与现有技术进行比对，确定两者是否相同或者无实质性差异，而不问被诉侵权产品是否与涉案专利的技术特征相同。

2008 年，我国《专利法》进行了第三次修正，正式在法律中明确了现有技术抗辩制度：在专利侵权纠纷中，被诉侵权人有证据证明其实施的技术或者设计属于现有技术或者现有设计的，不构成侵犯专利权。〔2〕2009 年，最高人民法院出台《关于审理侵犯专利权纠纷案件应用法律若干问题的解释》，对该制度予以进一步细化，即被诉侵权技术仅能与一项现有技术进行单独对比，且相应技术特征应相同或者无实质性差异。〔3〕司法解释确定了单独比对原则，明确将不同对比文件或者同一份对比文件的多项技术方案组合形成的技术方案排除在现有技术范围之外。如在李家凌诉佛阳公司侵害实用新型专利权纠纷案〔4〕中，佛阳公司在二审中主张根据其提供的对比文件 1、2 、3 等公开的技术方案进行组合，以此证明其实施的是现有技术。法院审理后认为，佛阳公司将多份对比文件组合后得到的技术方案视为现有技术，与被诉侵权产品相比，缺乏法律依据，其现有技术抗辩不能成立。

2. 现有技术抗辩制度的司法审视

当前，在司法实践中存在着现有技术的内涵不清、无实质

〔1〕 参见北京市高级人民法院（2006）高民终字第 571 号民事判决书、最高人民法院（2007）民三监字第 51-1 号驳回再审申请通知书。

〔2〕 参见 2008 年修正的《专利法》第 62 条。

〔3〕 参见最高人民法院《关于审理侵犯专利权纠纷案件应用法律若干问题的解释》第 14 条。

〔4〕 参见广东省高级人民法院（2012）粤高法民三终字第 233 号民事判决书。

性差异的含义不清、现有技术抗辩制度适用的程序模糊等问题。

（1）现有技术的内涵不清。现有技术是否包括在先专利，被诉侵权人是否可以以其实施的是在先专利为由进行现有技术抗辩，实践中存在两种不同的认识：第一种将现有技术定义为已经进入公共领域，任何人均可自由使用的公知技术，不包括由他人享有专利权的现有技术。这种观点实际上是将现有技术抗辩理解为"自由公知技术抗辩"。[1]这一观点体现在李光诉首钢重型机械公司侵害实用新型专利权纠纷案[2]中，法院在该判决中指出，被告援引抗辩的技术在涉案专利的申请日之前"因权利失效而成为公知技术"。第二种则将现有技术的范围确定为公众所知的公知技术，包括他人的在先专利技术，如尹新天认为，"在非自由公知技术的情况下，被诉侵权人仍然可以进行公知技术抗辩"[3]。

针对前述两种不同认识，能否适用现有技术抗辩也存在两种不同观点。第一种观点认为，对于在先公开的专利，在被诉侵权人为善意的情况下，合法使用在先专利具有适用现有技术抗辩制度的法律价值。[4]可见，该观点认为在援引在先专利进行现有技术抗辩时，被诉侵权人必须是善意的，要依法获得在先专利权人的许可。换言之，如果被诉侵权人未经许可实施在先专利，则因其主观上不属于善意，而不能适用现有技术抗辩。第二种观点认为只要被诉侵权人实施的是在先专利，即认定抗

---

〔1〕 温旭："自由公知技术抗辩在专利诉讼中的应用"，载《知识产权》1997年第1期。

〔2〕 参见北京市高级人民法院（1995）高知终字第5号民事判决书。

〔3〕 参见尹新天：《专利权的保护》（第2版），知识产权出版社2005年版，第488页。

〔4〕 参见张鹏："现有技术抗辩制度本质论"，载《科技与法律》2010年第1期。

辩成立，而不问其是否获得许可以及是否为善意。即使未经许可使用在先专利，也不排除事后获得许可的可能，这种情形下实施在先专利同样为被诉侵权人的可得利益，因为相对于涉案专利而言，实施在先专利是被诉侵权人的权利，包括经许可实施、事后获得许可或受让在先专利而实施。我国司法实践中更倾向于第二种观点，只要被诉侵权人实施的是在先专利，即认定现有技术抗辩成立。至于其是否事先或者事后获得了在先专利权人的许可，在所不问。因为是否侵害了在先专利权，需要由相关的权利人提起民事诉讼并进行审理后才能认定。从前述两种观点可知，现有技术的内涵还存在模糊不清的地方，有必要从理论上予以廓清。

（2）无实质性差异的含义不清。首先，人们在使用现有技术时，出于改进技术或者现实生产需要等目的，通常会对现有技术进行必要的改变和改进，而不会生搬硬套、一成不变地运用现有技术。相应地，在认定侵权时，如果机械地进行字面对照，认为被诉侵权技术与现有技术不完全相同，就将之排除在现有技术范围之外，将会导致公众可以利用的公知技术范围大大缩小，损害社会公共利益。为了缓解这一矛盾，2009 年最高人民法院发布的《关于审理侵犯专利权纠纷案件应用法律若干问题的解释》规定，被诉侵权技术与一项现有技术方案中的相应技术特征相同或者无实质性差异的，属于现有技术。可见，无实质性差异既能保障行为人实施现有技术的自由空间，避免将现有技术的合理运用局限于与现有技术一模一样，也能保证对现有技术的实施不会对专利权产生不合理的损害或限制。其次，专利权具有垄断性，其保护范围不应涵盖与现有技术无实质性差异的技术，这些技术都应纳入公众可以合理使用的范围，否则将会影响公众使用现有技术的自由和便利。正因如此，在德国、日本，现有技术抗辩被称为"自由技术水准抗辩"，其意或许也在于，可以援引作为抗辩依据的不仅包括申请日之前的公知技术本身，也包括可以由公知技术容易想到的改进型技术。我国现行司法解释对于无实质性差异的含义没有作出解释，这导致司法实践中对于无实质性差异的认定困难，而且存在与等同原则混淆的迹象。如在陆少锋诉亚冠公司、天猫公司侵害发明专利权纠纷案[1]中，二审法院认为，被诉侵权产品的技术特征并未被现有技术公开，现有技术抗辩不能成立。最高人民法院再审后则认为，被诉侵权产品的技术特征与现有技术无实质性差异，已被现有技术公开，现有技术抗辩成立。在王业慈诉徐州九龙水泵厂侵害实用新型专利权纠纷案[2]中，一审法院认为：被诉侵权产品与作为现有技术的现有产品的区别仅在于卡簧的设置和位置，而两者的这一技术特征构成等同技术特征。因此，被诉侵权产品的卡簧与在先产品的卡簧无实质性差异，被诉侵权产品使用的是现有技术。二审法院否定了这一观点，认为这一判断方法混淆了等同侵权与现有技术抗辩的判定方法。现有技术抗辩应遵循被诉落入专利保护范围的全部特征与一项现有技术方案相应特征相同或无实质性差异的判断标准。被诉侵权产品的卡簧与现有产品的卡簧位置不同，且卡簧位置的设置是涉案专利的发明点所在，因此，两技术特征存在实质性差异，现有技术抗辩不成立。

（3）现有技术抗辩制度适用的程序模糊。实践中，因受当事人诉讼能力、对诉讼的重视程度等原因的限制，现有技术抗

---

〔1〕　参见广东省高级人民法院（2017）粤民终 1456 号民事判决书、最高人民法院（2019）最高法民再 141 号民事判决书。

〔2〕　参见江苏省南京市中级人民法院（2018）苏 01 民初 1430 号民事判决书、最高人民法院（2019）最高法知民终 100 号民事判决书。

辩的提出时间可能发生在一审、二审或者是再审程序中。当事人在一审程序中提出这一抗辩主张的，毫无疑问，法院应当接受并进行审查。但是如果当事人是在二审程序才提出这一抗辩，此时是否应当审查，则存在不同的观点：第一种观点认为，二审提出的据以主张现有技术抗辩的证据在一审程序中即已经存在，当事人无正当理由没在一审中提出，法院不应当审查，否则将助长"证据突袭"，并有损审级利益。第二种观点则认为，《中华人民共和国民事诉讼法》（以下简称《民事诉讼法》）并未规定"答辩失权"制度，当事人可以在不同程序进行答辩。而且，根据最高人民法院《关于适用〈中华人民共和国民事诉讼法〉的解释》第102条的规定，我国对民事诉讼采取证据不关门的原则，即便当事人因故意或者重大过失逾期提供证据，只要该证据与案件基本事实有关，人民法院也应采纳。并且，对于当事人的主张和举证，不应要求太高，只要有助于实质解决问题，法院就应当接受。基于相同的理由，对于当事人在再审程序提出现有技术抗辩的，也存在不同的看法。这导致司法实践中现有技术抗辩制度的混乱与模糊，有必要加以明确。

3. 对现有设计抗辩制度的考察

现有设计与现有技术一样，均属于公共领域中的公有资源，是公众可以自由、合法利用的公有设计，也是保护公众自由使用现有设计而不构成专利侵权的事由。一定程度上，现有设计被视为相对于专利权的在先权利，是公众研发新设计的公有资源。为了不影响他人的在先权利，在现有设计这一公共领域内也不应当再设定专利权，否则必然会损害公众的上述可得利益。因此，现有设计抗辩制度的存在同样有着正当性依据。

司法实践中，已有大量案件适用现有设计抗辩制度作出裁判。如在通利达公司诉双龙公司侵害外观设计专利权纠纷案[1]中，最高人民法院认为，被诉侵权产品与现有设计的整体视觉效果无实质性差异，被告现有设计抗辩成立。现有设计抗辩与现有技术抗辩具有相同的法律依据与理论进路，因此，两者在实践中也存在着相同的问题，如现有设计抗辩中同样存在现有设计的范围如何确定、无实质性差异的标准以及现有技术抗辩何时主张等问题。完善现有技术抗辩的法律规定和明确司法审理规则，一定程度上也可以解决现有设计抗辩中存在的问题。

（三）现有技术抗辩的国外经验

专利制度中的现有技术抗辩是一个典型的舶来品，梳理其理论发展脉络，可以为我国的司法实践提供参考借鉴。一般认为，现有技术抗辩大体经历了三个发展阶段。

1. 早期的等同限制论

具体而言，是将现有技术抗辩理解为对等同侵权原则的限制，等同范围不得覆盖现有技术。在美国专利法发展早期，如果被诉侵权产品所涉及的技术属于现有技术，则被诉侵权人不应承担侵权责任。但司法实践中，美国法院并不认可实施现有技术是侵权抗辩成立的理由，而认为只是对等同原则适用的一种限制或修正，亦即只有在等同侵权情形，才有现有技术抗辩理由存在的空间，而相同侵权情形下是不允许适用的。早期日本最高裁判所在滚珠花键轴承案[2]中提出的等同原则五要件中的"非现有技术"要件，即为现有技术抗辩的理论原型。

2. 明显无效理论

该理论认为现有技术构成专利明显无效的理由。美国法院

---

[1] 参见最高人民法院（2010）民申字第1293号民事裁定书。

[2] 参见魏小毛、胡嫚："破解专利等同侵权判定难题"，载《中国知识产权报》2013年4月17日，第11版。

拥有在民事侵权案件中直接对专利效力进行审查的职权。在相同侵权时，现有技术会直接影响涉案专利的效力，通过对现有技术抗辩的审查，法院可以宣告涉案专利无效。在这种情况下，如果被告仅提出被诉侵权技术属于现有技术，并不能产生阻却、对抗专利的效力。法院通常会对被告施加寻找充分的对比文件用以证明涉案专利无效的举证责任，而不允许被告运用现有技术抗辩制度单纯为自己脱罪，对本应宣告无效的涉案专利置之不理。美国法院从专利无效角度看待现有技术抗辩的理论进路，对我国的司法实践产生了重要影响。如在柏万清诉成都难寻物品营销服务中心等侵害实用新型专利权纠纷案[1]中，最高人民法院就指出，如果权利要求书的表述存在明显瑕疵，结合涉案专利说明书、附图、本领域的公知常识及相关现有技术等，不能确定权利要求中技术术语的具体含义而导致专利权的保护范围明显不清，则因无法将其与被诉侵权技术方案进行有实质意义的侵权对比，从而不能认定被诉侵权技术方案构成侵权。又如在明静公司诉罗宣安等侵害外观设计专利权纠纷案[2]中，最高人民法院对于专利权人已经在申请日主动公开，明显属于本不应获得授权的外观设计，依法不予保护。

3. 自由实施现有技术的权利理论

日本主流学说就持此种观点，即自由实施现有技术是相对于专利权独立存在的合法权利，公众在行使该权利时享有相对自由，不应受到专利权的不当干涉和限制。如果被诉侵权技术与现有技术相同或者实质性相同，公众就享有自由使用该技术的权利，进而侵权抗辩成立。美国法院在审理侵权案件时，先假设被诉侵权技术能够覆盖涉案专利的权利要求，再考察其相

[1] 参见最高人民法院（2012）民申字第1544号民事裁定书。
[2] 参见最高人民法院（2019）最高法民再136号民事判决书。

对于现有技术是否具有可专利性，如果不具有可专利性，则现有技术抗辩成立，否则不成立。可见，在美国，司法实践已经普遍将现有技术抗辩作为一项广为接受的独立抗辩，而不仅仅是对等同原则的一种限制或修正。

4. 对我国的启示

我国的现有技术抗辩制度也经历了类似的发展过程，从早期的对等同原则的限制逐渐转变为一项独立的积极抗辩，体现了对该项制度的认识和理解在不断深入。这一发展历程为适用和发展现有技术抗辩制度提供了重要的实践经验。首先，如果构成等同侵权，可以以其实施的是现有技术进行抗辩，等同限制理论实质上是限制权利的分配。其次，明显无效理论针对的是涉案专利权，而非现有技术。该理论认为，在现有技术这一公共领域内设定权利是错误的，应宣告专利无效。明显无效理论有利于在民事侵权程序中快速解决专利的效力争议，而不必依赖于复杂的行政程序[1]。目前我国仍然实行专利民事侵权程序与行政无效程序的二元分立机制，法院无法在民事侵权案件中直接评价专利的效力，而要由当事人另行向国家知识产权局提起专利无效宣告请求，导致民事侵权程序需要中止等待行政无效程序的结论，从而使得审理周期长、程序多，成为专利民事审判中广为诟病的问题。因此，明显无效理论值得我国学习借鉴，应成为我国现有技术抗辩制度未来的发展方向。最后，自由实施现有技术理论将现有技术抗辩定位为一项独立的积极抗辩，充分认可实施现有技术是一项独立于专利权的合法权益，这将更有利于发挥现有技术抗辩的制度价值。对现有技术抗辩的研究和发展也应以此为出发点，将维护公众自由实施公知技

---

[1] 此处的行政程序既包括行政程序本身，亦包括后续的司法审查程序。

术、维护公共领域的保留作为目标。

现有技术抗辩实际上主张在现有技术这一公共领域内不应当设定专利权。如果不当设定了专利权，则无论专利有效与否，被告都有自由实施现有技术的权利，即公众具有自由和合法使用现有技术这一公共资源的可得利益。这一权益独立于专利权而存在，并且不受专利权的妨碍，可以在专利侵权诉讼中单独主张。现有技术抗辩制度实现了专利权人利益与社会公共利益的有效平衡，为丰富和壮大专利法上的公共领域提供了重要支撑。如何在立法和司法实践中进一步完善和细化该项规定，已成为保留公共领域的重要一环。笔者认为，应当在利益平衡原则和保留公共领域理念的指引下，不断发展和完善该项制度。

二、等同原则与公共领域

以专利法为核心的专利制度运行的基础是发明人将发明创造申请专利，公之于众，并获得国家法律的认可和保护，即通常所说的"以公开换保护"。专利制度通过激励专利权人的创新动力，不断扩大知识产品的存量。由于知识产品最终都将进入公共领域，必将使公共领域空间得到扩充，从而保障公众对知识产品的有效利用。要实现上述目标，就必须科学合理地划定专利权的保护边界，明确专利权的保护范围。在边界以内，是专利权人专有垄断权掌控的空间；在边界以外，则是公众可以自由利用的公共空间。因此，专利保护范围的确定尤为关键，而等同原则的适用深深影响着专利保护范围的确定。

（一）等同原则的基本内涵

科学技术是第一生产力，是市场经济发展的重要推动力。在知识经济时代，随着经济全球化和国际市场竞争的加剧，专利制度作为一项保护专利权人合法权益、鼓励科技创新、促进社会进步的法律制度，越来越发挥着重要作用。市场竞争是保证市场经济正常运转、促进市场经济发展的重要因素，市场主体为了在市场竞争中取胜，获得更高经济回报，不可避免会采取一些包括侵权在内的恶性竞争手段。专利的授权条件就是以公开换保护，这使得专利权在市场竞争中更容易被他人实施、侵害。没有救济就没有权利，法律对专利权进行了武装，一旦发生专利侵权行为，专利权人可以通过侵权诉讼等方式寻求救济。

　　当专利权人因为权利遭受侵害而寻求法律救济时，首先应当判断的就是专利的保护范围，以及他人是否构成专利侵权。[1]作为保护专利权的依据，法律的可预测性要求在认定专利侵权时所适用的原则要具体和明确，法律确定的专利侵权判定原则在很大程度上决定了专利权能否真正获得充分且有效的保护。一般认为，相同侵权和等同侵权是侵害专利权的两种基本类型。在过去专利制度不完善、专利保护力度不充分的时代，实践中相同侵权往往占多数。然而，随着专利权人的保护意识逐步增强、国家对专利侵权打击力度的持续加大以及公众对专利制度了解的不断深入，明目张胆、不加改造地照搬照抄他人专利技术构成相同侵权的情形已越来越少。相反，通过对专利技术进行改进和变形，避免与专利技术一模一样的情形越来越多，且这种改进通常是为了在利用专利技术创新发明点的同时规避侵权责任。但是，由于受专利权人认知能力的局限性、语言表达的准确性等因素的限制，要求专利权人在申请专利时就将与专利技术等同的实施方式全部写入权利要求书是不现实的。[2]因

---

　　〔1〕　等同原则所述的发明创造或专利，如无特别说明，仅包括专利法中的发明和实用新型两种类型；如无特别说明，不对外观设计进行探讨。

　　〔2〕　参见吴汉东主编：《知识产权法》（第四版），北京大学出版社 2014 年版，第 205—208 页。

此，如果仅因为被诉侵权产品与专利技术字面含义不同就认定为不侵权，将难以充分保护专利权，无法实现专利法激励创新的立法目的。换言之，仅依靠权利要求的字面含义或者对其进行扩张解释，并不足以准确划定专利权的保护范围。[1]

为了充分保护专利权，维护专利制度的基础，有效打击搭技术便车的行为，等同原则作为一项平衡专利权人利益和社会公共利益的规则应运而生。等同侵权一般是指被诉侵权技术与专利技术相比，虽不构成字面侵权，但其实质上与专利技术相同，被诉侵权产品或方法仍构成对专利权的侵犯。[2]有关等同侵权的规则则被称为等同原则。

美国最早通过一系列判例确立并完善了等同原则，欧洲各国以及日本、德国等国也陆续接纳该原则，并根据本国实际情况对该原则进行了适应性调整。我国最高人民法院2001年在《关于审理专利纠纷案件适用法律问题的若干规定》中首次对等同原则作出明确规定。[3]随着司法实践的不断丰富，最高人民法院2009年公布的《关于审理侵犯专利权纠纷案件应用法律若干问题的解释》进一步对这一原则进行了明确和完善。[4]并且，在司法实践中，大量的专利侵权案件通过适用等同原则使专利权获得了充分有效的保护。如在凯洋公司诉骏能公司、吴新照侵害实用新型专利权纠纷案[5]中，广东省高级人民法院即根据等同

---

〔1〕 See M. Scott Boone, "Defining and Refining the Doctrine of Equivalents", *The Journal of Law and Technology* 45 (2003). p. 45.

〔2〕 参见尹新天：《中国专利法详解》，知识产权出版社2011年版，第597—598页。

〔3〕 参见2001年最高人民法院《关于审理专利纠纷案件适用法律问题的若干规定》第17条。

〔4〕 参见最高人民法院2009年发布的《关于审理侵犯专利权纠纷案件应用法律若干问题的解释》第7条。

〔5〕 参见广东省高级人民法院（2013）粤高法民三终字第249号民事判决书。

原则，认定被诉侵权产品与涉案专利的相应技术特征构成等同。

但是，等同原则允许在专利的字面含义之外进一步扩充保护范围，使得没有明确限定在权利要求字面含义之内的技术方案也获得保护，容易导致专利权人不当解释扩大专利权的保护范围。因此，为避免上述弊端，保障公众的合理预期与合理信赖，防止等同原则的滥用，立法者除通过"三基本一联想"条件对等同原则加以明确和限制外，还在实践中不断丰富等同原则适用的限制原则。其中，禁止反悔原则和捐献原则就是两项非常重要的制度设计。

（二）禁止反悔原则和捐献原则的限制

在禁止反悔原则和捐献原则的限制下，如果公众有合理理由认为某项技术方案不应落入专利权保护范围，即使其符合等同原则，也不能被认定为构成专利侵权。

1. 禁止反悔原则的限制

禁止反悔原则系专利侵权判定中的特殊规则，其原理与传统民法理论中的禁止反言相似，都要求权利人秉持诚实守信，不得损害善意第三人的合理期待，避免公众的可期待利益受到不正当侵害，以平衡专利权人行使垄断权可能带来的利益失衡。我国关于禁止反悔原则的规定主要体现在最高人民法院《关于审理侵犯专利权纠纷案件应用法律若干问题的解释》[1]和《关于审理侵犯专利权纠纷案件应用法律若干问题的解释（二）》[2]的相关规定中。

一般来说，公众通过专利权利要求公开的内容了解其保护

---

[1]　参见最高人民法院《关于审理侵犯专利权纠纷案件应用法律若干问题的解释》第6条。

[2]　参见最高人民法院《关于审理侵犯专利权纠纷案件应用法律若干问题的解释（二）》第13条。

范围，从而对自身行为的法律后果进行合理预期，判断是否面临专利侵权的风险。因此，专利权人对权利要求的解释以及专利权保护范围的确定，成为影响公众行为性质的重要内容。在专利授权或者无效宣告程序中，专利申请人、专利权人为了顺利获得授权，通常会通过对权利要求书或说明书的修改或者意见陈述而放弃一些技术方案。对于这些放弃的技术方案，公众有理由相信其已经进入公共领域，任何人可自由实施，专利权人不再享有垄断权。如果在民事侵权程序中，专利权人又通过等同原则将其放弃的技术方案重新纳入专利权保护范围，并据此主张他人构成侵权，对于公众将是不公平的，不仅会损害专利权的公示效力，也会损害公众基于专利权而产生的信赖利益。因此，专利授权确权程序确定的专利权保护范围，应当与民事侵权程序主张的保护范围一致。正所谓基于何种范围授权，就应当基于何种范围获得保护。专利法不应允许和鼓励授权确权时缩小专利权保护范围，而在民事侵权时通过等同原则扩大专利权保护范围"两头得利"的做法。

值得注意的是，禁止反悔原则只有在构成等同侵权时才能适用，其潜在含义是虽然被告实施的被诉侵权技术与涉案专利技术方案构成等同，但是由于专利权人在授权确权阶段已经放弃了该部分技术方案，对于其放弃的技术方案不再享有专利权。换言之，是否等同其实是个事实问题，并不随专利权人的认知不同而改变，改变的只是法律适用。可见，禁止反悔原则其实质是对等同侵权的进一步限制，限缩了等同原则的保护范围。

禁止反悔原则在司法实践中得到了广泛的运用。如在澳诺制药公司诉午时药业公司等侵害发明专利权纠纷案[1]中，专利

---

[1] 参见最高人民法院（2009）民提字第 20 号民事判决书。

权人在申请专利时，为了满足审查要求，对其权利要求书进行了修改，用"活性钙"替代了原有的"可溶性钙剂"，且说明书的实施例也是用"活性钙"配置药物。被诉侵权产品中含有"葡萄糖酸钙"，专利权人主张按照涉案专利中的配方来生产药物，使用"葡萄糖酸钙"或"活性钙"所产生的药效是相同的，被告在该配方中使用"葡萄糖酸钙"属于对"活性钙"技术特征的等同侵权。最高人民法院审理后认为，专利权人在专利申请中主动删除了"葡萄糖酸钙"这一技术特征，即表明对该技术特征的主动舍弃，根据禁止反悔原则的规定，其不应在民事侵权程序中将这一舍弃的技术特征再纳入专利保护范围。因此，被诉侵权产品使用的"葡萄糖酸钙"与涉案专利要求保护的"活性钙"不构成等同。该案反映了最高人民法院将禁止反悔原则的适用位阶提升至等同原则的适用之上，体现了对诚实信用原则的倾向。在京杰锐思公司诉研展公司等侵害发明专利权纠纷案[1]中，法院根据禁止反悔原则，认定被诉侵权技术与涉案专利技术的区别技术特征不构成等同。该案除明确等同原则是专利侵权认定的重要原则之外，亦指出禁止反悔原则是对等同原则的重要限定。

2. 捐献原则的限制

捐献原则是指某项技术方案虽然已经在涉案专利的说明书中披露，但并没有记载在权利要求书中，则视为专利权人将该技术方案捐献给公众，该技术方案已进入公共领域，专利权人不能再根据等同原则主张实施该技术方案构成侵权。我国关于捐献原则的规定体现在最高人民法院《关于审理侵犯专利权纠

---

[1]　参见天津市第一中级人民法院（2016）津 01 民初 21 号民事判决书。

纷案件应用法律若干问题的解释》中。[1]之所以引入捐献原则，是因为有些专利权人为了在专利申请阶段顺利获得授权，将权利要求书的保护范围缩小，同时却在说明书中进行扩张解释，以便为后续的专利侵权诉讼留下空间，即通过等同原则将记载在说明书中的保护范围较大的技术方案重新纳入专利权保护范围，从而使得专利既可以获得授权，又可以最大限度地扩大专利权保护范围。这种做法使得专利权人可以"两头得利"，使专利授权阶段属于公共领域的技术方案在专利侵权诉讼阶段成为其专有技术，极大地损害了社会公共利益，且与专利法追求专利权人与社会公众利益平衡的二元价值目标不符。因此，将捐献原则引入专利制度，实现对等同原则的限制，具有理论和现实的双重意义。

通过权利要求的公示，可以明确限定专利权保护范围，从而在专有领域与公共领域之间划清界限，使公众可以合理预期自己的行为后果。如果将专利权人未在权利要求书中记载的技术方案通过等同原则扩大解释，纳入专利权保护范围，将会极大地削弱专利权利要求的公示效力，影响公众对已授权专利文件的信赖利益，不利于经济秩序的稳定。无论是因为专利权人的疏忽大意，未将其记载在说明书中的部分并列技术方案写入权利要求书，还是其故意在权利要求书中忽略部分技术方案，以便尽快获得专利授权，都是专利权人自身的意思表示，应视为专利权人对社会作出的技术贡献。权利要求书是确定专利权保护范围的最主要文本，对于专利权人未在权利要求书中记载的技术方案，即使说明书或者附图有所提及，亦不足以使其纳入专利权保护范围，而应视为公共领域中公众可以自由实施的公知技术。从这一点上来说，捐献原则与禁止反悔原则的价值

---

〔1〕 参见最高人民法院《关于审理侵犯专利权纠纷案件应用法律若干问题的解释》第 5 条。

取向是相同的，都是在专利法公示效力的基础上保护公众的信赖利益而对等同原则进行限制。

捐献原则在国内外的司法实践中得到广泛运用。美国联邦最高法院在 Maxwell v. J. Baker, Inc. 案中指出，已经在涉案专利说明书中披露，但是未被纳入专利保护范围的主题视为捐献给社会，在等同侵权判断中不予保护。我国也有类似案例。如在格力公司诉美的公司等侵害实用新型专利权纠纷案[1]中，涉案专利为一种可拆装的空调室内机管路安装挡板，包括可安装和可拆卸两个功能，而且正是"挡板的可拆装"这一技术特征使得该专利权逃脱了被无效的命运。被诉侵权产品为"不可拆卸"的安装挡板，一旦拆卸就无法继续使用。广东省高级人民法院认为，虽然涉案专利说明书中未记载"可拆卸"这一技术特征，但是权利人将该技术特征记载在权利要求书中，相当于对涉案专利的保护范围进行了限缩，则"不可拆卸"的技术特征应视为捐献给了社会。根据捐献原则的精神，已经捐献给公共领域的技术方案就不应再在专利侵权诉讼程序中主张权利。被诉侵权产品只有可安装功能，不具有可拆卸功能，与涉案专利的"可拆装"技术方案不同，不构成等同侵权。

(三) 对我国等同原则适用的审视

等同原则是一个舶来品，在我国的适用时间并不长，实践中还存在着一些亟待完善的地方。

1. 等同侵权的比对对象尚待明确

在等同侵权判定中，确定比对的对象是至关重要的问题。究竟应当将技术方案作为一个整体进行等同判断，还是应将其拆分为数个具体技术特征进行等同比对，存在不同的认识。整

---

〔1〕　参见广东省高级人民法院（2013）粤高法民三终字第 615 号民事判决书。

体等同论认为，法官在适用等同原则进行比对时，可以在涉案专利的某些技术特征缺失并且不存在与之对应的替代技术特征的情形下，将涉案专利整体技术方案作为比对对象与被诉侵权产品或方法进行对比，如果最终认为两者手段相同、功能相同、效果相同，则等同侵权成立。该观点实质上有意忽略了涉案专利的某些技术特征，不恰当地扩大了涉案专利的保护范围，会强化在先专利权人的先发优势，不正当地限制改进型发明，妨害公众在现有技术的基础上进行改进创新，而且对具体技术特征的忽略会破坏专利权利要求的公示性和明确性，使专利制度的公示作用形同虚设。[1]具体技术特征等同论则认为，等同原则并非适用于发明创造的整体，而必须落实到权利要求的每一个具体技术特征上。换言之，进行等同侵权比对时，要将权利要求分解为数个具体技术特征，将其与被诉侵权产品或方法的技术特征进行一一比对，而不是整体比对。在两种观点的纷争之中，最高人民法院通过司法解释统一了认识，支持了具体技术特征等同论。[2]

对于技术特征的含义，我国现有的专利制度并没有给出明确解释，这导致实践中对于技术特征应采取何种标准进行划分模糊不清。有学者指出，技术特征是指将一项发明与在先技术进行区分的技术特点[3]。北京市高级人民法院的《专利侵权判定指南（2017）》则采用了美国司法实践中"最小技术单元"的

---

[1] 参见马超："严保护导向下等同原则适用分析"，载《中国发明与专利》2018年第9期。

[2] 参见最高人民法院《关于审理专利纠纷案件适用法律问题的若干规定》第13条。

[3] 参见郑胜利主编：《北大知识产权评论》（第1卷），法律出版社2002年版，第133页。

概念。[1]技术特征的含义及其划分标准的不统一，给等同侵权判定增加了诸多不确定性。试想如果采用不同的划分标准，同一项权利要求可能得到的技术特征的数量和内容都不相同，而据此得出的侵权判定结论也可能有所相同。一般来说，被诉侵权人往往希望按照较细的标准进行划分，划分的技术特征越多越好，这样被诉侵权技术方案与涉案专利相比，更容易因为不符合全面覆盖原则而不构成侵权。专利权人则希望采用较粗的划分标准，这样得到的技术特征少，涉案专利更容易全面覆盖被诉侵权技术方案。

在张强诉栖霞大易公司等侵害实用新型专利权纠纷案[2]中，涉案专利权利要求书记载的是训练器包含五个靶标，而被诉侵权产品的训练器包含九个靶标。一审、二审法院在进行侵权判定时都选择将记载在权利要求书中的五个靶标划分为一个技术特征，而被告实施的技术方案包含九个靶标，因此得出被诉侵权产品的"九靶"方案与涉案专利的"五靶"方案不构成相同或等同的结论。最高人民法院再审时否定了这一划分方式，认为虽然涉案专利与被诉侵权产品包含不同数量的靶标，但是涉案专利中的每个靶标在整体技术方案中都能够发挥独立的功能，因此在划分权利要求的技术特征时不能简单地将权利要求中的五个靶标视为一个技术特征，而应当因靶标各部位发挥的作用不同而将其分为腰部、腹部、头部靶标。被诉侵权产品具有同涉案专利功能相同的腹部、头部靶标，对应腰部靶标的是胯部靶标，而且腰部、胯部靶标两者的技术效果基本相同，因

---

〔1〕 北京市高级人民法院《专利侵权判定指南（2017）》第 8 条规定："技术特征是指在权利要求所限定的技术方案中，能够相对独立地执行一定的技术功能、并能产生相对独立的技术效果的最小技术单元……"

〔2〕 参见最高人民法院（2012）民申字第 137 号民事裁定书。

此两技术方案构成等同。该案表明按功能对技术特征进行划分与按数量对技术特征进行划分会得出完全相反的结论，可见技术特征的划分标准对于专利侵权判定具有十分重要的意义。

2. 禁止反悔原则的规定尚待明确

如前所述，禁止反悔原则是对等同原则的重要限定，它要求权利人诚实守信，以维护专利制度的公示效力和公众基于专利保护范围而产生的信赖利益。因此，用足用好禁止反悔原则对于防止专利权人行使垄断权可能带来的权利失衡、维护经济秩序的稳定，具有重要意义。当前禁止反悔原则的法律规定还不完善，具体表现在：首先，禁止反悔原则适用的程序和范围不明确。禁止反悔原则与民法中的禁反言原理相通，都要求民事主体恪守诚实信用，不得出尔反尔。根据禁止反悔原则的精神，既然对于专利权人而言，要防止其从授权确权程序中温顺的"小猫"变成侵权诉讼程序中凶猛的"老虎"[1]，那么基于同样的道理，对于专利权人在其他在先诉讼程序或者行政调处程序中的陈述，也应当禁止反悔。其次，何为技术方案的放弃，是必须要明示的放弃，还是默示的放弃亦可？这种放弃是必须被接受才算放弃，还是只要做出放弃的意思表示便可？最后，适用禁止反悔原则是否要以被放弃的技术方案对维持专利权起到实质性作用为条件，在司法实践中充满争议。如在王焕然诉隆源信达公司侵害实用新型专利权纠纷案[2]中，被告生产的被诉侵权产品的某一部件的倾斜角度为21°，不同于涉案专利权利要求书中记载的22°—25°，其余技术特征都相同。原告作为专利权人在涉案专利的无效程序中曾陈述其权利要求书中记载的倾斜角度是反复试验的结果，是实现涉案专利发明目的不可或

---

〔1〕 See IIC Vol. 18, No. 6/1987：802, 804.

〔2〕 参见辽宁省沈阳市中级人民法院（2004）沈民四知初字第 50 号民事判决书。

缺的技术特征，被告据此主张不构成侵权。法院认为，禁止反悔原则所依据的专利权人修改或放弃的技术特征必须对授予或维持专利有效起到实质性作用。本案原告虽然在无效程序中强调倾斜角度这一技术特征是涉案专利的必要技术特征，但是涉案专利的其他技术特征与现有技术相比同样具有实质性特点和显著进步，倾斜角度这一技术特征并非使得涉案专利被维持的唯一技术特征，因此该案不能适用禁止反悔原则。在解文武诉海尔通信公司侵害发明专利权纠纷案[1]中，法院的观点又有所不同。解文武是名称为"手机自动隐形拨号报失的实现方法"的发明专利的专利权人，其发现海尔通信公司生产的某型号手机构成对涉案专利的侵害，便向法院提起诉讼。一审法院查明，原告曾在专利授权阶段通过书面声明的方式对其权利要求的保护范围作出限制，据此才获得授权。恰好被诉侵权产品属于前述予以限制的情形，因此，一审法院适用禁止反悔原则判定被诉侵权产品不构成侵权。原告不服，提起上诉，认为专利授权阶段的意见陈述并未对涉案专利获得授权起到实质性作用，因此不应适用禁止反悔原则。二审法院认为，审理此类争议时，应通过禁止反悔原则来禁止已经被排除或放弃的技术方案重新进入专有领域，而不需要考虑专利权人作出排除或放弃时的目的。上述两个案例反映了我国法院对于禁止反悔原则的适用条件的不同理解。案件一中的法院认为适用禁止反悔原则以被排除或放弃的技术方案对维持专利起到实质性作用为前提，而案件二中的法院则认为适用禁止反悔原则并不以被排除或放弃的技术方案对维持专利起到实质性作用为条件。究竟孰是孰非，有待明确。

---

[1] 参见北京市第一中级人民法院（2005）一中民初字第 3254 号民事判决书、北京市高级人民法院（2005）高民终字第 1262 号民事判决书。

3. 可预见规则的缺乏

可预见性限制（foreseeability limitation）是指如果某项技术方案是专利权人在申请专利时就可以预见到的，但是并没有将其列入权利要求，那么专利权人在之后也不得就该技术方案依据等同原则来主张侵权责任。[1]

可预见规则与捐献原则相似，都是一项对等同原则进行限制的规则。捐献原则已经在现行司法解释中得到承认，但是可预见规则还存在很大争议。北京市高级人民法院认为可预见规则不应当构成对等同原则的限制，可预见规则是与整体等同原则相似的另一个极端，其要求专利权人主张等同侵权时证明其拥有的涉案技术方案与被诉侵权技术方案不存在实质性差异，同时，专利权人还要证明上述非实质性差异是在专利申请阶段无法预见的。这对专利权人提出了近乎苛刻的要求，极大地限制了专利权人的权利，容易纵容专利侵权行为。与之不同的是，上海市高级人民法院则认为可预见规则可以有效限制等同原则的适用，将会使专利保护范围更加明确。最高人民法院在司法审判中也逐渐适用可预见规则的逻辑审理相关案件。在 2015 年孙俊义诉博成水暖器材公司等侵害实用新型专利权纠纷案[2]中，最高人民法院认为，涉案专利申请时权利要求书只要求保护"上表面呈锥面"的一体式盖母进水套，没有要求保护"上表面为平面"的技术方案，但采取平面或锥面的技术方案对于本领域普通技术人员来说是容易想到的，因此，专利权人在主张专利侵权时不能将其权利要求书中记载的"进水套的上表面呈锥面"的技术特征等同至被诉侵权产品的上表面为平面的技

---

〔1〕 参见陈钧："专利侵权诉讼中等同原则的适用与限制"，载《创新时代》2012 年第 8 期。

〔2〕 参见最高人民法院（2015）民申字第 740 号民事裁定书。

术特征。另外，值得注意的是，最高人民法院此前曾在 2009 年
孙俊义与付淑苹、程要林、大连迈克机电五金站专利侵权纠纷
案[1]中就同一技术特征判定平面进水套与锥面进水套构成等
同。最高人民法院在前述 2015 年的案件中特别指出：一方面，
我国的专利制度已经得到进一步普及和发展，专利申请文件的
撰写水平进一步提高，专利审查部门对专利申请文件的撰写要
求也越来越严格，等同原则对低撰写水平专利的保护作用逐渐
减弱；另一方面，我国法院对等同原则的认识也已更加深刻，
对等同原则的适用所持态度更加严格和谨慎，所以（2009）
民申字第 157 号民事裁定书中关于进水套的不同形状构成等同
的判定不影响本案中不构成等同的判定。[2]可见，我国法院
对于等同原则的适用越来越趋于谨慎，这对于保护公共领域、
维护公众利用公知技术的可得利益，不得不说是一个有利的
信号。

综上，等同原则在司法实践中存在许多模糊地带，而限制
等同原则适用的禁止反悔原则、可预见规则也处于尚待明确或
者缺失的状态，有必要从比较法的角度，学习和借鉴国外的先
进经验，并加以吸收利用。

（四）等同原则在美国的实践

美国作为科技强国，其专利制度在 200 多年的历史实践中
经过不断改革已经日趋成熟。本部分以美国为例，对美国等同
原则的相关规定及司法实践进行梳理，试图总结一些好经验、
好做法，以便为我国完善等同原则的适用提供重要参考。

1. 三要素判定标准

等同原则是由美国在司法实践中提出的一项专利侵权判定

---

[1] 参见最高人民法院（2009）民申字第 157 号民事裁定书。
[2] 参见最高人民法院（2015）民申字第 3263 号民事裁定书。

原则，其在专利侵权诉讼中的地位也为美国所确立。[1]1813年，美国联邦最高法院法官约瑟夫·斯托里（Joseph Story）认为 Odiorne v. Winkley 案中的被诉侵权产品与涉案专利相比，只存在很小的差异或者微小的改进，因此并不能排除在专利权保护范围之外。[2]这被认为是等同原则思想的萌芽。等同原则最早出现在美国联邦最高法院 1853 年审理的 Winans v. Denmead 案中，该案判决指出，如果某专利的形式和实质是密不可分的，那么在进行专利侵权判定时只需要看形式即可。但是，如果专利的形式和实质是可以分离的，他人采取不同的形式抄袭专利技术，并不是侵犯专利权的抗辩理由。[3]该案判决概括出了等同原则的"功能—方式—效果"三要素标准。该标准侧重于整体效果的比较，将实质上与专利技术类似的技术方案划入了专利保护范围，容易扩大专利权保护范围，压缩公共领域的空间。

2. 侵权比对方式的确定

对于专利侵权判定，美国法院最早采用的是全部技术特征比对的判断标准，即被诉侵权技术方案必须包含与涉案专利独立权利要求的每一个技术特征相同或等同的技术特征才构成侵权。美国联邦巡回上诉法院在 1983 年的 Hughes Aircraft Co. v. United States 案中却将涉案专利的整体技术方案与被诉侵权产品进行对比，认为被诉侵权产品与涉案专利相比，属于采取大致相同的手段、实现大致相同的功能且达到了大致相同的效果，

---

〔1〕 参见曲三强："专利侵权归责的等同原则研究"，载《现代财经—天津财经学院学报》2002 年第 9 期。

〔2〕 参见［美］哈罗德·C. 威格纳："衡平的等同：考虑衡平法以决定生物技术和其他生物技术中的专利侵权"，载《道格拉斯计算机与技术法律杂志》1992 年第 18 期。

〔3〕 参见曲三强："专利侵权归责的等同原则研究"，载《现代财经—天津财经学院学报》2002 年第 9 期。

即使被诉侵权技术方案中缺少涉案专利权利要求的某一技术特征，也构成侵权。如此，美国法院用整体等同侵权判定标准取代了全部技术特征比对标准。整体等同侵权标准不恰当地扩大了对专利权的保护，使得权利要求解释范围过宽且不可预测，受到了美国学术界的广泛质疑。

1997 年美国联邦最高法院抛弃了上述 1983 年案件中确定的整体等同比对标准，改为采取逐一要素比较的等同侵权判定方式。美国联邦最高法院在 Warner-Jenkinson Co., Inc. v. Hilton Davis Chemical Co. 案中采纳了 Nies 法官主张的"特征——对应"的对比方式，即适用等同原则进行侵权判定时，不应着眼于涉案专利的整体技术方案，而应当立足于权利要求的每一项技术特征，必须将被诉侵权技术方案与涉案专利权利要求中的每一项技术特征——进行比较。该案还确定了以侵权行为发生时间作为等同侵权判定的时间节点。[1]美国法院关于等同侵权对比方式的重大转变体现了专利法的利益平衡精神，为后来许多国家所吸收和借鉴。此外，该案在三要素标准的基础上，还提出了另外四个辅助判定方法，分别为：被诉侵权产品或方法与涉案专利相比仅具有非实质性差异；被诉侵权产品或方法与涉案专利技术特征的差异为本领域中的惯用手段；设计变更不影响等同侵权的判断；被诉侵权人是否进行了独立的开发过程成为其是否构成侵权的判定证据。[2]

3. 禁止反悔原则的适用

2002 年，美国联邦最高法院在 Festo Co. v. SKK Co., Ltd. 案

---

〔1〕　参见刘立平："等同原则与美国最高法院'沃纳·金肯逊'二审上诉判决案"，载《知识产权》1998 年第 3 期。

〔2〕　参见胡淑珠："判定专利侵权的等同原则在我国审判实践中的适用与限制"，载《法学》2006 年第 8 期。

中对禁止反悔原则的适用条件予以明确：禁止反悔原则适用时所依据的申请记录的修改并不局限于为避免专利申请落入现有技术之目的，所有为满足专利法的要求而进行的修改都可以成为禁止反悔原则的适用依据。[1]该改进使得禁止反悔原则的适用空间更大，提高了被诉侵权人的抗辩能力，增强了禁止反悔原则对等同原则的限定，修正了等同原则扩大专利保护范围后可能对公众产生的不利。

4. 对我国的启示

结合美国等同原则的发展历程，当前我国大力提倡加强专利权的保护并不意味着裁判的天平一味倾向于专利权人而牺牲公共利益。对专有领域的保护不能挤占属于公共领域的空间，应当在专利权人和社会公众之间找到利益平衡点，对知识产权不夸不抬，对侵权行为不枉不纵，让公众充分尊重他人的知识产权，避免实施侵权行为，同时又保障公众可以在合理预期的公共领域内自由实施现有技术，进行技术创新，这才是公平正义的应有之义。等同原则的适用也应如此，在扩大专利权保护范围的同时也要对其予以严格限制，防止权利人随意扩大专利权保护范围而侵害社会公共利益，影响公众实施现有技术的自由。

随着专利保护客体的不断扩大，公共领域的空间频遭挤压，使专利权人与公众之间的利益冲突不断升级。诚然，知识产品受到保护，智力创造者也应当获得应有的回报。但与此同时，知识创新成果也应当广泛用于改善人们的生活，增加社会福祉。平衡这两方的利益冲突，从宏观层面要对专有领域与公共领域的界限作出科学合理的划分，从微观层面要合理界定专利权保护范围。

---

〔1〕 国家知识产权局条法司编：《专利法研究》（2002），知识产权出版社2002年版，第139—145页。

三、商业方法的专利保护与公共领域

近年来，商业模式创新不断改变着我们的生活，从出行、购物到生活的点点滴滴都充满变化。商业模式创新在给社会带来改变的同时，也成为许多企业发展、壮大甚至腾飞的秘诀，成为企业间互相争夺的知识产权。2015 年，国务院《关于大力推进大众创业万众创新若干政策措施的意见》明确提出，要加强对创新创业的知识产权保护，"研究商业模式等新形态创新成果的知识产权保护办法。"2017 年修正的《专利审查指南》明确规定涉及商业模式的权利要求不应排除可专利性[1]。这些文件使得商业方法的可专利性再次引起了社会的广泛关注和热议。

（一）商业方法的基本内涵

商业方法并没有明确的定义，传统的商业方法概念早已有之，是指在社会实践中商业主体为达到某种目的而进行商业活动的方法，但因其属于智力活动的规则和方法而被排除在可专利的客体范围之外。世界知识产权组织认为，商业方法就是借助于现代通信网络技术及计算机软硬件而运营的创新思想[2]，即借助计算机的软件和硬件将传统的仅具有抽象内容的商业方法、思想固定下来，并通过现代的高科技方式将其表现出来。欧洲专利局认为当一种方法涉及人际、金融、社会，但是与材料工程无关时，就属于商业方法的范畴。美国专利及商标局认为商业方法是公司在经营或管理中，通过程序运算或者文件处理等方

---

〔1〕 2017 年《专利审查指南》规定："涉及商业模式的权利要求，如果既包含商业规则和方法的内容，又包含技术特征，则不应当依据专利法第二十五条排除其获得专利权的可能性。"

〔2〕 参见孙晓娜："商业方法专利问题研究"，载《法制与社会》2014 年第 8期。

式来决定商品或者服务的价格的方法。〔1〕我国也曾经在 2004 年颁布的《商业方法相关发明专利申请的审查规则（试行）》中试图对商业方法专利作出规定。〔2〕上述内容表明，虽然各国对商业方法的定义各不相同，但可以明确的一点是，知识产权领域探讨的商业方法与广义上的传统商业方法并不相同，知识产权领域的商业方法是在智力活动的规则和方法的基础上，借助计算机技术等手段，在商业活动中可以反复运用的技术。有学者通过对商业方法专利申请和案例的研究，将商业方法专利大致分为三类：①在计算机的参与下解决商业问题的方法；②含有数据传输等电子步骤的商业方法；③不需要电子申报来实施的商业方法。〔3〕可见，商业方法专利与计算机技术等密切相关。随着互联网产业的发展壮大，商业方法的价值进一步凸显，商业主体急需寻求更强有力的知识产权对其进行保护，使得商业方法专利越来越受到关注。

与其他发明创造相比，商业方法具有特殊性，表现在：首先，商业方法的影响范围广，其被广泛应用于商业活动覆盖的所有范围。在互联网技术快速发展的今天，商业方法不仅可以不分国界地适用于全球各地，而且还可以渗透于虚拟空间。应用领域的广泛性使其同时具有一般发明创造所不具有的复杂性。其次，商业方法是商业主体进行商业活动的基础，是企业运营

---

〔1〕 参见沙海涛："电子商务商业方法软件的专利保护（上）"，载《电子知识产权》2003 年第 2 期。

〔2〕 国家知识产权局 2004 年颁布的《商业方法相关发明专利申请的审查规则（试行）》规定：商业方法相关发明专利申请，就是以利用计算机网络技术完成商业方法为主题的发明专利申请，是一种具有特殊性质的专利申请，具有涉及计算机程序的共性，又具有商业实务与计算机网络技术结合而产生的特殊性。

〔3〕 See Alec R. Szibbo, "The Global Challenge of the Business Method Patent", available at http://www.cla.org/global%20challenge.gdf, last visited on 2018-10-20.

的基本方式和程序，也是商业主体提高市场竞争力、占据竞争优势的砝码。因此，商业主体为了在市场竞争中获胜，都会想方设法地对商业方法进行完善和改进。而且，由于商业方法大都与计算机技术结合，计算机技术更新的速度也促进了商业方法的快速更迭与进步。

（二）我国商业方法专利的保护历程

我国对商业方法专利的关注始于美国花旗银行的金融商业方法专利事件。1996—2003 年间，花旗银行在我国暗中布局，提交了 19 件商业方法专利申请。2002 年和 2003 年，国家知识产权局对其中两项有关电子货币和数据管理的计算机系统授予了专利权[1]。这在我国引起了关于商业方法能否获得专利保护的广泛讨论，我们也逐步意识到采用专利方式来保护商业方法的重要性。

2004 年以前，我国没有商业方法专利的审查文件或者指导性意见。当时对商业方法专利申请的审查主要分为两种：如果申请主题属于只能依靠人的思维和行动来实施的纯粹的商业方法，那么会因为属于 2000 年修正的《专利法》第 25 条第 1 款第 2 项的"智力活动的规则和方法"而被排除在可授予专利权的客体之外；如果申请主题需要借助计算机等软硬件手段来实施，那么并非一定属于不可专利的主题，审查员会进一步审查该主题的"技术三要素"，即技术问题、技术手段和技术效果。2004 年 10 月，国家知识产权局明确了商业方法的审查政策：对于纯粹的商业方法专利申请，直接依据《专利法》第 25 条进行排除；而对于商业方法的相关专利申请，则以《专利法》第 25 条和《中华人民共和国专利法实施细则》第 2 条第 1 款为法律

---

〔1〕 参见李丹、吉宏伟、夏云飞："我国金融产品专利保护的现状及对策研究"，载《广西大学学报（哲学社会科学版）》2003 年第 4 期。

依据，判断其是否属于智力活动的规则和方法以及是否以技术方案为核心，进而判断相关专利申请是否属于可授予专利权的客体。对于专利"三性"的审查，国家知识产权局也提出了比较明确的审查思路：首先以最接近的现有技术作为参考，客观地判断专利申请要求保护的技术方案与现有技术相比，在所采取的手段、解决的问题以及获得的效果方面是否作出了实际贡献。2008年以后，国家知识产权局针对商业方法专利申请的审查，提出了三种审查方式：第一种是直接根据说明书的背景技术部分的记载或者公知常识进行判断，认为专利申请所要解决的问题并非技术问题，则该专利申请的主题不具有可专利性；第二种是如果专利申请声称解决的技术问题已被现有技术披露，则该专利申请不能被授权；第三种是根据检索到的现有技术对专利的新颖性或创造性进行评述。而且在审查商业方法专利申请时，这三种方式是并行的。可见，当时我国对于商业方法专利授权比较谨慎、保守，主要以是否包括技术方案作为判断标准，如果商业方法专利申请不含有技术特征或者技术方案，往往难以得到授权。但由于这一时期涉及商业方法的专利申请较少，并未对我国商业发展产生较大影响。

在2010年美国的Bilski案后，世界许多国家在利用专利制度来保护商业方法的问题上基本达成了共识。[1]我国企业也紧跟国际潮流，大幅增加了商业方法专利申请。但是，由于缺乏明确的法律规定，商业方法能否授予专利权、商业方法专利的授权标准如何确定等问题一直未能得到有效解决，在一定程度上影响了商业方法专利申请获得授权。相关统计数据表明，近年来我国商业方法专利申请量呈现出快速增长的趋势，但是授

---

〔1〕 参见刘银良："美国商业方法专利的十年扩张与轮回：从道富案到Bilski案的历史考察"，载《知识产权》2010年第6期。

权量却很低。这说明专利审查部门对商业方法专利的授权条件仍持谨慎的态度。审查实践中通常认为，在不能预测激进的审查标准会产生何种影响之前，就应当退而求其次地选择谨慎的做法。

2017 年修正的《专利审查指南》增加了关于商业方法专利的规定，虽然上述规定没有明确商业方法的含义，但是明确了其具有可专利性。而在此之前，我国是参照计算机软件相关专利的审查规定对商业方法专利申请进行审查的，即要求商业方法专利的权利要求中必须包含计算机软硬件等相关技术。不得不说，商业方法专利规定的明确，使得商业方法专利不再局限于与计算机软硬件的结合，也表明我国对于利用专利制度来保护商业方法的态度不再模糊，这必将刺激商业方法的创新，促进商业方法专利的申请。

（三）商业方法专利的国外保护历程

对于商业方法的可专利性，世界各国也有一个逐步认识和不断发展的过程，并且对商业方法的保护范围也各不相同。

1. 美国

美国对商业方法的专利保护较其他国家更成熟。1799 年美国授权的一项假币检验专利被认为是世界上第一项商业方法专利，而真正使世界各国开始关注商业方法专利的是 1998 年发生在美国的 State Street Bank 案[1]。但是，美国的商业方法专利保护也走过了一段漫长的发展道路，基于对专利技术性要求的考虑，美国对于商业方法的可专利性态度也发生过反复，并通过司法判例逐步明确。

---

〔1〕　149 F. 3d 1368（Fed. Cir. 1998）.

美国《专利法》第 101 条是对"可专利的客体"的基本规定[1]，此外，美国司法实践中还通过判例确定了三种不能被授予专利权的主题，分别为自然法则、物理现象及抽象思想。美国早期认为商业方法属于抽象的思想，拒绝对商业方法予以专利保护。[2]该阶段的标志性案件为美国联邦第二巡回上诉法院审理的 Hotel Security Checking Co. v. Lorraine Co. 案[3]，该案确定了"商业方法例外"原则。在该案中，法院明确指出商业方法并不属于美国《专利法》第 101 条规定的可授予专利权的客体，独立实施的商业方法不能获得专利保护。受此影响，很长一段时间内美国法院都坚持认为商业方法不具有可专利性。

"商业方法例外"原则于 1998 年被完全废除。美国联邦巡回上诉法院在 State Street Bank 案[4]中放开了对商业方法的专利保护。该案判决指出，涉案专利申请虽然涉及数学算法，但是其将数学运算应用于实际，解决了将分散的美元金额转换为股价的问题，产生了实际且有益的结果。法院明确了商业方法专利对于"实际应用性的要求"，即在审查商业方法能否获得专利权时，重点考察的不是其是否属于商业方法，而是判断该商业方法在具体运用过程中是否能够产生某种有用、具体且有形

---

〔1〕 参见美国《专利法》第 101 条："任何人发明或发现任何新的有用的方法、机器、制造物、组合物，或任何新的有用的改良，在符合本法其他条件和要求的情况下就能够获得专利。"

〔2〕 参见张平、石丹："商业模式专利保护的历史演进与制度思考——以中美比较研究为基础"，载《知识产权》2018 年第 9 期。

〔3〕 160 F. 467（2d Cir. 1908）.

〔4〕 149 F. 3d 1368（Fed. Cir. 1998）. 该案涉及一项名称为"金融信息配置处理系统"的共同基金管理方法专利，该专利利用一个资料处理系统进行共同基金的财务管理和会计计算，从而实现投资框架。美国联邦地方法院以不属于可专利主题为由撤销了该项专利；随后美国联邦巡回上诉法院以涉及数学算法的计算机软件只要在实际应用中能产生有用的、具体的、有形的结果，就可以获得专利法的保护为由，最终判决该专利有效。

的结果。只要申请主题满足了美国《专利法》第 101 条的要求，就属于可授予专利的主题。该案明确了商业方法专利审查的标准，即是否产生有用、具体且有形的结果，由此打开了美国商业方法专利保护的大门，促进了美国商业方法专利申请量的增长。该标准因极大地扩大了可专利的客体范围而一直备受争议，很多批判意见认为该标准导致商业方法专利的不合理扩张，降低了专利授权的质量，将会影响创新和不当限制竞争。[1]面对这些批评，美国联邦巡回上诉法院开始在实践中进行调整，试图通过对可专利性客体的限制解决"有用、具体且有形的结果"的审查标准所带来的问题，其中较为典型的是 2008 年的 Bilski v. Kappos 案。美国联邦巡回上诉法院在该案中认为，在审查商业方法是否具有可专利性时，首先应考察该商业方法是否与特定的机器或装置相连；若没有相连，则考察该商业方法是否将一种特定物质转换；如果也没有，则该商业方法不能授予专利权。该标准被称为严格的"机器或转换"标准。但是该案上诉至美国联邦最高法院后遭到了改判，美国联邦最高法院认为，美国《专利法》并未限制方法必须与机器相连，也未规定方法必须实现特定物质的转换，所以美国联邦巡回上诉法院将审查标准限制于"机器或转换"，违背了法律解释的原则。但是，美国联邦最高法院在该案中并没有提出新的审查原则，导致商业方法专利申请的审查又陷入了无标准的混乱状态。

2015 年，美国专利及商标局发布了涉及抽象思维的发明专利申请的《过渡性审查指南》，其中对商业方法专利申请的审查作出了规定，明确应采取"两步法"：如果发明的主题具有不可

---

〔1〕　See Robert P. Merges, "As Many as Six Impossible Patents Before Breakfast: Property Rights for Business Concepts and Patent System Reform", 14 *Berkeley Technology Law Journal* 577 (1999).

专利性，则进一步判断其权利要求中是否包含其他技术性内容；如有，则还要判断权利要求中的其他内容及其组合是否包含"发明概念"，是否足以将申请转变为可专利客体。至此，美国关于商业方法的专利审查标准终于尘埃落定。

2. 欧盟

起初，欧盟对于商业方法专利保护的态度并不积极，其认为商业方法缺乏技术特征，不应纳入专利保护范围。由此决定，欧洲专利局在审查商业方法专利申请时也比较保守。但是，随着美国对商业方法专利保护的不断加强，商业方法专利显示出其巨大的商业价值。欧盟在见证美国采用专利制度保护商业方法所取得的巨大发展成就后，逐渐转变了对商业方法专利申请的态度。1994 年 Sohei 案引起了欧盟关于计算机软件系统可专利性的讨论。关于涉案专利申请，欧洲专利局认为其并未解决技术性问题，而欧洲专利局上诉委员会则认为，涉案专利申请所要保护的技术方案相对于现有技术具有进步性与贡献性。该案使得欧盟明确将商业方法专利申请的"技术特征"作为审查标准，由此欧盟打开了商业方法专利保护的大门。在 2000 年发生的 Pension Benefit 案[1]中，欧洲专利局上诉委员会认为，涉案专利申请完全属于智力活动的范畴，不涉及技术方案，因此不属于可专利的客体。同时亦指出，如果商业方法包含在机器或设备中，是可以获得专利保护的，即商业方法只要作出了技术性贡献就可以获得专利权。由此可见，欧盟正在逐渐放宽授予商业方法专利的范围。[2]

《欧洲专利公约》规定了关于商业方法专利的审查标准，其

---

〔1〕 PBS（T931/95），Board of Appeal of EPO, 2000.

〔2〕 参见余翔、刘珊："美国计算机软件相关发明的专利保护及其与欧盟的比较"，载《电子知识产权》2005 年第 10 期。

第 52 条对商业方法专利的授权条件从正反两方面进行了规定，第 1 款规定商业方法专利申请要获得授权，应满足"三性"；第 2 款将商业活动、智力活动的规则和方法等排除在专利客体之外；第 3 款规定只有与商业活动、智力活动的规则和方法等本身相关的发明才属于不可获得专利权的客体。该规定表明，商业方法并没有被必然排除在可专利的客体范围之外，如果商业方法与技术特征相结合，具备技术性，则属于专利法保护的客体。

　　欧盟在商业方法专利授权条件上，一直坚持整体审查标准，即要求将商业方法中的非技术手段和技术手段作为一个整体来进行判断，考察整体技术效果，并强调对专利技术性特征的判断，避免将包含技术性特征的客体排除在专利保护范围之外。另外，由于商业方法专利是商业方法和技术方案的结合，欧盟在对商业方法专利申请进行审查时，只审查技术方案部分的创造性，只要这部分具有创造性，整个专利申请就符合专利授权的条件。

　　3. 日本

　　日本对于采用专利来保护商业方法最初也持反对态度，但在美国态度发生转变并逐步打开商业方法专利保护的大门后，日本也开始进行积极探索。日本关于商业方法专利保护的探讨始于卡玛卡案，该案涉及一种计算机程序与数据算法的结合。日本法院在该案中认为，涉案专利申请相对于现有技术具有改善的效果，因此可以授予专利权。据此，日本开始放开商业方法的专利保护。之后，日本通过商业方法相关专利申请审查指南的发布和修改，对商业方法的专利保护制度进行了完善。日本特许厅于 1999 年发布了《与商业有关的发明的指南》，其中规定对使用计算机程序来实现技术功能的软件可以授予专利权，包含技术构思的商业方法属于专利保护的客体，但强调单纯的商业方法不能获得专利权。2000 年日本特许厅对该指南进行了修改，明确指出如果商业方法需要通过计算机或者网络来实现，可以获得专利权的保护。此外，该指南还规定计算机软件发明既可以采取产品专利保护，也可以采取方法专利保护，并对专利的分类进行了细化。可见，日本要求商业方法专利必须具备技术性，并应当与计算机软硬件或者网络相结合。

日本对于商业方法专利申请的审查，包括所申请主题的客体可专利性审查和实质性审查两个方面。日本《专利法》第2条和第29条对发明及实用性的概念分别进行了规定，指出专利法意义上的发明必须具有技术上的改善与进步，属于技术性的发明。如果一个申请属于纯粹的商业方法，则不能获得专利权。同时还规定发明应具有一定的创新高度，且具有工业实用性。关于专利授权的实用性标准，日本《特殊领域发明的审查指南》规定：如果专利申请在技术上没有提升，就不符合专利授权的实用性要求，此外还要能够应用于工业。可见，日本对于商业方法专利申请采取了较为严格的技术性审查标准。

（四）我国商业方法专利保护之缺陷

我国放开商业方法专利申请的时间不长，审查经验也比较匮乏，因此商业方法专利申请审查实践还亟待完善，表现在：

1. 缺乏有针对性的审查标准

美国、日本等国家的立法通常认为纯粹的商业方法不能获得专利保护，而必须与技术性要素相结合，整体上具有技术性，才属于可专利的客体。2017年我国《专利审查指南》修改后，明确将含有技术特征的商业模式作为可专利的对象，但是没有细化商业方法专利申请的审查标准、原则和步骤。商业方法专利因其内在的商业化属性而与传统强调技术性的发明创造具有明显差别，对公众、社会的影响更广，经济价值也更高，因此赋予其专利权更应严格和慎重。目前的《专利审查指南》只有原则性的规定，没有具体针对性的审查标准，有必要加以完善。

2. 缺乏科学合理的审查标准

近年来，为了防止某些权利人滥用专利制度来限制商业方法的发展，世界各国纷纷重新开始审视已有的商业方法专利申请的审查标准。虽然我国商业方法专利才处于起步阶段，商业方法专利的数量和创新程度都不高，但如果为了追求较高的专利申请量而放任商业方法专利自由发展，会导致商业模式的创新成果不能惠及全社会，减损社会福利。对于不涉及技术方案的纯粹商业方法，由于其更接近智力活动的规则和方法，属于被我国专利法明确排除的客体，不应纳入专利保护范围。因此，我国应当提高商业方法专利授权的门槛，严格商业方法专利申请的新颖性、创造性、实用性的审查，避免商业方法专利泛滥，也避免某些别有用心的主体在我国进行大规模商业方法专利布局。

当前，放开商业方法专利保护已成为世界各国专利制度的发展趋势，也是实现我国创新驱动发展战略必不可少的手段。我国应当完善商业方法专利审查制度，并在实践中不断修正、改进相关授权标准，以激励商业模式的创新和发展。但同时，我们也应当注意到，对商业方法给予专利保护，等于是将商业模式的创新成果从公共领域纳入专有领域，必将损害公共领域的"地盘"，使公众得以自由利用的公共空间减小。因此，对于商业方法专利的权利边界划分必须科学，审查标准必须合理，以避免由于商业方法专利的泛滥，影响社会公共利益。

四、专利权合理使用与公共领域

一般认为，合理使用是针对著作权领域提出的，但随着人们权利限制意识的增强，专利权领域也出现了合理使用的概念和原理[1]，主要表现为各国专利法所规定的不视为专利侵权的例外规定，因其有着与著作权合理使用相同的精神内涵和价值目标，而被称为专利权合理使用。专利权合理使用一般是指在某种特殊情况下，其他人不需要获得专利权人的许可，也不需要向专利权人支付报酬而自由实施专利的一种合法行为，但是这种行为不能与专利权人正常利用专利相冲突，也不能对专利权人的权利产生不合理的影响。[2]专利权合理使用是对专利权人行使权利的限制，在平衡权利人利益与社会公共利益的同时，也构建了专利权限制中的公共领域。

随着专利权的不断扩张，权利内容和权利客体的范围都得以不同程度的扩大，法律对专利权的保护水平逐渐提高，专利权人的创新动力也不断被激发。但与此同时，专利权的过度扩张对社会的负面影响也逐渐显现。越来越多的技术方案被授予专利权，当社会创新总量跟不上专利权获得授权的速度时，公众可以自由运用的公知技术和信息将逐渐减少，这必将影响社会的后续创新能力，并最终将打破专利权人利益与社会公共利益的平衡。随着越来越多的知识产品成为专利权人的私有领地，过度的"跑马圈地"将使得公共领域的空间不断缩小，进而影响到专利制度促进创新这一终极价值目标的实现。知识的创新离不开从公共领域汲取营养，必须依赖一个丰富的公共领域。专利权合理使用制度作为限制专利权过度扩张、维护专利权人利益与社会公共利益平衡的重要工具，对于维护和保留知识产权公共领域、增进社会福利和推动技术创新具有重要作用，逐

---

[1] 参见冯晓青：《知识产权法利益平衡理论》，中国政法大学出版社 2006 年版，第 666 页。

[2] 参见彭霞：《专利权合理使用制度研究》，西南交通大学出版社 2016 年版，第 15 页。

渐成为专利权限制理论的新视角。

（一）专利权合理使用的正当性

专利权合理使用的正当性可以从权利限制理念、法经济学理论、专利权的性质和社会福利理念四方面加以理解。

1. 权利限制理念

卢梭曾说："人生而自由，却无往不在枷锁之中"。对于权利来说，亦是如此。所有权利都应设定边界，任何权利的行使都必须受到相应限制。在设定权利的同时，又拟制相应的限制，法律以及其指导下的司法实践就通过这种游走不断地维护和保持不同利益主体甚至群体之间的动态平衡，达到全社会的和谐共赢。从历史发展的进程看，曾经占据一时的主流思想——绝对所有权观念和个人本位主义——已经不能完全适应社会的发展和变化。许多西方国家纷纷转变观念，着眼于公共利益和社会总福利，采取对所有权进行一定限制的措施。如1919年德国《魏玛宪法》就出现了"所有权的行使应该有益于公共福利"，"对于所有权人任意处分财产的自由，应当加以法律的限制"[1]等内容。由此可见，虽然所有权具有绝对权和对世权的属性，但是有的国家能以宪法的形式对所有权加以一定社会义务的限制，充分体现了国家对社会总福利和社会公共利益的重视。

2. 法经济学理论

"没有合法的垄断就不会有足够的信息生产出来，但是有了合法的垄断又不会有太多的信息被使用。"[2]为了解决这个矛盾，必须在赋予权利人权利、激励其继续创新的同时，对其专

---

〔1〕［德］罗伯特·霍恩、海因·科茨、汉斯·G. 莱塞：《德国民商法导论》，楚建译，中国大百科全书出版社1996年版，第189页。

〔2〕［美］罗伯特·考特、托马斯·尤伦：《法和经济学》，张军等译，上海三联书店1991年版，第185页。

有权予以一定的限制，以使他人可以以较低的成本接近和利用知识产品，也使得专利权的授予和行使不至于成为激励创新的障碍。知识产权制度设计的核心就是要实现知识产权人利益和社会公共利益的平衡，消除两种无效率的情形：一是对知识产权过度保护而损害公共利益；二是对知识产权权利的行使限制太多而损害权利人利益，激励不足。通过消除这两种无效率的情形，可以实现以牺牲较小的利益换取较大的社会利益。而且，权利的限制还可以消除负外部性的影响。当权利人通过技术垄断而形成市场支配地位时，一旦滥用此种支配地位，就会导致市场失灵，增加社会成本。相反，对专利权加以适当限制，只要不超过必要的限度，就可以在保护权利人权利的同时，增加社会利用专利技术的自由，从而有效实现专利制度激励创新和促进知识传播利用的目标。

3. 专利权的性质

一方面，现代技术创新无疑都是后人在现有技术的基础上，吸收公共领域的知识，发挥创造性劳动，产生的知识产品。专利权作为一种技术成果，系为了达到一定的制度目的，如促进社会经济发展、科技创新等，而人为拟制的一种权利，不可避免地带有社会属性。与物权这种自然权利相比，专利权显然与社会公共利益的关联度更大，包含一定公共产品的功能。专利权的垄断是相对的而非绝对的，从权利的获得方式、保护期限、侵权行为的类型化等方面可以看出，专利制度处处体现了关于制约技术垄断所带来的不良影响的考虑。另一方面，基于专利客体的无形性，其可供多人同时占有和使用，并且这种使用不会对他人的使用造成影响，一般也不会减少专利权的价值，使得专利侵权具有一定的隐匿性。为了保证专利权人的利益得到相应的保护，专利制度必须设置相应的保护规则。与此同时，专利制度为了保障公共利益的实现，还必须通过对专利权设定一定的限制，保障不特定公众能够在一定范围内自由地获取和利用专利产品或专利技术，促进技术不断更迭与创新，实现社会效益的最大化。

4. 社会福利理念

根据我国《专利法》的规定，专利制度的目的是在保护专利权人合法权益的同时，鼓励发明创造，推动发明创造的应用，提高创新能力，促进科学技术进步和经济社会发展。[1]可见，专利制度包含两大价值目标：一是保护专利权人的利益，激励创新；二是保障技术信息自由传播和利用，促进技术创新和科技进步，增进社会福利。而且，在一定程度上，增进社会福利、促进社会进步才是专利制度的终极目标，保护权利人的利益只是专利法实现上述终极目标的手段之一。专利权合理使用制度实质上是增进社会福利的重要组成部分。特别是随着知识产权的日益扩张，公众能够自由利用的公共领域越来越少，已经在一定程度上影响到社会总体福利，迫切需要知识产权法通过额外的制度设计来保障社会福利的实现。

（二）专利权合理使用的范围

我国《专利法》虽然没有专利权合理使用制度的直接规定，但一般认为，《专利法》第75条"不视为侵犯专利权"的侵权例外规定就是专利权合理使用制度的主要体现。根据该规定，以下五种情形属于侵权例外：其一，专利产品首次售出后，专利权人无权干预该产品的继续流通；其二，在专利申请日前享有的先用权抗辩；其三，临时过境不视为侵权；其四，专为科学研究和实验而进行的使用；其五，基于行政审批和医疗目的

---

〔1〕 参见我国《专利法》第1条。

的使用。下文将分别论述。

1. 权利用尽例外

权利用尽，又称权利穷竭，是指经专利权人或其被许可人同意的专利产品首次售出后，购买者可以自由使用，而不受到专利权人或者被许可人限制，其理论基础主要来源于大陆法系国家的权利用尽理论（exhaustion）和英美法系国家的默示许可理论（implied licence）。权利用尽理论最早由德国创设，是指专利产品首次售出后，法律限制专利权人对售出的专利产品进行控制。[1]其理论基础来源于报酬理论和利用相关性理论。权利用尽理论认为，权利人第一次将负载专利技术的专利产品售出后，就对专利产品用尽了自己的专利权，从而不得再以明示或者默示的任何方式，限制或者控制购买者对专利产品进一步使用或者转售。根据该理论，权利人在销售专利产品时获得了相应的报酬即用尽了自己的权利，相应地，买受人由于支付了对价，也获得了自由处置专利产品的权利。大陆法系国家一般认为权利用尽原则属于强行性规范，专利权人不能通过约定性限制排除其适用，但美国对此问题的态度摇摆不定，如通信行业广泛知晓的"高通税"，就因高通公司在其芯片售卖后仍要向购买方征取专利许可费而得名。2015 年至今，中国国家发展和改革委员会、韩国公平交易委员会、美国联邦贸易委员会、欧盟委员会先后对高通公司发起了反垄断调查，高通公司也因此获得了大量要求其改变市场策略的罚单及裁决，但其仍坚持"高通税"这一收费模式。其也遭遇了苹果公司等大型手机厂商在全世界范围内发起的诉讼狙击，对此，高通公司亦针对苹果公司发起了诉讼反击。2018 年 12 月，高通公司在福建省福州市中

---

[1] See Christopher Heath, *Parallel Imports in Asia*, Kluwer Law International, 2004, p. 13.

级人民法院因专利侵权诉讼获得了对苹果公司产品禁售的禁令，使得高通公司收费模式之争在中美贸易战的背景下再次成为业界关注的热点。

　　默示许可理论起源于英国，并逐渐为英美法系国家所接纳和发展。专利法上的默示许可是指在一定情形下，权利人的某些言语或者行为，使得相对方产生了使用其专利的合理信赖，从而成立专利许可的形态。[1]默示许可理论认为，专利权人在首次销售专利产品时，如果没有对专利产品的进一步流通和使用提出限制性条件，法律就推定买受人可以不受限制地对该产品进行利用。限制性条件可以排除对默示许可理论的适用，但是必须满足严格的条件。简言之，无论哪种理论，都认为一旦专利产品售出，专利权就不能延及专利产品，从而保证产品的自由流通和自由贸易的顺利进行，维护正常商业秩序。此外，专利权权利用尽本身也体现了专利权与物权的冲突。一方面，专利产品被售出后，专利权人基于其对专利技术的垄断权，希望将专利权扩张到售出的专利产品上。另一方面，买受人由于其支付对价获得了专利产品，从而享有对专利产品的物权。因此，在一件专利产品上就出现了两种权利，产生了专利权与物权的冲突。

　　专利权权利用尽抗辩的典型案例应属美国 Lexmark 案[2]，该案历经美国联邦地区法院、美国联邦巡回上诉法院两审后，最终于 2017 年 5 月由美国联邦最高法院作出终审判决，确认了专利权"绝对用尽"及"国际用尽"两项基本原则。

---

　　〔1〕 参见万琦：《专利产品首次销售侵权抗辩研究——以财产权转移理论为研究进路》，知识产权出版社 2014 年版，第 57 页。

　　〔2〕 See Lexmark International, Inc. v. Impression Products, Inc., 816 F. 3d 721 (Fed. Cir. 2016).

专利权权利用尽涉及有体物和无形财产之间的冲突，我国司法实践中，在权利用尽限制的范围判断中存在模糊地带。如鞠爱军诉古贝春公司侵害外观设计专利权纠纷案[1]和丰谷公司诉鲁湖酒厂侵害外观设计专利权纠纷案[2]两个旧瓶装新酒案中，两案被告都收购了原告享有外观设计专利权且合法出售的酒瓶，并对酒瓶更换标志后重新进入市场流通，原告认为被告行为侵权，但被告认为原告专利权权利用尽，两案呈现出了截然相反的判决结果。笔者认为，专利产品一经售出，专利权人就失去了控制权，属于专利权的绝对用尽，不应当再获得侵权赔偿。至于旧瓶装新酒是否会构成消费者混淆、是否构成知名商品的包装装潢，则非专利法的管辖范围，应由商标法和反不正当竞争法评判。最高人民法院在范俊杰诉亿辰公司侵害实用新型专利权纠纷案[3]中未将专利权人针对生产专利产品的设计图纸的提供行为认定为出售行为，认为其不属于专利权权利用尽的限制范围，判定抗辩无效、侵权成立，专利权人获得赔偿。

2. 先用权例外

先用权例外是指在专利申请日以前，特定的人已经开始制造专利产品，或者是为制造产品进行了必要的生产准备，为了保护在先使用人的合法权利，法律规定先用权人在此情况下可以不经专利权人同意，在原有的范围内继续实施该专利，而不视为侵权。世界各国对专利授权采取了先申请和先发明两种不同原则。先发明原则认为最先发明技术方案的人是真正的发明人，应当将专利权授予此类人。这一原则高度肯定了先发明人对发明创造所作的技术贡献，但会导致专利权人可能基于自身

---

[1] 参见山东省高级人民法院（2000）鲁经终字第 339 号民事判决书。
[2] 参见四川省高级人民法院（2010）川民终字第 20 号民事判决书。
[3] 参见最高人民法院（2013）民提字第 223 号民事判决书。

利益或者其他的原因，不愿意将相关的技术方案公之于众，最终导致公众无法在第一时间获知先进的技术，也无法在此基础上进行累积创新，影响技术发展的时效性。为了弥补这一原则的不足，就产生了先申请原则。目前，包括我国在内的大多数实行专利制度的国家均采用先申请原则。先申请原则通过公开相关技术方案，使公众可以及时获得技术信息，加速了信息的传播和利用，并有利于社会持续创新。但这一原则的弊端表现为专利权可能没有被授予最先进行发明创造的人，产生诸如先用权人在此之前已经做好相关的生产准备，或者已经在特定范围内进行了研制，应当如何保护先用权人的合理利益之类的问题。如果不允许先用权人继续实施技术，显然有失公允，而且也会造成先用权人前期的投入无法获得相应的回报，造成社会资源的极大浪费。因此，有必要赋予先用权人继续实施该技术方案的权利，保留基于先用而形成的公共领域。法律对于先用权也予以严格限制，一般规定其只适用于特定的公众，并且只能在原有的范围内继续使用。

实践中，因被告固定证据能力较弱等原因，导致先用权抗辩成功的案例较少，近年来这一情况有所改善。在谭启仁诉奥普公司侵害实用新型专利权纠纷案[1]中，被告奥普公司提交了宣传年历、产品型号目录、型式安全认证证书等一系列证据，用于证明其于涉案专利申请日前就已经具备生产浴霸产品的能力，举证能力较强，被法院判定具有先用权。此外，最高人民法院还在英特莱公司诉蓝盾公司等侵害发明专利权纠纷案[2]中确立了判断先用权抗辩应当考察的四个要件，即先用权人是否在专利申请日前已经制造出相关产品、相关产品是否属于相同

---

〔1〕 参见最高人民法院（2015）民申字第1546号民事裁定书。

〔2〕 参见最高人民法院（2015）民申字第1541号民事裁定书。

产品、先用技术是否系先用权人自行研发或以其他合法手段获得、先用权人是否在原有范围内继续制造。该案中被告先用权抗辩成功的一个重要原因也在于证据的效力较高，其提交了广东省公安厅消防局出具的公文、国家固定灭火系统和耐火构件质量监督检测中心出具的检测报告、国家固定灭火系统和耐火构件质量监督检测中心的涉案企业标准和涉案检验报告等，对产品样品之间具有同一性以及被诉侵权的防火卷帘产品的生产时间等进行了充分的举证；提交了与涉案专利相同的防火卷帘产品的设计可行性报告、计划书、任务书、研制报告书、设计总结、相关研发会议纪要和技术人员的证人证言，用以证明被诉侵权产品系被告自行研发；还提交了第三方出具的资产评估报告书、几十份防火门制造安装合同，证明其具备制造涉案侵权产品的能力。上述两案极大地丰富了先用权抗辩的司法实践。

3. 临时过境例外

临时过境例外是指临时通过一国国境的交通工具，由于其自身运转包含了某项专利产品或者使用了某项专利技术，法律对此规定不视为专利侵权。之所以给予临时过境的交通工具侵权例外，主要基于两方面原因：一是国际自由贸易的需要。随着国际贸易与经济全球一体化的发展，商品流通日益频繁，而承载商品流通的交通运输工具承担了重要职责，需要在全球范围内自由穿梭。二是交通工具使用的需要。船舶、飞机等大型交通工具由于制造技艺复杂、零件数量繁多，涉及的专利必然也多，要查清其中所涉的专利技术非常困难，而要求所有权人或者航运人检索临时经过的国家的专利并征得专利权人的同意，则显得不具有操作性或成本过高。这一要求对于航运人过于苛刻，必将打击航运人开展国际贸易的热情，影响商品流通，进而损害社会公共利益，导致专利权人利益与社会公共利益的失衡。而且，从另一方面来看，运输工具临时过境，时间短暂，对权利人的危害并不大。因此，允许临时过境尽管对专利权有所限制，但对社会公共利益和经济发展十分有利，是对公共领域的有益保留。受自由贸易的影响，临时过境出现的频率较高，实践中必须严格限制适用条件，以避免损害专利权人的合法权益。具体来说，临时过境只能适用于交通工具的航行需要、短期使用行为，而其他诸如转运行为或者长期滞留等行为均不能适用。

4. 科学研究和实验例外

科学研究和实验例外是指基于科学研究和实验的目的，实施他人专利而不视为侵权的行为。在技术发展早期，由于专利数量少，技术垄断对社会影响很小。随着技术的飞速发展，专利数量大幅增加，专利权的客体范围不断扩大，技术垄断对社会的影响显著增强。技术的发展与创新总是建立在前人和他人的技术之上，因此，借助既往技术进行科学研究显得格外必要。特别是在一些新兴领域，如生物、医药、计算机等，开拓一项新技术可能需要对在先的技术进行反复研究，甚至反向工程，由此可能引发专利侵权。将科学研究与实验作为合理使用的情形，可以激励科技人员全身心地投入科研工作，免除对专利侵权的担忧，消除专利制度对技术垄断所造成的负面影响，为科技人员进行科学研究保留可供自由利用的公共领域空间。

5. 药品实验例外

药品实验例外是指为了对药品或者医疗器械进行实验或者审批而实施他人专利，却不视为专利侵权的行为。[1]医疗药品、医疗器械事关人类健康发展大计，世界各国都对其上市采取了

---

[1] 参见蒋洪义："'Bolar 例外'原则的创立、发展及其在中国的应用：兼评我国相关判例中的法律适用与《专利法》修订草案中相关条款的立法模式"，载易继明主编：《中国科技法学年刊》（2007 年卷），华中科技大学出版社 2008 年版，第 127 页。

严格的审批制度，申请人需要提交丰富而翔实的实验资料和实验数据。收集这些资料和数据往往周期较长，如果按照专利权的保护期限，只有在专利权到期后才允许开展实验、收集数据，一方面将会大大延迟仿制的药品或者医疗设备的上市时间，使人们无法在短期内享受到价格低廉的医药产品，获得专利技术的红利；另一方面也等于变相延长了专利的有效期，损害了社会公共利益，打破了专利权人与公众原有的利益平衡。为了削减医药产品审批制度的不利影响，维护公共利益，法律将药品实验例外纳入合理使用范畴，使仿制药生产商可以在专利有效期届满后，迅速生产出质优价廉的药品或者医疗器械，增进社会福利。

　　药品实验例外的经典案例是美国的 Roche Products, Inc. v. Bolar Pharmaceutical Co. 案[1]。Bolar 公司是美国一家生产仿制药的公司，由于药品在美国上市必须获得药品管理部门的审批，而且至少需要两年时间，在得知 Roche 公司的专利将于 1984 年 1 月到期后，为了能在该专利失效后马上生产出仿制药并推向市场，抢占市场份额，Bolar 公司在该专利还未到期的情况下，提前从外国制造商处购买了药品原料制成胶囊，并开展药品实验，收集数据。Roche 公司得知后将 Bolar 公司告上了法庭。一审法院认为，Bolar 公司的行为是为了完成政府审批而进行的实验，实验数量小，对原告危害不大，属于侵权例外。二审法院否定了一审法院的观点，认为 Bolar 公司的行为带有商业目的，虽然此阶段的数量小、危害不大，但长期来看对原告的经济效益影响是巨大的，故认定为侵权。该案判决一出，立刻受到美国仿制药商的强烈反对。6 个月后，美国国会通过的《药品价格竞争与专利期限恢复法案》推翻了该判决。该法案认为，仿制药商

_____

〔1〕　733 F. 2d 858（Fed. Cir. 1984）.

出于商业目的，在专利有效期内进行临床试验、研究和测试，以获取行政审批，满足药品上市条件，即便这一行为未经权利人许可，也不视为专利侵权。可见，该法案对药品实验例外规则进行了修改，全面否定了前述案件的二审判决。

我国《专利法》在 2008 年修正后才正式确立了药品实验例外规则。[1]但早在 2006 年，我国司法便走在了立法前面，催生了全国首例适用"Bolar 例外"的日本三共株式会社诉北京万生药业公司侵害发明专利权纠纷案[2]。该案审理法院将被告为进行临床试验和申请生产许可的目的解释为非直接以销售为目的，不属于《专利法》第 11 条第 2 款规定的"生产经营目的"，进而判定侵权不成立。

(三) 专利权合理使用的立法及司法审视

通过对前述专利权合理使用立法规定及司法实践的分析，可以发现立法规定还不完善，司法实践中也存在一些需要改进的地方。

1. 科学研究和实验的边界不清

我国《专利法》只规定科学研究和实验可以作为专利侵权的例外，但没有具体的细化规定，导致司法实践中对此问题的法律适用不清。20 世纪 90 年代，在陆正明诉环卫厂、成套公司侵害实用新型专利权纠纷案[3]中，环卫厂根据国家的要求承担了筛碎机的科学研究，并授权成套公司研发，陆正明认为成套公司研制的筛碎机构成对自己专利的侵权，于是向法院起诉。一审法院认为，环卫厂是为了科学研究和实验而使用陆正明的专利，故不构成侵权。陆正明上诉后，二审法院对科学研究和

---

〔1〕　参见《专利法》(2008 年修正) 第 69 条第 5 项。

〔2〕　参见北京市第二中级人民法院 (2006) 二中民初字第 04134 号民事判决书。

〔3〕　参见《最高人民法院公报》1993 年第 4 期 (总第 36 期)。

实验例外进行了定义，认为这种例外特指在实验室条件下，为了探索研究新的发明创造，演示性地利用有关专利，或者对有关专利的技术或经济效果进行考察验证的行为。而该案中成套公司直接利用陆正明的涉案专利技术来完成环卫厂处理车间筛碎机的设计、安装、调试等相关任务，还生产制造了机械设备，并实际销售给环卫厂使用，这些行为不符合上述例外的适用情况，构成对涉案专利权的侵害。两级法院对科学研究和实验作出了截然相反的解释。此外，有的法院认为，科学研究和实验的行为性质变化也会对侵权成立与否产生影响。例如，在创世纪公司诉沧州市农林科学院、冀农公司等侵害发明专利权纠纷案[1]中，河北省高级人民法院认为，中国农业科学院生物技术研究所与沧州市农林科学院向相关部门申请棉花品种安全许可证的行为本身符合上述例外，但沧州市农林科学院将该棉花品种为生产经营之目的育种，并销售给冀农公司的行为，则超出了科学实验范畴，使育种行为演变为生产行为，侵犯了创世纪公司对涉案专利的许可权，应当承担侵权赔偿责任。

2. 药品实验例外规定不明确

具体来说：其一，药品实验例外的地域范围不明确。为了获得国内的药品审批进行实验属于可以适用例外的情况，但如果为了获得国外的医药行政审批而在国内进行实验测试，收集相关数据，可否被认定为侵权例外情形？我国《专利法》对此没有给出答案。其二，药品实验例外制度的适用范围不明确。如药品实验例外能否适用于具有商业目的的行为。2008 年《专利法》修正以前，该法并没有药品实验例外的条款，导致仿制药商频频面临专利侵权的危机。如在日本三共株式会社诉北京

---

[1] 参见河北省高级人民法院（2012）冀民三终字第 135 号民事判决书。

万生药业公司侵害发明专利权纠纷案[1]和伊莱利利公司诉甘李公司侵害发明专利权纠纷案[2]两案中，由于法院在审理案件时无法引用药品实验例外规定，只能以该行为不属于《专利法》第11条"为生产经营目的"为由，认定不构成侵权。当时社会各界对于这两份判决的结论争论不大，但对于判决结论所依据的"新药实验和申请药品生产许可不属于生产经营目的"却存在很大争议。事实上，发达国家如美国、德国、日本等早已在司法实践中认同即使存在商业目的也不影响药品实验例外行为的合法性。因此，基于对公共利益的维护，更好地推动我国仿制药行业发展，有必要对此问题予以明确。其三，依照专利方法制造的药品或者医疗器械能否适用例外不明确。专利法仅规定"专利药品或者专利医疗器械"可以适用药品实验例外，对于使用专利方法制造的产品可否适用该例外，未予明确。其四，关于没有最终提交行政审批的药品实验能否适用例外的问题。《专利法》规定，为了提交行政审批需要的数据而实施专利的可以适用侵权例外规则，但如果因种种原因，这些药品实验数据最终没有提交给行政审批机构，是否还能再适用侵权例外规则，却未予明确。

3. 列举式立法模式无法涵盖专利权合理使用的所有情形

我国《专利法》只规定了前述五种专利权合理使用情形，这一列举式规定便于司法实践操作，可以在一定程度上限制法官的自由裁量权，但随着社会的发展变化，列举式立法模式逐渐显现出其弊端。如前所述，专利权合理使用对于限制专利权的过度扩张、平衡专利权人利益与社会公共利益，以及增进社

---

[1] 参见北京市第二中级人民法院（2006）二中民初字第04134号民事判决书。

[2] 参见北京市第二中级人民法院（2007）二中民初字第13419—13423号民事判决书。

会福利和推动技术创新，具有重要作用，是维护和保留知识产权公共领域的重要制度。因此，有必要引入概括性条款，将所有符合专利权合理使用精神和实质的行为纳入其中。

4. 缺乏合理性的判断标准

目前立法只列举了专利权合理使用的行为，但没有具体的判断标准，学术界和实务界对此也没有统一的观点。专利权合理使用判断标准的确定极具现实意义和理论价值，亟待明确。而且，如果立法引入概括性条款，则由于一般条款的抽象性，难以厘清其具体含义，会给法官判断合理使用行为造成困扰。因此，明确专利权合理使用行为的判断标准就显得尤为重要。

综上，我国《专利法》关于专利权合理使用的列举式、封闭性规定不能适应纷繁复杂的社会发展变化，专利权合理使用行为的边界不清、合理性判断标准的缺失也导致司法裁判标准的不统一。随着专利权的不断扩张，这一弊端逐渐凸显，有必要加以改进。

（四）专利权合理使用的国外经验

关于专利权合理使用的具体行为和判断标准，《TRIPs 协议》和其他国家已有一些规定和探索，可以加以研究和学习，并予以借鉴。

1. 专利权合理使用的具体行为

首先，《TRIPs 协议》第 30 条关于专利侵权例外的规定是世界贸易组织成员规定专利权合理使用的国际法依据。[1]我国作为其成员，应当遵守上述规定。该条款从原则上对专利权合理使用的条件进行了规定：不仅要求保证专利的正常利用，还

---

〔1〕 参见《TRIPs 协议》第 30 条："各成员可对专利所赋予的专有权规定有限的例外，只要此例外不与专利的正常利用发生不合理的冲突，也不会不合理地损害专利所有人的正当利益，但应考虑第三方的正当利益。"

要确保专利权人的正当利益不能受损。此外，第三方的正当利益也必须予以考虑。换言之，专利权合理使用应当兼顾专利权人的正当利益和他人的利益，实现各方利益的和谐平衡。

其次，世界各国大多都采用列举的方式规定专利权合理使用行为。但由于各国的科技发展水平和经济现状不完全相同，对专利权合理使用的规定也各不相同。如德国将个人非商业使用、科学研究与实验、按医生处方配置药品、临时过境等行为作为专利侵权例外。[1]日本将科学研究与实验、临时过境、按医生处方配置药物视为专利侵权例外。[2]法国规定个人非商业使用、科学研究与实验、按医生处方配置药品、与专利发明有关的实验等行为属于专利侵权例外。[3]俄罗斯规定临时过境、科学研究与实验、个人非商业使用、按医生处方配置药品属于专利侵权例外。

通过对《TRIPs 协议》以及发达国家专利侵权例外规定的分析，可以得出几点启示：其一，《TRIPs 协议》作为各成员的国际法依据并未具体列举专利侵权例外的情形，而是以一般条款的形式赋予各国立法权。其二，各国普遍未规定专利侵权例外的一般条款，而是以列举的方式加以说明。随着专利权的扩张，这种封闭式的列举模式已不能适应科技发展和现实生活的需要。其三，大多数国家都将个人非商业使用、科学研究与实验、按医生处方配置药品、临时过境等行为作为专利侵权例外的常见情形。

2. 合理性的判断标准

纵观世界各国，大多未规定专利权合理使用的具体判断标

---

〔1〕　详见德国《专利法》第 11 条。
〔2〕　详见日本《专利法》第 69 条。
〔3〕　详见法国《专利法》第 L613-5 条。

准。合理使用制度产生和发展于著作权法，并被逐渐引入其他知识产权部门法中。从著作权合理使用制度的发展历程来看，其判断标准经过国际公约的不断发展和美国等发达国家 100 多年的实践，已经非常成熟，内容也比较明确细化，对于不同个案如何进行判断也基本达成了共识，因此，可以为专利权合理使用制度所借鉴。当前，专利权合理使用行为的判断标准应根据《TRIPs 协议》的原则性规定，并借鉴著作权合理使用行为判断标准予以确定。

如前所述，《TRIPs 协议》第 30 条是关于专利侵权例外的国际法渊源。这一规定包括以下检验步骤：第一步是"例外应当是有限的"；第二步是"例外不得与专利的正常利用发生不合理的冲突"；第三步是"例外不会不合理地损害专利所有人的正当利益"；第四步是"例外应考虑第三方的正当利益"。[1]在这四步中，第一步体现了限制例外的范围和数量这一基本原则；第二步是具体的防止冲突的限制条件，这一条件主要考虑专利权人的市场和利益，要求专利侵权例外不能对专利权人的潜在市场产生影响；第三步为"防止损害专利权人利益"的限制条件；第四步为"第三方的正当利益"的限制条件。以上四步，要求例外情形必须充分考虑专利权人的利益，同时兼顾社会公共利益，[2]即第三方的正当利益包括公共利益以及他人的合法权益。

目前，多数国家都采取列举式立法模式，对不视为专利侵权的行为进行列举，但很少涉及判断标准。令人困惑的是学术界对于专利权合理使用的判断标准似乎并不太关注，只有部分

[1] See "Canada‐Patent Protection of Pharmaceutical Products", WTO Document No. WT/DS114/12, available at http：wto. org. org/english/tratop‐e/dispu‐e/7428d. pdf, last visited on 2009‐8‐28.

[2] 参见国家知识产权局条法司编：《〈专利法〉及〈专利法实施细则〉第三次修改专题研究报告》（下卷），知识产权出版社 2006 年版，第 1497 页。

学者在借鉴著作权领域的判断标准后进行了探讨。[1]

专利权合理使用是对权利人行使权利的限制，实现了权利人利益与社会公共利益的平衡，也构建了专利法保留的公共领域。但目前专利权合理使用制度在运行中仍存在不完善之处，有必要对其表现方式作清晰界定，同时增加专利权合理使用行为的判断标准，以为不特定公众合理使用专利技术提供制度保障。

第三节　商标权保护与公共领域

商标法虽然保护的是商业标记，不是智力成果，但商标权作为一种财产权，其中也夹杂着私人利益与公共利益，也需要公共领域作为利益平衡的调节器，在商标法所调整的各种利益之间进行平衡。因此，商标权保护中保留公共领域的机制运行现状亦需关注。本节以显著性、商标合理使用以及商标权利用尽三个问题作为切入口，试图揭示商标领域保留公共领域实施机制的运行现状及存在的问题。

一、显著性与公共领域

商标的显著性，又被称为区别性或者识别性。有学者曾指出："商标不是智力成果，商标的区分功能与智力含量无关，独创性或创造性不是商标的构成要件，但商标必须具备显著性。"[2]可见，显著性是商标最基本的功能。在商标注册中，具备显著性的标

---

〔1〕　See Maureen A. O'Rourke, "Toward a Doctine of Fair Use in Patent Law", 100 *Columbia Law Review*1198-1121 (2000); Lorelei Ritchie de Larena, "What Copyright Teaches Patent Law About Fair Use: And Why Universities Are Ignoring the Lesson", 84 *Oregon Law Review* 779 (2005); Joshua I. Miller, "Towards a Doctrine of Fair Use in Some of Patent Law", 2 *Intellectual Property Brief* 56 (2010); Katherine J. Strandburg, "Patent Fair Use 2. 0", *UC Irvine Law Review* 265 (2011).

〔2〕　李琛:《知识产权法关键词》，法律出版社 2006 年版，第 56 页。

志经过注册可以成为商标，进入专有领域；反之，缺乏显著性就不能成为注册商标，而是公共领域中可以自由使用的标志。因此，显著性成为商业标志专有领域与公共领域的重要分水岭。

（一）商标显著性的基本内涵

显著性是商标的本质属性，是对商标最基本的要求，也是注册商标必须满足的实质性条件。由于商标具有显著性，消费者便可借助商标的区别功能识别不同来源的商品或服务，并购买符合自身需要的商品或者服务。但如果生产者使用的是缺乏显著性的标志，消费者就不能据此识别商品或者服务的来源。因此，对于缺乏显著性的标志，各国商标法都规定不得作为商标注册。如《中华人民共和国商标法》（以下简称《商标法》）第9条明确规定，注册商标应当具有显著性。英国《商标法》第3条规定，缺乏显著性的标志不应获得注册。虽然各国的商标立法各不相同，但显著性都是对商标一致的要求。[1]

由于商标显著性规定通常反向列举不具有显著性的情形，如通用性标志、描述性标志与功能性标志，有学者认为列举这些典型的不具有显著性的标志，就是为了防止个别人基于自身利益而霸占处于公共领域的标志。因此，从立法本意来看，之所以要求商标具有显著性，就是出于保护公平竞争的考量。[2]当然，也有观点认为，之所以限制个别人独占缺乏显著性的商标，就是基于公共利益的考虑[3]，如"长城"葡萄酒、"青岛"啤酒、"永久"自行车，这些描述性词汇本身就具有通常意义上的第一含义，权

〔1〕 如《法国知识产权法典》第 L.711-1 条第 1 款规定，构成商标的显著性，依指定的商品或服务而定，同时该条规定通用名称、说明性标志以及功能性标志为缺乏显著性的标志。

〔2〕 参见刘铁光："商标显著性：一个概念的澄清与制度体系的改造"，载《法学评论》2017 年第 6 期。

〔3〕 参见冯术杰："论商标固有显著性的认定"，载《知识产权》2016 年第 8 期。

利人不能禁止他人善意地作为地名使用"长城"和"青岛"，也无权禁止他人描述性地使用"永久"。因此，无论是公平竞争还是公共利益，本质上都体现了商标显著性与公共领域的关系，即当商标缺乏显著性时，属于公共领域中可供公众自由使用的标志。

（二）商标显著性判断的司法保护审视

司法实践中，涉及商标显著性的案件很多，显著性也常常成为此类案件的争议焦点，这在一定程度上反映了当前商标显著性判断标准的不统一，有必要加以完善。

1. 商标显著性的含义不清

对于显著性的具体含义，商标法未予明确，学术界对此争议也较大。主流观点认为商标的显著性就是"来源识别性"，即认为商标用于识别商品或者服务的来源，因此，要求商标具有显著性就是要使商标能够识别商品来源。[1]对此，也有学者持反对态度，认为将显著性解释为来源识别性背离了商标显著性的原本含义，是一种理论上的误读，并认为只要商标具有区别性，便符合最低程度的显著性要求。[2]此外，还有学者将区别性与显著性加以对比，认为商标的区别性与显著性是同义词，但又与显著特征不同，二者为本质与形式、本体与具象的关系。[3]

2. 最低程度的显著性判断标准不一

究竟何为商标最低程度的显著性，目前没有统一的标准。

---

〔1〕 参见吴汉东主编：《知识产权法》（第四版），北京大学出版社 2014 年版，第 241—242 页；彭学龙：《商标法的符号学分析》，法律出版社 2007 年版，第 108 页；黄晖：《商标法》，法律出版社 2004 年版，第 57 页。

〔2〕 参见刘铁光："商标显著性：一个概念的澄清与制度体系的改造"，载《法学评论》2017 年第 6 期。该观点认为，只要商标与指定的商品或服务之间有区别性，便符合商标显著性的注册要求，并不要求商标本身具有创新性、个性或者特征。

〔3〕 参见孔祥俊："论商标的区别性、显著性与显著特征"，载《现代法学》2016 年第 6 期。

例如，我国 2005 年《商标审查标准》规定两个以下常规书写的数字或字母不具有显著性，1994 年版的《商标审查准则》还规定姓氏等属于不具有显著特征的标志。这些举例或者反面排除的标志，很多并非同行业竞争者在宣传时必须使用的，也不符合相关公众对商标最低显著性的认知，实际上两个字母甚至单个字母具有显著性的情况不胜枚举，姓氏在一定情况下具有显著性，在老字号案件中也较为常见。〔1〕其实，更多的争议往往集中于原告的商标是否已经沦为商品的通用名称，即已经不满足最低程度的显著性。如在宝剑公司诉龙韵公司侵害商标权纠纷案〔2〕中，被告即提出"龙泉宝剑"已经成为通用名称，属于特定区域的共有财富；在鲁锦公司诉礼之邦公司等侵害商标权及不正当竞争纠纷案〔3〕中，当事人的主要争议焦点以及一、二审法院裁判的主要分歧也均在于"鲁锦"是否系商品通用名称。

3. 固有显著性与获得显著性的逻辑关系不明晰

显著性包括固有显著性和获得显著性〔4〕。固有显著性是指标志本身所具有的区分不同标志、识别不同来源的特性。获得显著性是指不具有固有显著性的标志，通过使用而为相关公众所知晓，从而相关公众就相关商品或服务将该标志与某个提供者建立了特定的联系。〔5〕有观点认为，既然认定具有固有显著

---

〔1〕　如 LV 商标就是极具显著性的知名商标。LV 既是两个字母，亦是 Louis Vuitton 的简写。

〔2〕　参见浙江省高级人民法院（2010）浙知终字第 63 号民事判决书。

〔3〕　参见山东省高级人民法院（2009）鲁民三终字第 34 号民事判决书、山东省济宁市中级人民法院（2007）济民五初字第 6 号民事判决书。

〔4〕　也有观点将其称为表层显著性和深层显著性。参见王坤："论商标显著性的层次及规律——以对商标概念的科学建构为分析起点"，载《知识产权》2016 年第 2 期。

〔5〕　参见冯术杰："论商标固有显著性的认定"，载《知识产权》2016 年第 8 期。

性，就不应再讨论获得显著性的问题；如果认定不具有固有显著性，那就必须依当事人的申请评价获得显著性的问题，而不能同时适用获得显著性规则和固有显著性规则。[1]还有观点认为，只要商标使用人非常成功地运作了这一商标，赋予了商标远远超出基础显著性的价值，即加值显著性，在消费者心目中产生了深刻的影响，则哪怕使用人并非商标所有人，他也可以根据这样的使用获得商标的所有权，法律应当将商标权归于成功使用人。[2]

4. 暗示性商标与描述性商标的界限不清

根据现有案例及学术观点，固有显著性的判断方法多种多样，大致可归纳为整体法、五分法或光谱法等。整体法为商标审查中的实际方法，其来源于最高人民法院《关于审理商标授权确权行政案件若干问题的意见》第 5 条的规定。[3]但是该方法在商标审查及司法实践中存在难以一以贯之的矛盾，如在一些案件中，商标审查机关及法院常常会以某些文字或者图形不具有显著性为由而认定商标整体不具有显著性。[4]有学者对此

---

　　[1]　参见冯术杰："论商标固有显著性的认定"，载《知识产权》2016 年第 8 期。

　　[2]　参见钱昀："商标显著性之分解研究 以 IPAD 商标案为例"，载《电子知识产权》2013 年第 7 期。

　　[3]　最高人民法院《关于审理商标授权确权行政案件若干问题的意见》第 5 条规定："人民法院在审理商标授权确权行政案件时，应当根据诉争商标指定使用商品的相关公众的通常认识，从整体上对商标是否具有显著特征进行审查判断。标志中含有的描述性要素不影响商标整体上具有显著特征的，或者描述性标志是以独特方式进行表现，相关公众能够以其识别商品来源的，应当认定其具有显著特征。"

　　[4]　参见商标评审委员会商评字（2007）第 265 号关于第 552102 号"汹山牌及图"商标争议裁定书、北京市第一中级人民法院（2007）一中行初字第 647 号行政判决书。该案中，商标评审委员会认为争议商标的拼音与文字部分的"汹山"是对应的，文字部分缺乏显著特征，拼音部分亦无法使其产生显著特征。北京市第一中级人民法院认为一般消费者会将文字部分作为商品的主要识别部分和呼叫对象，因而其整体不具有显著性。

持反对意见，认为显著性的审查不要求组合商标的主要识别部分具有显著性，而只要某个构成元素足以使商标具有显著性即可。[1]关于商标固有显著性的五个层次，也有学者称其为五分法或光谱法，即将商标区分为通用商标、臆造性商标、任意性商标、暗示性商标和描述性商标。[2]但在实践中，暗示性商标与描述性商标并没有统一的区分标准，边界较为模糊，具有一定的任意性。《商标法》第 11 条第 1 款第 2 项规定了描述性标志[3]，最高人民法院《关于审理商标授权确权行政案件若干问题的意见》第 9 条对此进一步予以细化[4]。实践中，许多商标常常具有暗示性和描述性双重属性，例如，在"财付通"案[5]中，商标审查机关认为该商标直接描述了相关服务的特点，因此缺乏显著性。但法院审理后却认为，该商标可以解释为"财付通畅""财付通道"，属于暗示性商标，符合商标法关于显著性的要求。可见，两者的界限并不清晰。此外，还有学者对五分法提出了批评，认为这是对理性消费者模型的滥用，应当回归到消费者真实的认知状态中。[6]

显著性构筑了商业标志专有领域与公共领域的边界。对商标显著性的判断将影响商标专有权的保护范围，进而也会对公

〔1〕 参见冯术杰："论商标固有显著性的认定"，载《知识产权》2016 年第 8 期。

〔2〕 参见刘媛："论商标显著性的动态特征——以认知心理学为视角"，载《知识产权》2014 年第 2 期；刘丽娟："显著性考（上）写在《商标法》颁布 30 周年之后"，载《电子知识产权》2013 年第 11 期。

〔3〕 即"仅直接表示商品的质量、主要原料、功能、用途、重量、数量及其他特点的"情形。

〔4〕 最高人民法院《关于审理商标授权确权行政案件若干问题的意见》第 9 条规定："如果某标志只是或者主要是描述、说明所使用商品的质量、主要原料、功能、用途、重量、数量、产地等特点，应当认定其不具有显著特征……"

〔5〕 参见北京市高级人民法院（2016）京行终字第 1298 号行政判决书。

〔6〕 参见刘媛："论商标显著性的动态特征——以认知心理学为视角"，载《知识产权》2014 年第 2 期。

共领域的范围造成影响。当前，商标显著性的概念始终处于一种模糊的状态，对于何为最低程度的显著性，判断标准不一，加之固有显著性的认定方法也不统一，一定程度上造成了商标显著性判断的混乱，有必要尽快从立法上予以明确，并确定明确的司法判定标准。

二、商标合理使用与公共领域

商标合理使用，是指在生产经营活动中，经营者以描述性、指示性等方式善意使用与注册商标相同或者近似的标志，而不构成侵犯商标权的行为。[1]描述性合理使用[2]和指示性合理使用[3]是商标合理使用常见的两种类型。[4]商标合理使用对于保留公共领域中的天然符号、保障不特定公众进行描述、比较和评论的表

〔1〕　参见武敏："商标合理使用制度初探"，载《中华商标》2002 年第 7 期；王艳丽："论商标权的限制"，载《当代法学》2002 年第 2 期；冯晓青："商标权的限制研究"，载《学海》2006 年第 4 期；邱进前："美国商标合理使用原则的最新发展：The Beach Boys 一案评析"，载《电子知识产权》2005 年第 5 期；王莲峰："我国商标权限制制度的构建——兼谈《商标法》的第三次修订"，载《法学》2006 年第 11 期。

〔2〕　描述性合理使用，是指在生产经营活动中，经营者为客观描述自己的商品或服务的基本信息，善意使用姓名、地名、时间、商品通用名称、图形，以及在第一含义上使用缺乏显著特征的其他描述性词汇或标志。参见王莲峰："商标合理使用规则的确立和完善——兼评《商标法（修改稿）》第六十四条"，载《政治与法律》2011 年第 7 期。

〔3〕　指示性合理使用，是指在商业活动中，经营者为客观说明自己的商品或者服务源于他人，或者指示自己的商品用途、服务对象及其他特性与他人有关，而善意使用他人的注册商标。参见王莲峰："商标合理使用规则的确立和完善——兼评《商标法（修改稿）》第六十四条"，载《政治与法律》2011 年第 7 期。

〔4〕　我国学者对商标合理使用的分类虽有不同的翻译方式，但基本指向的内容是一致的。例如，有学者将商标合理使用分为传统合理使用和指明商标权人的商标合理使用（参见杜颖："指明商标权人的商标合理使用制度——以美国法为中心的比较分析"，载《法学论坛》2008 年第 5 期）；也有学者将其分为说明性合理使用和被提及的合理使用（参见胡滨斌："论中国商标合理使用制度的建构"，载《北京交通大学学报（社会科学版）》2009 年第 2 期）。

达自由具有重要作用，是平衡商标法上私益与公益的关键环节，也是形成商标权利限制中的公共领域的重要内容。[1]

（一）商标合理使用的正当性基础

探讨商标合理使用问题，不可避免地要从商标合理使用的正当性出发，而这种正当性可以从权利不得滥用之内涵、公平正义价值之要求、平衡各方利益之所需等理论学说中找到答案。

1. 权利不得滥用之内涵

洛克的劳动财产权论认为，世界本属于全人类共有，任何人不享有排斥其他人的个人自有，只有在劳动以后，通过在公有的土地上添加了属于个人的东西，才使得这些个人的东西成为个人财产。[2]这一理论亦可以用来解释商标权的取得。商标原本仅是一个天然符号，正是经营者长期、持续地在相关商品或者服务上使用，使得该符号产生了识别相关商品或者服务背后经营者的功能。此时，消费者看到这个符号，不再仅是看到一个天然符号，而是商品、服务、经营者以及企业信息的载体。商标权人通过洛克所说的用心经营、培育知名品牌等劳动，使一个个天然符号脱离原始状态，成为满载"商誉"的商标。因此，有学者认为，"一个人只能占有他为之付出劳动的物品"[3]，"商标只是在保护其商誉的范围内才具有禁止他人使用的权利"[4]，超出这个范围，则属于人类共同享有的资源，任何人不具有禁

---

〔1〕 上一节中讨论的商标显著性问题与本节所要讨论的商标合理使用问题具有内在的逻辑关系。在固有显著性从强到弱的逐步区分层级中，通用名称属于最弱的一个层次，而对通用名称的使用将涉及商标合理使用，因此，两者具有逻辑上的重合，属于对同一问题不同层面的解读。

〔2〕 参见［英］洛克：《政府论》（下篇），叶启芳、瞿菊农译，商务印书馆1964年版，第18—19页。

〔3〕 ［澳］彼得·德霍斯：《知识财产法哲学》，周林译，商务印书馆2008年版，第58页。

〔4〕 See Prestonettes, Inc. v. Coty, 264U. S. 359（1924）.

止他人使用的权利。

权利不得滥用是民法的一项基本原则，《民法典》对此已有规定[1]。禁止权利滥用也是知识产权法必须遵守的法律原则。根据这一原则，商标权人在行使权利时不得超出商标权设定的正当范围行使或者主张权利，不得凌驾于公共利益之上。基于长时间、大范围地使用，公共领域中的天然符号可以产生脱离于其"自然含义"的"第二含义"。因为"第二含义"的产生，法律上逐渐认可了这种后天取得的商标显著性和识别性。但是，如果权利任由商标权人行使，则因其与生俱来的逐利性，必然会损害公共利益，从而违背建立知识产权制度的初衷。因此，行使商标权应限于其识别范围，当超过此范围而损害公共利益和公共领域之时，则构成对商标权的滥用，为法律所禁止。同样地，如果他人基于自身合理需要使用公共领域中的天然符号，或者基于指示自己商品来源或者服务对象而使用他人注册商标，则构成商标合理使用，不应为法律所禁止。

2. 公平正义价值之要求

洛克认为，如果劳动者在公共资源或者公共土地上通过自身劳动获得了劳动果实，那他仅就这些劳动果实可以享有财产权，对于利用的公共资源不应予以占有。[2]简言之，"一个人不能从共有物中取走超出其能够充分利用的那部分"[3]。对于商标制度而言，商标法只保护商标权人通过"使用"劳动获得的"企业商誉"（"第二含义"），而作为天然符号的"自然含义"

[1] 《民法典》第132条明确规定："民事主体不得滥用民事权利损害国家利益、社会公共利益或者他人合法权益。"

[2] 参见胡朝阳：《知识产权的正当性分析：法理和人权法的视角》，人民出版社2007年版，第169页。

[3] ［澳］彼得·德霍斯：《知识财产法哲学》，周林译，商务印书馆2008年版，第54页。

（"第一含义"）应当保留在公共领域，为人们自由使用。[1]如果仅因为商标获得注册受到法律保护，就将对该标志"第一含义"的使用纳入商标权人的专属领域，则不仅误读了商标权，也非法律公平正义之立法本意。

"先满足最重要的和需要优先考虑的利益，然后使其他的利益最少牺牲"[2]一直是法律所追求的平衡目标。商标法通过创设商标合理使用规则，一方面将属于公共资源的地名、姓名、通用名称、商品特点等描述性词汇保留在公共领域，保证人们可以在"第一含义"上自由使用它；另一方面通过对商品来源或者服务对象的有效披露，保障消费者和公众的知情权，有效实现商标资源在商标权人与其他利益主体之间的公正分配。亦即，知识产权法通过确定知识产权人和公众的权利义务实现社会分配的公平正义，有效建立知识产品的创造、流转和使用秩序，并最终实现法律的公平正义。[3]商标合理使用，既是公平、合理分享社会资源，实现商标法正义价值的手段，又是实现商标法公共利益目标、构建商标权公共领域的基石。

3. 平衡各方利益之所需

根据洛克的劳动财产权论，描述性词汇即使被注册为商标，商标权人也不能限制其在"第一含义"上使用。但在实践中，很多商标权人基于利润最大化的诱惑或者市场竞争的考虑，不仅主张对商标的"第二含义"——商标商誉——享有独占权，还企图垄断商标的"第一含义"——原本属于人类共同享有的

---

〔1〕 参见黄汇："商标权正当性自然法维度的解读——兼对中国《商标法》传统理论的澄清与反思"，载《政法论坛》2014年第5期。

〔2〕 袁咏："数字著作权"，载郑成思主编：《知识产权文丛》（第二卷），中国政法大学出版社1999年版，第12页。

〔3〕 参见冯晓青："知识产权法利益平衡原理论纲"，载《河南省政法管理干部学院学报》2004年第5期。

符号语言，导致商标权人利益与社会需求的矛盾不断激化，利益失衡的现象不断加剧。

商标合理使用是平衡权利人利益与公共利益、保护私权与有序竞争的迫切需要。首先，它通过允许经营者善意、正当使用商标的"第一含义"，防止商标权人滥用权利而长期处于垄断地位，保证了公共领域的存在和发展。其次，它保障消费者的知情权，使与商品或者服务相关的信息得以披露，不会导致消费者误买误判，从而化解了私益与公益的冲突，实现了法律关系中各方主体的微妙平衡，使得法律关系中的各方主体如同行驶在道路上的汽车，各自朝着不同的方向有序前进。正因如此，商标合理使用才成为世界各国商标法中通行的例外规则，成为司法实践中平衡利益的有效手段。

（二）立法的缺失与司法的困境

通过对我国商标合理使用现有制度和司法实践的考察，不难发现，其面临立法的缺失与司法的困境两方面问题。

1. 商标合理使用的现有制度评析

我国《商标法》第 59 条第 1 款采用列举式立法模式确定了商标合理使用的法律规定。通过仔细分析该条文，可以发现其至少存在以下两方面问题：

第一，列举式立法模式无法涵盖描述性合理使用的所有情形。该条文仅规定了描述性合理使用中的部分情形[1]，然而处于公共领域的天然符号众多，上述条文列举的描述性词汇似乎仅为其中一部分，遗漏了一些常见的描述性词汇。而且，列举方式也无法涵盖描述性合理使用的所有情形。

---

　　〔1〕　该条文仅规定了描述性合理使用中对商品通用名称、图形、型号的正当使用，或者商品的质量、主要原料、功能、用途、重量、数量等特点的正当使用，又或者是地名的正当使用。

第二，未明确商标合理使用的另一种类型——指示性合理使用。前文已述，除描述性合理使用外，学理通说认为商标合理使用还包括指示性合理使用。特别是在生产经营活动中，如商品零部件、配件的销售指示商品用途或者服务对象的情形较为常见。立法的缺失导致出现此类案件时，法官难以援引明确的法律规定，不能及时有效地解决纠纷。特别是当前商标民事侵权纠纷案件呈现出快速增长的趋势，[1]商标法中的立法漏洞会使法官陷入"巧妇难为无米之炊"的境地，使涉及商标合理使用的司法判定成为实践中的一个难点。目前，相关的司法案例已经出现，司法实践的情况亦印证了上文的分析结论。

2. 商标合理使用的司法运行现状及实践审视

在纷繁复杂的商标民事侵权纠纷中，在被诉侵权人不享有在先权利的情况下，商标合理使用往往成为其主张不侵权的主要理由。[2]此时，涉案标志是在商标意义上的使用，还是以描述或者指示为目的进行的合理使用，往往成为法庭争议的焦点。司法实践中主要存在以下几种商标合理使用行为：

第一，对商品通用名称的使用。通用名称多来源于法律、标准或者传统文化，具有社会性和公共性，因此显著性较弱，

---

[1] 2017年我国商标注册申请量达574.8万件，较2016年同比增长55.7%。参见刘长忠："2017年中国商标注册申请量574.8万件 同比增长逾五成"，载中国新闻网，http://www.chinanews.com/cj/2018/01-18/8427846.shtml，最后访问日期：2019年3月17日。2017年我国各级法院受理的商标民事一审案件达37 964件，较2016年同比上升39.58%。参见沈荣："'知产宣传周'开启 知识产权司法保护白皮书和十大知识产权案件同时公布"，载 http://www.court.gov.cn/zixun-xiangqing-91462.html，最后访问日期：2019年3月17日。

[2] 在中国裁判文书网中，限定检索时间为2010年1月1日至2017年12月31日，限定案件类型为民事一审案件，输入检索关键字"商标+合理使用"，显示的案件有767件，输入检索关键字"商标+正当使用"，显示的案件有576件，表明司法审判中，商标合理使用常常成为商标民事侵权纠纷的抗辩事由。参见中国裁判文书网：http://wenshu.court.gov.cn/index，最后访问日期：2019年3月17日。

一旦被申请注册为商标，其受保护的范围就要受到一定限制。例如，在前述鲁锦公司诉礼之邦公司等侵害商标权及不正当竞争纠纷案[1]中，法院认为"鲁锦"属于由历史传统等形成的商品通用名称，原告不能禁止其他善意的生产者、经营者为表明产品的面料而正当使用"鲁锦"文字。实践中还有一种特殊情形，即原本注册商标具有显著性，但由于使用不当或者其他市场因素，商标的显著性淡化、退化甚至丧失，从而演变成为商品的通用名称。金穗公司诉本乡玉公司侵害商标权纠纷案[2]就是一个很好的例证。在该案中，"雪花"文字加图形是原告的注册商标，被告在生产的面粉上使用了"雪花"文字，原告便将其诉诸法院。法院审理后指出，"雪花粉"是生产厂家在制作过程中根据顾客的要求所做的进一步改良，经过多年的发展，"雪花粉"已深受广大用户喜爱，成为特定品质面粉的通用名称，代表了面粉的质量，因此，原告无权禁止其他人为了表示面粉的质量而使用"雪花"文字。据此，法院驳回了原告的诉讼请求。由于商标显著性退化而成为商品通用名称的，还有"84 消毒液""U 盘""吉普"等例证。虽然这些商标最初具备显著性，可以用来区分商品或者服务的来源，但是当其退化成为商品通用名称后，就进入了公共领域，可以被他人合理使用。

第二，对地名的使用。[3]当经营者为了指示商品的来源地或者加工地而使用地名时，商标权人无权予以限制。在联友厂诉柏代娣侵害商标权纠纷案[4]中，被告经营的饭店位于茅山风

---

〔1〕　参见山东省济宁市中级人民法院（2007）济民五初字第 6 号民事判决书，山东省高级人民法院（2009）鲁民三终字第 34 号民事判决书。

〔2〕　参见北京市第一中级人民法院（2003）一中民初字第 1004 号民事判决书。

〔3〕　表现为地名经常被经营者用来表述自己商品的产地或者风味特色。

〔4〕　参见江苏省镇江市中级人民法院（2003）镇民三初字第 021 号民事判决书、江苏省高级人民法院（2004）苏民三终字第 3 号民事判决书。

景区，其在生产的老鹅等食品上使用了原告享有商标权的"茅山"文字，原告据此提起侵权诉讼。被告抗辩称：茅山属于地名，其使用"茅山"文字是为了标明产品产地，并且在"茅山"商标申请注册之前就已经开始使用"茅山"文字，主观上并不具有侵害"茅山"商标权的恶意。最终，法院支持了被告的抗辩。法院认为，被告对"茅山"文字的使用系对地名的使用，是为了标明产地，而非将"茅山"作为商标使用，属于正当使用。但需要指出的是，对地名商标的合理使用应当有所限制，仅局限于地名所在区域的主体，超出这一范围则有欺骗的嫌疑，不能构成合理使用。如在白市驿公司诉玉炳公司侵害商标权纠纷案[1]中，法院认为被告的住所地不在白市驿，不能合理使用这一地名，特别是被告曾因为生产侵权板鸭而被法院判令停止生产和销售。在此情况下，被告继续在板鸭产品的包装袋上突出使用"白市驿"文字，其主观上具有傍名牌、搭便车的恶意，不存在合理使用的基础。

这两起案件的启示是，在处理涉及地名商标案件时，要做到既对商标权人予以一定的限制，同时又不会不合理地侵害商标权。这就要求对于地名商标，商标权人不得限制他人在非商标意义上使用，以免损害公共利益。同时，其他经营者在使用地名时也不得具有主观恶意，超出地名标示的区域，或者超过正当、合理使用的限度。

第三，对商品特点、功能等的使用。对于商品质量、主要原料、功能、用途、重量、数量、特点等描述性词汇的合理使用，司法实践中也存在大量案例。在"沭阳芝麻香"[2]

---

〔1〕 参见重庆市高级人民法院（2005）渝高法民终字第 90 号民事判决书。

〔2〕 参见江苏省高级人民法院（2014）苏知民终字第 0109 号民事判决书、最高人民法院（2015）民申字第 2972 号民事裁定书。

"LONGLIFE"〔1〕"肠清茶"〔2〕等商标侵权案件中，法院都表明了同样的观点，即当对商品特点、功能的描述与商标专用权发生冲突时，如果使用者对上述词汇的使用仅是一种非标志性的使用，即为了表明商品的功能和特点，则此种使用不应为法律所禁止。既然法律允许商标权人将描述性词汇在获得"第二含义"时申请注册为商标，就无权阻却他人在描述性词汇的本义（"第一含义"）上使用，否则势必限制他人公平合理地使用公共资源。

与此同时，司法实践也反映出商标合理使用范围存在一些亟待完善和解决的问题：

第一，描述性合理使用的扩张趋势。"商标的注册人或持有人不能将某一描述性的短语作为其独占使用的权利加以限定，从而剥夺他人对其商品进行准确描述的权利"〔3〕是描述性合理使用的立法本意。但目前我国《商标法》仅列举了部分描述性合理使用的情形，司法实践已出现不少对姓名、企业名称、时间、商品包装、系列或款式名称等描述性词汇的合理使用需求。

其一，对姓名、企业名称合理使用规则的现实需求。在北京庆丰包子铺诉济南庆丰公司侵害商标权及不正当竞争纠纷案〔4〕中，成立于1982年的北京庆丰包子铺拥有多个庆丰商品和服务商标。被告自2009年成立以来迅速在山东开设了多家餐厅，并

---

〔1〕　参见山东省青岛市中级人民法院（2011）青知民初字第585号民事判决书、山东省高级人民法院（2012）鲁民三终字第80号民事判决书。

〔2〕　参见吉林省长春市中级人民法院（2008）长民三初字第106号民事判决书、吉林省高级人民法院（2010）吉民三知终字第1号民事判决书、最高人民法院（2011）民提字第60号民事判决书。

〔3〕　邱进前："美国商标合理使用原则的最新发展：The Beach Boys 一案评析"，载《电子知识产权》2005年第5期。

〔4〕　参见山东省高级人民法院（2014）鲁民三终字第43号民事判决书、最高人民法院（2016）最高法民再238号民事判决书。

以"庆丰"作为其企业字号在公司网站和餐厅中使用。原告以被告的行为容易造成相关公众的混淆误认,构成商标侵权和不正当竞争为由,提起本案诉讼。案件审理中,被告抗辩称:对"庆丰"的使用,既是对公司法定代表人徐庆丰姓名的合理使用,也是对公司字号的合理使用。对此,二审法院与最高人民法院的观点存在不同认识。二审法院认为,被告的企业名称中含有"庆丰"二字,被告在提供服务或者进行宣传时使用"庆丰"二字,属于对企业名称简称或字号的合理使用,不构成商标侵权。最高人民法院再审认为,虽然被告的法定代表人徐庆丰的姓名中含有"庆丰"二字,其可以在经营活动中合理使用自己的姓名,但这种使用不得违反诚实信用原则。徐庆丰曾经在原告处工作,知道原告的商标,加之原告商标在全国范围具有较高的知名度,因此,被告突出使用"庆丰"二字不属于对姓名的合理使用。本案中,尽管两级法院对于是否构成姓名或企业名称的合理使用存在不同看法,但都认为姓名和企业名称可以成为合理使用的对象。只是在合理使用的裁量中,最高人民法院着重考量了被告的主观使用意图和使用行为的正当性。

虽然姓名、企业名称的合理使用需要法官依据个案的情况作出具体判定,但不容置疑的是,此类合理使用及其判断标准的缺失,无疑加剧了上下级法院观点矛盾、裁判结果不一致。而且,有研究表明,对企业名称的合理使用在所有商标合理使用中占比较大。[1]此外,对于是否属于合理使用,不仅要看使用的方式,也要进一步考虑使用人的主观恶意以及相关公众的认知。因此,立法有必要回应现实对于姓名、企业名称合理使

---

〔1〕 根据薛斯佳的统计,在其广泛挑选的 50 个商标合理使用典型案例中,有 16 件涉及企业名称的合理使用,占比达到 32%。参见薛斯佳:"商标合理使用理论问题研究——以 50 个典型案例判决为研究视角",华东政法大学 2010 年硕士学位论文。

用的需求。

　　其二，商品包装、系列、款式名称合理使用规则的欠缺。在"青花"商标系列纠纷案件中，涉案商标是酒商品上的"青花"图文商标，原告以被告生产、销售的涉案白酒商品及外包装上使用"青花窖藏""青花典藏"等文字侵害"青花"商标权为由，在江苏省内的无锡、泰州、常熟等地提起了多件商标侵权诉讼。在基本相同的案情下，各个法院的裁判理由和裁判结果却截然不同。泰州市中级人民法院一审认为"青花"为涉案商标的主要识别部分，涉案白酒上使用的"青花典藏"文字与"青花"商标构成近似，属于商标性使用，构成商标侵权。[1]江苏省高级人民法院则在二审中同时以被告行为构成描述性合理使用和两标志不构成近似为由予以改判。江苏省高级人民法院指出：一方面，被告在酒瓶及外包装上使用的文字属于描述性使用，指代了白酒的包装、系列；另一方面，涉案商标为文字、拼音加图形的组合商标，图形为其显著识别部分，被告使用的标志与之不相同也不近似。[2]苏州市中级人民法院则认为"青花"不属于涉案商标的显著识别部分，比对时仍应当以图文商标整体作为比对的基础，因此认定"青花窖藏"文字与涉案商标不近似，判决驳回原告的诉讼请求。[3]最高人民法院在再审裁定中以被告对"青花"文字的使用是对以青花瓷瓶盛装白酒以及白酒系列或款式名称的一种描述性使用，构成正当使用为由，驳回原告的再审申请。[4]

　　本书无意探讨上述裁判对错。裁判规则适用与裁判结果的

---

　　〔1〕　参见江苏省泰州市中级人民法院（2015）泰中知民初字第00074号民事判决书。

　　〔2〕　参见江苏省高级人民法院（2016）苏民终305号民事判决书。

　　〔3〕　参见江苏省苏州市中级人民法院（2016）苏05民终674号民事判决书。

　　〔4〕　参见最高人民法院（2017）最高法民申4380号民事裁定书。

差异充分说明：首先，商标法中缺乏对商品包装、系列、款式名称等描述性词汇合理使用的规定，现实却有对其合理使用的需求。其次，裁判规则的不清晰、不明确导致裁判理由和判决结果的不一致，极大地损害了司法权威，亟待立法对描述性合理使用的构成要件予以明确。

其三，概括加列举立法模式的客观需要。还有一些描述性词汇也未涵盖在当前的商标法规定中。以"珠江啤酒""珠江钢琴"为例，"珠江"作为符号，原本指广东省境内的一条河流，之后被经营者借来指代其生产的啤酒、钢琴，但经营者并不能禁止他人合理使用作为第一含义的"珠江"。再如，"双十一"虽为阿里巴巴公司的注册商标，但是其并不能限制其他商家将"双十一"作为时间和节日使用。类似的案例还有"熊猫"牌香烟，作为中国国宝动物的"熊猫"是该词的"第一含义"，即使经营者通过广泛、持续使用而使该词获得显著性，成为一款香烟品牌，也不得禁止他人在"第一含义"上自由使用。

可见，描述性词汇范围广且无法穷尽。当前我国商标法所采用的列举式规定内容极其有限，应当予以补充并加以概括，以适应不断发展的生产经营需要，否则，一旦实践中出现《商标法》第 59 条第 1 款未曾列举的情形，我国现行商标法律制度将无法应对。可能有人会认为，增加列举相关词汇即可解决该问题，但如果将来又出现立法之外的新情形，则可能会导致法律适用的困难，并又需以法律的修订将其完善，而频繁地修订法律也会损害法律的权威性。这说明商标合理使用的列举立法模式已难以适应社会实践的不断发展变化。

第二，指示性合理使用的缺失。一般来说，第三人不得随意使用他人的商标。但是在某些特定情况下，第三人如果不使用他人商标，就很难指示特定的商品或者服务。此时应当允许第三人善意合理使用。该种使用不会构成对商标权人的侵害，但可以为不特定公众保留基于合理使用而形成的公共领域。

关于商标指示性合理使用，虽然我国立法层面未予明确，但实践中，特别是在零配件、消耗性产品的生产销售上出现了不少类似案件。从生产滤清器的公司在滤清器产品中使用"FORVOLVO""FORCATERPILLAR"文字构成侵权，到展进贸易公司在淘宝网上为销售油漆使用"NipponPaint 立邦漆"不构成商标侵权，再到"联想"电脑的经销商使用"Lenovo 联想"商标被认定侵权，法院对于是否构成指示性合理使用给出了不同的答案。

在"NipponPaint 立邦漆"商标侵权纠纷案[1]中，法院认为，被告在淘宝网店销售了不同品牌的油漆，既包括立邦漆，也包括其他品牌的油漆，因此，被告这种为指示其所销售的商品品牌而使用立邦公司"NipponPaint 立邦漆"商标的行为，不构成商标侵权。而在"Lenovo 联想"商标侵权纠纷案[2]中，法院的结论却不尽相同。法院指出，被告作为"联想"电脑的经销商，可以以"本店销售联想电脑"这种合理方式去指示商品品牌和来源，但是其大量使用、突出使用涉案商标，容易使人误认为两者存在某种特定商业关系，故此行为不构成合理使用。在此案中，法院对指示性合理使用的使用方式和主观意图有了更明确的限制，即使用方式应当限制在必要且合理的限度内，达到说明商品来源即可，而不能使消费者混淆误认。

在"以纯"商标侵权纠纷案中，指示性合理使用问题再次成为案件的争议焦点。原告以被告在网店中使用"以纯正品""以纯专柜正品"等标志侵害其商标权为由，在全国各地提起多

---

〔1〕　参见上海市徐汇区人民法院（2011）徐民三（知）初字第 138 号民事判决书、上海市第一中级人民法院（2012）沪一中民五（知）终字第 64 号民事判决书。

〔2〕　参见江苏省高级人民法院（2014）苏知民终字第 142 号民事判决书。

起侵权诉讼。诉讼中，被告抗辩称其销售的衣服均为以纯正品，其在商品名称中使用"以纯"文字是对该商品属性的描述，属于商标合理使用，不构成侵权。在案情类似的情况下，全国各地法院却出现了不同的判决结果。有些法院支持了被告的抗辩，认为被告的行为是为了指示其所销售的商品品牌信息，属于指示性使用，不构成侵权[1]；有些法院则从举证责任的角度认定被告行为构成侵权，其理由是被告不能证明商品具有合法来源[2]；还有些法院围绕应当由原告举证证明是侵权商品，还是由被告举证证明其销售的商品来源于正品作出了不同的举证责任分配，进而得出不同的判决结果。[3]

如前所述，指示性合理使用与描述性合理使用相比，在使用方式、使用内容、法律特征等方面均存在较大差异，应当分别予以规定。当前指示性合理使用规则及其构成要件的立法缺位，已经引发司法实践中法官被迫扩张司法裁量权、类似案件裁判标准和裁判结果不统一等问题，有必要予以明确和澄清。

（三）商标合理使用的国际经验

无论是《TRIPs 协议》，还是美国、欧盟等的商标法律制度，其中都有商标合理使用的明确法律依据，并且通常也对两种合理使用加以区分和判断。

1. 描述性合理使用

（1）《TRIPs 协议》。《TRIPs 协议》第 17 条有关商标侵权

---

〔1〕 参见浙江省杭州市余杭区（市）人民法院（2013）杭余知初字第 113 号民事判决书、浙江省杭州市中级人民法院（2014）浙杭知终字第 80 号民事判决书。

〔2〕 参见江苏省如皋市人民法院（2014）皋知民初字第 0108 号民事判决书、江西省景德镇市中级人民法院（2014）景民三初字第 1 号民事判决书、河南省信阳市中级人民法院（2014）信中法民初字第 13 号民事判决书。

〔3〕 参见辽宁省辽阳市中级人民法院（2014）辽阳民三初字第 9 号民事判决书、辽宁省高级人民法院（2014）辽民三终字第 00223 号民事判决书。

例外的规定是商标合理使用的国际法依据,〔1〕我国作为世界贸易组织成员应予遵守。该规定没有对商标侵权例外的情形详细列举或者定义,只以"如合理使用描述性词语"这一举例方式对商标侵权例外作出说明,即《TRIPs协议》事实上允许世界贸易组织成员在国内法中规定商标权例外,并且没有限制商标侵权例外的内容,给予各成员一定的自主权。但同时亦指出,这种商标侵权例外是"有限度"的,必须考虑商标所有权人和第三方的合法利益。可见,该规定兼具原则性与灵活性,而其中的原则也是我国制定商标合理使用规则的重要国际法依据。

(2)美国。商标合理使用规则来源于美国,并在美国的司法实践中不断丰富和发展。美国的描述性合理使用主要通过成文法方式确定。《兰哈姆法》第1115条(b)款第4项采用概括加列举的方式,对描述性合理使用作出规定。该规定将商品商标和服务商标实践中常见的对姓名、名称、图形的正当使用以列举的方式予以描述,同时又以"具有描述性的术语或图形的使用,不被视为商标侵权"予以概括,清楚、全面地对描述性合埋使用作出规定。此后,在The Beach Boys案中,美国法院对描述性合理使用的构成要件进一步阐明了观点。该案中,The Beach Boys组合注册了以其组合名称为内容的商标,并交由Brother Records,Inc.(以下简称"BRI公司")管理。在The Beach Boys组合解散后,作为曾经成员之一的Jardine,在未得到BRI公司授权的情况下,使用组合的名字进行宣传和演出。案件审理中,Jardine提出商标合理使用抗辩。法院指出,如果被告是在"第一含义"上使用,且出于善意和合理,那就符合描述性合理使用的情形。但本案中,Jardine并非在"第一含义"

〔1〕《TRIPs协议》第17条规定:"各成员对商标所授予的权利可规定有限的例外,如合理使用描述性词语,只要此类例外考虑到商标所有权人和第三方的合法利益。"

上使用组合名称，因此不构成描述性合理使用。由此，该案也明确了描述性合理使用的三个构成要件：一是为描述自己的商品或者服务而使用；二是属于善意、合理的使用；三是该使用是描述性的而非商标意义上的使用。[1]这一案件也得以说明美国法院对于社会公共利益的倾向保护。[2]

（3）欧盟及其成员国。欧盟也有关于描述性合理使用的规定，主要体现在《欧洲共同体商标条例》第 12 条（a）款和（b）款[3]以及各成员国的成文法中。《欧洲共同体商标条例》特别提及商标合理使用必须符合工商业务诚实惯例，这一点虽与《TRIPs 协议》、美国《兰哈姆法》中的具体表述不同，但都属于对使用者主观意图以及具体行为方式作出的要求，其实质内容是一致的。德国[4]、法国[5]、英国[6]等欧洲国家也均

---

〔1〕 参见邱进前："美国商标合理使用原则的最新发展：The Beach Boys 一案评析"，载《电子知识产权》2005 年第 5 期。

〔2〕 See J. Thomas McCarthy, *McCarthy on Trademarks and Unfair Competition*, 4th ed., Clark Boardman Callaghan, 2006.

〔3〕 《欧洲共同体商标条例》第 12 条（a）款和（b）款规定："在符合工商业务诚实惯例的条件下，商标权人无权制止第三方在贸易过程中使用自己的名称或地址，或者有关品质、质量、数量、用途、价值、产地名称等特点的标志。"

〔4〕 《德国商标和其他标志保护法（商标法）》第 23 条规定："商标或商业标志。所有人应无权禁止第三方在商业活动中使用下列标志，只要这种使用不与普遍接受的道德原则相冲突：①其名称或地址；②与该商标或商业标志相同或近似，但与商品或服务的特征或属性，尤其是与其种类、质量、用途、价值、地理来源或商品的生产日期或服务提供日有关的标志……"

〔5〕 《法国知识产权法典（法律部分）》第 L713-6 条规定："商标注册并不妨碍在下列情况下使用与其相同和近似的标记：（a）作为公司名称、厂商名称或牌匾，只要该使用先于商标注册，或者是第三人善意使用其姓氏。但是这种使用行为损害注册人权利的，注册人可要求限制或禁止其使用……"

〔6〕 《英国商标法》第 11 条第（2）款规定："下列行为未构成对注册商标的侵权，条件为这种使用是根据工商事务中的诚实原则进行的：（a）一个人使用自己的名字和地址，（b）使用关于种类、质量、数量、用途、价值、地理来源、商品生产或服务提供日期或商品或服务的其他特点的说明……"

有类似描述性使用不侵犯商标专用权的规定，这些规定也普遍将姓名、企业名称、时间等纳入其中。

2. 指示性合理使用

（1）《TRIPs 协议》。《TRIPs 协议》第 17 条虽未明确将指示性合理使用的内容纳入，但如前所述，该条文具有一定的灵活性，并未限制各成员在国内法中创设其他类型的商标侵权例外。

（2）美国。美国法中许多法律规则是通过判例的形式予以规定和明确的，指示性合理使用就是其中之一。美国曾有这样一个案例，有两个公司做了一个市场喜爱度调查，其中使用了 New Kids on the Block 组合的名称和照片。该组合发现后起诉两公司，认为其未经许可并且未支付费用使用了组合的商标。在该案中，法院明确了指示性合理使用需要满足三个条件：其一，该商品或者服务必须是不使用该商标就不容易被识别的；其二，仅在识别该商品或者服务所必需的合理范围内使用该商标；其三，使用者不得暗示其获得商标权人的赞助或者许可。最终，法院判决两公司属于合理使用，不构成侵权。[1]此后，虽然美国法院和学者一度将"使用行为不会造成混淆"增加作为指示性合理使用的构成要件，[2]但是经过司法实践的不断检验，美国法院已经修正了该意见。美国联邦最高法院在 KP 案中明确指出，"混淆可能"不是商标合理使用的障碍。此后，其他法院也纷纷表明和坚持了这一观点。[3]至此，美国法院关于指示性合

[1] See New Kids on the Block v. News America Pub., Inc., 971F. 2d302 （9th Cir. 1992）.

[2] See Chad J. Doellinger, "Nominative Fair Use: Jardine and the Demise of a Doctrine", 1 *Northwestern Journal of Technology and Intellectual Property* 67 （2003）. Brothers Records, Inc. v. Jardine, 318F. 3d 900 （9th Cir. 2003）.

[3] See Century 21 Real Estate Corp. v. Lendingtree, Inc., 425 F. 3d. 211 （3rd Cir. 2005）. Hensley Mfg. v. ProPride, Inc., 579F. 3d 603 （6th Cir. 2009）.

理使用的裁判标准终于尘埃落定。这一经过司法实践反复研究和考证的裁量标准值得我国立法时参考借鉴。

（3）欧盟及其成员国。欧盟及其成员国对于指示性合理使用的规定也体现在成文法中。《欧洲共同体商标条例》第 12 条（c）款规定了指示性合理使用行为，并且强调第三方使用他人商标必须基于善意。[1]这一要求与描述性合理使用的规定是一致的。德国[2]、法国[3]、英国[4]在其成文法中也规定了指示性合理使用的相关内容，并且与描述性合理使用一样，都强调使用者的行为必须基于善意、符合诚信原则。

3. 国际经验之启示

通过对《TRIPs 协议》以及美国、欧盟等的商标合理使用规则的仔细分析，可以得出以下启示：一是从类型上看，通常对描述性、指示性两种合理使用类型分别规定。如美国在成文法中规定描述性合理使用，并通过判例法进一步发展和完善相关法律规则。对于指示性合理使用，则主要是通过判例法来规定。欧盟则以同一条文的不同款项对两种合理使用分别作出规

〔1〕《欧洲共同体商标条例》第 12 条（c）款规定："在符合工商业务诚实惯例的条件下，共同体商标权人无权禁止第三方在贸易过程中使用需要用来表明商品或服务用途的标志，特别是用来表明商品零部件用途的商标。"

〔2〕《德国商标和其他标志保护法（商标法）》第 23 条规定："商标或商业标志所有人应无权禁止第三方在商业活动中使用下列标志，只要这种使用不与普遍接受的道德原则相冲突：……③必须用该商标或商业标志表示一个产品或服务的用途，尤其是作为附件或配件。"

〔3〕《法国知识产权法典（法律部分）》第 L713-6 条规定："商标注册并不妨碍在下列情况下使用与其相同和近似的标记：……（b）标注商品或服务尤其是附件或零部件的用途时所必需的参照说明，只要不导致产源误认。但是这种使用行为损害注册人权利的，注册人可要求限制或禁止其使用。"

〔4〕《英国商标法》第 11 条第（2）款规定："下列行为未构成对注册商标的侵权，条件为这种使用是根据工商事务中的诚实原则进行的：……（c）当有必要说明某一产品或服务的用途（尤其是附件和备用件）时。"

定。作为国际法依据的《TRIPs 协议》仅对商标侵权例外作出原则性规定，并未限制各成员创设不同类型的商标合理使用。二是从构成要件上看，各国在规定商标合理使用时都强调使用者的主观意图应当是善意的，并且符合诚实信用原则和商业惯例。如美国强调"公正善意"，欧盟、英国强调要"符合工商业务诚实惯例"，德国强调要遵守"普遍接受的道德原则"。《TRIPs 协议》第 17 条虽然规定得比较灵活，但也特别明确商标侵权例外需要考虑"商标权人和第三方的合法利益"。

商标合理使用对于保留公共领域，实现商标权人利益和社会正当需求之间的和谐有序，化解资源共享和权利独占之间的矛盾，发挥了重要作用。随着市场经济的快速发展和商标价值的与日俱增，社会实践已反映出对商标合理使用的广泛迫切需求。但是我国目前商标法的相关规定并不完善，司法实践也没有形成统一的裁判尺度，造成了冲突与困惑并存的现实状况。因此，有必要在《TRIPs 协议》所确立的考虑"商标权人和第三方合法利益"的原则下，借鉴欧美等发达国家的立法经验，并结合我国的国情，对商标合理使用规则予以完善。

三、商标权利用尽与公共领域

商标权利用尽是指商标产品经商标权人或经其同意的被许可人以合法的方式销售或者转卖后，商标权人不再享有商标权，无权禁止他人在市场上再次销售或使用该产品。[1]商标权利用尽对于保障商品流通、保护消费者利益、促进贸易自由化和一体化具有积极作用，是从社会公共利益出发对商标权人设定的一种限制。商标权利用尽在对商标专有权进行限制的同时，

---

〔1〕　参见熊敏琴："浅析商标权权利用尽原则"，载《电子知识产权》2003 年第 1 期。

也为不特定公众搭建了一个合理使用的空间，即通过权利限制形成的公共领域。当前，我国关于商标权利用尽的理论不清，一定程度上导致了司法实践的模糊不清，有必要加以研究和完善。

（一）商标权利用尽的三种解读及对平行进口行为的影响

关于商标权利用尽的范围，主要包括三种不同观点：一是国内用尽。这种情形是指商标产品首次投放市场后，商标权人不能限制该产品在国内再次销售或者使用[1]，即如果他人将该产品进口到他国，则商标权未用尽。二是区域用尽。主要指向各种团体及组织所在的区域，实践中多指向欧盟。这种观点认为对于投放在欧盟区域内的产品，只要投放行为发生在各成员国，即权利用尽，但如果投放在欧盟区域外，则商标权未用尽。[2]可见，该理论旨在促进、鼓励货物在欧盟成员国之间的流通和贸易。三是国际用尽。这种理论强调只要在全球任何一地市场投放了商标产品，商标权即告权利用尽。[3]根据该理论，将商标产品进口到该国不构成对该国商标权的侵权，权利人无权阻止。

司法实践中，平行进口案件往往涉及商标权利用尽的适用。换言之，如果依据国内用尽，则平行进口行为构成商标侵权，而依据国际用尽，则会得出相反的结论，即不构成商标侵权。权利用尽的地域范围不明确，导致对于平行进口行为的定义也多带有一定的倾向性。具体来说，主要包括否定定义及中性定义等。否定定义如未经相关知识产权人授权，将由权利人自己

---

〔1〕 参见尹锋林：《平行进口知识产权法律规则研究》，知识产权出版社2012年版，第1页。

〔2〕 参见尹锋林：《平行进口知识产权法律规则研究》，知识产权出版社2012年版，第1页。

〔3〕 参见王心阳："电商时代商标平行进口的合法性分析（上）"，载《电子知识产权》2016年第1期。

或经其同意的投放特定市场的产品，向知识产权人或独占被许可人所在国或地区的进口[1]；或者在国际贸易中，第三者未经商标权人或商标被许可人的许可，进口销售合法使用注册商标商品的行为[2]。中性定义如本国特定商标的权利人将使用该商标的商品首先投入国外市场，他人将此商品进口到本国的行为。[3]无论何种定义，平行进口行为的特征皆可归纳为：①合法手段取得，而非非法渠道获取；②属于合法途径制造的正牌商品，而非假冒产品；③进口国有相关的商标权；④属于进口国权利人未同意的进口行为。[4]

（二）缺乏共识的裁判标准

对于平行进口是否构成商标侵权，我国司法实践大致经历了如下三个发展阶段，形成了三种不同的裁判标准。

1. 不认可平行进口行为

早在1992年，我国就出现了商标产品平行进口的案件，最典型的案例是LUX香皂商标侵权纠纷案[5]。该案中，海关查扣了一批侵害LUX商标的香皂。法院审理后认为，这批从泰国进口的香皂侵犯了联合利华公司在我国的商标专用权，判决被告赔偿5万元。该判决引起了社会各界对于商标权利用尽问题的讨论。类似的判决还有UGG商标侵权纠纷案[6]。原告系

---

〔1〕　参见王春燕：《平行进口法律规制的比较研究》，中国人民大学出版社2012年版，第4页。

〔2〕　参见曲三强：《知识产权法原理》，中国检察出版社2004年版，第590页。

〔3〕　参见黄晖、黄义彪："略论与平行进口有关的商标侵权行为"，载《今日财富（中国知识产权）》2010年第8期。

〔4〕　参见张永艾："知识产权法中的权利穷竭原则"，载《山东师范大学学报（人文社会科学版）》2003年第4期。

〔5〕　参见广东省广州市中级人民法院（1999）穗中法知初字第82号民事判决书。

〔6〕　参见浙江省杭州市余杭区（市）人民法院（2017）浙0110民初16168号民事裁定书。

UGG 商标的权利人，被告在淘宝网上开设了一家专做澳大利亚产品代购的网店，店内展示的多款雪地靴带有 UGG 标志。法院认为被告构成商标侵权，理由是：首先，知识产权具有地域性，涉案产品在澳大利亚可能属于合法产品，但自其从澳大利亚进入中国境内，即应当遵守我国的法律，不得侵害中国商标权人的权利。其次，被告作为专门从事跨境代购业务的代购者，有义务预先审查其提供的国外代购商品是否侵害国内商标权人的权利。最后，原告的涉案商标在中国具有较高的知名度，从被告发布的网店介绍中可以得知，其对澳大利亚本土的 UGG 产品有一定的了解，其应当知道澳大利亚 UGG 产品与原告的 UGG 产品系出自不同的权利人。

2. 有限制地认可平行进口行为

随着国际贸易的发展和司法实践的发展，法院对平行进口行为的态度不断发生变化，呈现出有限制的认可趋势，其中一个典型案例就是 MICHELIN 轮胎平行进口案[1]。该案中，被告销售的轮胎虽为原告正品，但被告在销售时，自行在产品上加注了 Y 级速度级别标志。法院认为，被告将原本不属于 Y 级的轮胎，自行加注 Y 级速度级别标志，容易使相关公众误认误购，因此构成商标侵权。同时法院还指出，涉案产品确属原告生产，且原告也据此获得了相应的经济利益，故最终只判决被告赔偿5000 元。该案被视为我国法院采纳混合模式的标志。所谓混合模式，是指不同于完全的国内用尽或者国际用尽的一种商标权利用尽判断模式。[2]该模式的特点是，以国际权利用尽原则为主，以实质性差异为辅，即允许商标产品平行进口，但当进口

---

〔1〕 参见湖南省长沙市中级人民法院（2009）长中民三初字第 0072 号民事判决书。

〔2〕 参见严桂珍："论我国对商标平行进口的法律对策——兼评长沙 MICHELIN 牌轮胎平行进口案"，载《同济大学学报（社会科学版）》2012 年第 3 期。

产品与国内产品存在实质性差异时，就予以禁止。多数学者对该判决的结论表示认可，对其体现出的实质性差异例外理论亦表示赞同。但有部分学者对该判决 5000 元的赔偿金额表示不认同，其主要理由为实质性差异会导致消费者混淆，而如果消费者混淆，则必然损害权利人的利益，该案中既然已经认定两产品存在实质性差异，会造成消费者混淆，则过低的赔偿金额实质上鼓励了具有实质性差异的平行进口行为。[1]时至今日，混合模式和实质性差异理论已被我国司法实践广为接受，但由于立法缺乏关于实质性差异的相关规定，如何认定实质性差异也成为法庭争议的焦点。司法实践中，还有部分法院另辟蹊径，借鉴商标合理使用等思路间接支持平行进口行为，从而回避了对平行进口表态的问题。如在芬迪公司诉益朗公司等侵害商标权及不正当竞争纠纷案[2]中，一审法院认为益朗公司销售的商品系正牌产品，其销售中使用"FENDI"商标系为了指示商品来源，属于商标合理使用范围，不构成侵权。

3. 完全认可平行进口行为

近年来，随着互联网经济、电子商务以及海外代购模式的飞速发展，电子商务环境下平行进口行为又被推上了风口浪尖，也涌现出一批新类型的案件。全国各地关于经销商起诉淘宝网、京东等电子商务平台售假的商标侵权纠纷案件不计其数。例如，瑞士知名手表品牌欧米茄曾于 2011 年起诉淘宝网，要求淘宝网建立价格过滤机制，对售价低于 7500 元的欧米茄品牌手表予以屏蔽。淘宝网对此抗辩称：网站上销售的价格相对较低的欧米茄品牌手表并非均为侵权产品，不排除是通过海外实体折扣店

---

〔1〕　参见严桂珍："论我国对商标平行进口的法律对策——兼评长沙 MICHELIN 牌轮胎平行进口案"，载《同济大学学报（社会科学版）》2012 年第 3 期。

〔2〕　参见上海市浦东新区人民法院（2016）沪 0115 民初 27968 号民事判决书。

购买的正品手表。电子商务的快速发展也催生了另一种新商业模式——海外代购。海外代购打破了消费者与商品之间的地域阻隔，使消费者足不出户就可以轻松购买到全世界心仪的产品，因此备受消费者的追捧。一些电子商务平台甚至开拓了专职于海外代购业务的板块，如淘宝的全球购、京东的海囤全球、聚美优品的海外购、易趣网的全球集市等。但与此同时，也引发了一些海外代购的商标侵权纠纷案件。在大西洋 C 贸易公司诉四海致祥公司侵害商标权纠纷案[1]中，原告是库斯亭泽品牌啤酒在中国的独家经销商，被告通过合法途径从荷兰进口了一批库斯亭泽品牌啤酒到中国销售，原告遂以被告侵犯其商标权为由提起诉讼。在该案中，法院全面认可了平行进口行为。法院指出，在商标权人首次将商品投放市场后，就已获得了相应的经济回报，因此无权过问也无权禁止他人继续转售相关商品，而且我国的法律也未明确禁止平行进口行为。

（三）裁判冲突引发的问题

通过对现有司法裁判观点的分析，可知法院在审理平行进口案件时，对于商标权利用尽的判断尚未明确和清晰，至少存在以下问题：

1. 商标权利用尽的认定尺度不一、结果缺乏预判

如前所述，当前我国司法实践对于平行进口行为是否构成商标侵权，存在三种不同的认知。在经济全球化进一步加深、"互联网+"经济发展模式不断深入的影响下，平行进口行为频繁地发生，与人们的生活消费息息相关。但是，司法裁判的不统一直接影响了司法的公正性与权威性，也导致无法对平行进口行为进行预判。而且，英国、法国、俄罗斯等国的法律已对

---

[1] 参见北京市高级人民法院（2015）高民（知）终字第 1931 号民事判决书。

此作出明确规定。[1]我国立法有必要尽快明确，是国内用尽、国际用尽，还是有限制用尽，以实现裁判标准的统一。

2. 实质性差异的内涵不清

实质性差异是认定平行进口行为是否构成商标侵权的关键因素，但是我国现行立法并无明确规定，司法实践中也存在不同的认定。反观国外立法，不少国家都已明确这一概念，虽然规定各有不同，但均对实质性差异表明了态度。如美国认为实质性差异一般包括产品的原材料成分、气味、颜色、卡路里、包装、语言、质量保证、内容、保修、用于质量控制的生产批号的差异等。日本的司法实践要求产品的来源相同、质量相同，并禁止产品的重新包装，否则就属于实质性差异。欧盟的司法实践一般认为货物的状态被改变或者损坏，即重新包装，属于实质性差异。事实上，我国学者曾对此问题提出过理论建议，如张今教授指出："第三者转售时不得改变商品原样，不能与其他商品混合，甚至不能重新包装。此外，第三者有义务以显著方式告知消费者商品来源之不同。"[2]因此，我国应当借鉴上述国家的实质性差异理论以及学者的研究成果，尽快在商标立法或者司法解释中明确实质性差异的内涵。

商标权利用尽的判断，一直是商标侵权诉讼特别是平行进口案件中争议不断的问题。适用不同的权利用尽标准对于商标权人和消费者影响巨大，进而对通过权利限制形成的公共领域的边界也会造成重要影响。因此，我国有必要结合国际国内形

---

〔1〕　详见《英国商标法》第 12 条；《法国知识产权法典（法律部分）》第 L.713-4 条；《德国商标和其他标志保护法（商标法）》第 24 条；《俄罗斯联邦商标、服务商标和商品原产地名称法》第 23 条。

〔2〕　张今："论商标法上的权利限制"，载《法商研究（中南政法学院学报）》1999 年第 3 期。

势，对商标权利用尽做出适合中国国情的选择，做到既能促进我国电子商务贸易的自由发展，满足公众对于全球商品的购买需求，又不至于影响国内市场的公平竞争，挫伤国内商标权人维护权利的积极性，从而在保护商标权人利益与满足人们物质文化需要之间实现有效平衡。

第四节　商业秘密保护与公共领域

我国对商业秘密进行保护的时间不长，无论是立法经验还是司法实践，都相对比较欠缺。商业秘密案件中，秘密性判断常常成为法庭内外的争议焦点。秘密性是商业信息能够获得法律保护的基本条件，也是专有领域和公共领域的分界线。当前，司法实践中经常出现各级法院对于秘密性要件审理思路和审理标准不统一，甚至是在同一案件中出现刑事程序和民事程序对是否具有秘密性这一事实认定相悖的情形。这是由商业秘密在立法层面部分立法缺失和规定不完善，以及司法层面案件审判不集中、标准不统一等原因造成的。因此，有必要对商业秘密的立法规定和司法保护现状加以考察，以便更好地确定哪些商业信息符合秘密性规定，纳入专有保护范围，哪些商业信息应当保留在公共领域，成为公众可以自由利用的公知信息。

一、秘密性判断与公共领域

我国关于商业秘密的规定是《中华人民共和国反不正当竞争法》（以下简称《反不正当竞争法》）第 9 条第 4 款，即"本法所称的商业秘密，是指不为公众所知悉、具有商业价值并经权利人采取相应保密措施的技术信息、经营信息等商业信息。"这一规定与《TRIPs 协议》的规定基本一致，即商业秘密应当是具有"秘密性、商业价值和采取了合理保密措施"三要素的商业信息。[1]

秘密性也被称为非公知性。"不为公众所知悉"[2]是商业秘密的法定构成要件之一。从文义解释的角度出发，"不为公众所知悉"至少包括"非普遍知悉"和"非容易获得"两层意思，其中公众的范围主要界定为经营者所属行业的从业人员，"非普遍知悉"是指该行业从业人员一般情况下并不知晓，"非容易获得"即商业信息是经过调查处理、研究开发、分析整理等专业手段且耗费人力和物质资源后才能获得，而且并非一般市面信息粗略整理所得。

商业秘密被认为与知识产权制度中的专利权最接近，但其实两种权利仍然存在巨大差异。首先，商业秘密的秘密性是相对的，商业秘密信息并非为商业秘密持有人所专有，在公平条件下，如自主创造、反向工程或者阅读公共文献所获得的信息并不受商业秘密制度的保护。[3]这一点，是商业秘密区别于专利权之所在。商业秘密制度并非提供专有的信息使用权，而是通过排斥不规范市场竞争行为的方式来保护商业秘密的纯洁性。例如，如果行为人通过反向工程破解了某项技术信息，则其所获得的信息并不构成对技术秘密的侵害；如果行为人是通过反向工程而非技术公开获知了某项专利技术，则其实施该技术仍然构成专利侵权。其次，在保护期限上，商业秘密也与专利权差异明显。与专利权具有固定的保护期限不同，商业秘密的保护不受法定期限限制，秘密性的保持取决于所涉商业信息是否

---

〔1〕　参见《TRIPs 协议》第 39 条之 2 的规定。

〔2〕　2007 年最高人民法院《关于审理不正当竞争民事案件应用法律若干问题的解释》第 9 条第 1 款对此解释为"有关信息不为其所属领域的相关人员普遍知悉和容易获得"。

〔3〕　参见郑友德、钱向阳："论我国商业秘密保护专门法的制定"，载《电子知识产权》2018 年第 10 期。

流入公共领域。亦即，只要商业信息未进入公共领域，不为公众所知悉，其理论上可能永远属于商业秘密。例如，可口可乐的配方自 1886 年诞生以来，已成为商业秘密 130 余年。最后，在保护的范围上，作为公开换保护的专利权，其保护的范围是具体明晰的，并有申请及授权文件作为权利范围的重要参照，但商业秘密的内容则是多变、不稳定的。根据个案的情况，商业秘密持有人可以在不同的案件中主张不同的商业秘密，其中所涉及的商业信息既可以完全相同，也可以相互交叉、存在差异。而且，对于商业秘密的保护范围往往需要个案认定，认定机构的多样性和认定过程的模糊性给执法和司法都带来了极大的不便。

毫无疑问的是，在确定商业秘密保护范围的过程中，秘密性的判断是至关重要的一环，也是专有领域与公共领域的重要分界线。在以往的商业秘密侵权案件中，原告往往主张其掌握的商业信息具有秘密性，而被告则通常抗辩该信息属于公知的信息，即属于欠缺秘密性要件的信息。2007 年最高人民法院《关于审理不正当竞争民事案件应用法律若干问题的解释》第 9 条第 2 款具体列举了为公众所知悉的六种情形，基本囊括了欠缺秘密性的各种情形，这在一定程度上界分了公有信息和商业秘密，成为划分专有领域与公共领域的标准。

二、商业秘密立法的比较法研究

研究秘密性问题，有必要对国内外的商业秘密立法现状予以研究并加以比较，从中吸收和学习好的经验做法。

（一）我国立法现状

在立法方面，目前我国已形成较为完善的商业秘密保护法律制度，涵盖《民法典》《反不正当竞争法》《中华人民共和国劳动法》《中华人民共和国劳动合同法》《中华人民共和国科学技术进步法》《中华人民共和国促进科技成果转化法》《中华人民共和国公司法》《中华人民共和国保守国家秘密法》《中华人民共和国反间谍法》《中华人民共和国网络安全法》《民事诉讼法》《中华人民共和国刑法》等十余部法律，以及《中华人民共和国技术进出口管理条例》《科学技术保密规定》等法规规章。此外，1993 年《反不正当竞争法》颁布实施后，部分省市，如北京、上海、广东、深圳等，均陆续发布了包含商业秘密保护内容的地方性法规和规定。

在司法解释制定方面，2007 年最高人民法院《关于审理不正当竞争民事案件应用法律若干问题的解释》对如何认定不为公众所知悉、具有商业价值、保密措施、反向工程、客户名单等一一作出了具体规定。最高人民法院《关于审理侵犯商业秘密民事案件适用法律若干问题的规定》对保护客体、构成要件、保密义务、侵权判断、与员工和前员工有关的法律适用、行为保全、刑民交叉、诉讼中的商业秘密保护、民事责任等重要问题作出规定。部分法院也结合司法审判实践先后出台了关于审理商业秘密案件有关问题的指导意见和研讨会纪要等指导性文件，如北京市高级人民法院制定的《关于审理反不正当竞争案件几个问题的解答（试行）》、上海知识产权法院制定的《侵害商业秘密纠纷审理指引》都对商业秘密类案件的审理进行了详细解答和指引细化。

综上，我国已形成了商业秘密保护的基本法律和配套制度，可以较为有效地打击生产经营活动中的各种不正当竞争行为，保护商业秘密持有人的合法权益。但是，从中我们也发现，商业秘密在我国法律体系中的地位并不明晰，其与一般知识产权的界限十分模糊。商业秘密作为一项特殊的权利，应当给予其特殊指引。当前分散的立法不仅难以从国家层面对商业秘密制度进行专门保护和统筹安排，而且缺乏专门的立法和系统性规定，也使得司法对商业秘密的保护显得力不从心。值得欣喜的是，近年来，我国逐渐加快了对《反不正当竞争法》的修订工作，特别是该法 2019 年的修正，全部是围绕商业秘密的修改，包括完善了侵犯商业秘密行为的定义，增加了惩罚性赔偿并提高了法定赔偿和行政执法的罚款标准，增加了举证责任转移规定，这必将进一步提升我国对于商业秘密的保护力度。

（二）国外立法

关于商业秘密的国际保护最早可以追溯到 1967 年《保护工业产权巴黎公约》修订时增设的第 10 条之 2 第 2 项关于不正当竞争行为的规定。[1]1994 年《TRIPs 协议》第 39 条，将未披露信息的保护正式纳入保护范围，由此开启了商业秘密的国际保护之路。在各国的立法中，美国、欧盟、日本的商业秘密立法走在了前列。

1. 美国

美国最早以各州立法和司法判例为先导，逐步确立起层级分明、结构完整的商业秘密保护法律体系。1948 年整合而成的《商业秘密法》是第一部专门性的司法裁判依据。1979 年美国《统一商业秘密法》虽然统一了大部分州的规定，但仍然无法全面统一和解决法律适用混乱等问题，而且未涉及刑事内容。[2]1996 年，美国颁布了《反经济间谍法》，对刑事制裁作出了规定，并且首创性地规定可以起诉境外实施的侵害商业秘密的行

---

〔1〕 1967 年《保护工业产权巴黎公约》修订时增设的第 10 条之 2 第 2 项规定："凡在工商业活动中违反诚实惯例的竞争行为构成不正当竞争。"
〔2〕 所谓的美国《统一商业秘密法》仅为示范文本而无直接的法律效力，各州只是遵此立法框架制定并实施各自的商业秘密保护法，司法实践中的判案标准仍千差万别，裁判结果不一。

为。2012 年，奥巴马总统签署了《盗窃商业秘密净化法》[1]，修订和扩大了《反经济间谍法》的适用范围，并在次年发布了商业秘密保护战略。2016 年，美国《保护商业秘密法》颁布施行，该法使联邦掌握了商业秘密的司法管辖权，并重点关注了商业秘密的民事保护。[2]

在 Victor Chemical Works v. Iliff 案[3]中，美国法院阐述了商业秘密的主流定义，指出秘密的计划、工艺、工具、装置或合成物只能由雇主和必要的雇员知道。可见，美国法院对商业秘密中秘密性的理解采纳的是相对秘密性标准。关于秘密性的立法规定，美国《统一商业秘密法》和《侵权法重述》均有所涉及。《统一商业秘密法》第 1 节第 4 条规定，秘密性包括非公知性、相对秘密性以及难以获得性三方面的内涵。《侵权法重述》则强调秘密性是一种事实状态，商业秘密一般只能依靠采取非法手段或者支付高额费用才能获得，除此之外他人难以获得，而且运用这种信息能给人带来现实或者潜在的经济利益。

美国关于商业秘密的构成要件的规定比较灵活，特别是司法实践中会根据商业秘密不同的"秘密"程度而区别对待，这对于防止滥用竞业禁止协议以及保护劳动者自由择业具有重要意义。相比之下，我国对于不同"秘密"程度的商业秘密并不加以区分，导致对不同级别的商业秘密均采用相同的司法认定

---

[1]　David Dubberly, New Federal Law Increases Trade Secret Protection, available at http://www. nexsenpruet. com/insights/new-federal-law-increases-trade-secret-protection, last visited on 2013-1-22.

[2]　Sebastian Kaplan and Patrick Premo, The Defend Trade Secrets Act of 2016 Creates Federal Jurisdiction for Trade Secret Litigation, available at http://www. ipwatchdog. com/2016/05/23/defend-trade-secrets-act-2016-creates-federal-jurisdiction-trade-secret-litigation/id=69245/, last visited on 2019-3-6.

[3]　299 Ill. 532, 540, 132N. E. 806.

方法和保护方式，从而使得司法资源不能得到合理分配。

2. 欧盟

2013 年欧盟委员会提交的《防止未公开专有技术和商业信息（商业秘密）被非法获取、使用和泄露的指令草案》[1]，明确了商业秘密保护的许多重要内容，并对商业秘密的定义作出了与《TRIPs 协议》第 39 条第 2 款一致的规定。2014 年欧盟委员会又提交了《欧盟商业秘密保护新框架》，再次强化了商业秘密保护的法律程序。[2]2016 年 5 月，欧盟《商业秘密保护指令》重磅出击，在明确商业秘密的定义与保护原则的基础上，增设了众多独特的规定，如对侵权行为采取列举加兜底的模式、间接侵权的认定、临时禁令的内容和程序等。可以说该指令的出台，使欧盟各成员国多元化的商业秘密保护法令趋于统一，在欧盟内部形成了规范化的商业秘密侵权惩罚和赔偿模式，对世界各国产生了重要影响。

欧盟早期将商业秘密的构成要件限定为秘密性、实质性与可识别性。欧盟商业秘密统一立法草案，对商业秘密进行重新界定，拟包括三个要素——秘密性、商业价值、保密措施，这与我国对商业秘密的界定极为相似。随着欧盟商业秘密立法的发展，欧盟对商业秘密的构成要件逐渐采用了与《TRIPs 协议》相同的标准，其原因就在于欧盟大多数成员国都加入了世界贸易组织，都必须受到《TRIPs 协议》的约束，将商业秘密相关标准向《TRIPs 协议》靠拢，有利于欧盟各成员国的统一实施。

---

〔1〕 See Proposal for a Directive of the European Parliament and of the Council on the Protection of Undisclosed Know-How and Business Information（Trade Secrets）Against Their Unlawful Acquisition, Useand Disclosure, p. 4, available at http://www. consilium. europa. eu/uedocs/cms/data/docs/pressdata/en/intm/142780. pdf, last visited on 2019-3-6.

〔2〕 参见李薇薇、郑友德："欧美商业秘密保护立法新进展及对我国的启示"，载《法学》2017 年第 7 期。

而且，对于这种区域立法也不宜将标准定得过高，否则无法发挥法律的实效性，不能在各成员国得到很好的实施。

3. 日本

在 1990 年日本修订《不正当竞争防止法》以前，其国内并无专门的商业秘密保护条款，往往通过民法典、商法典等法律进行保护。1990 年，日本制定了专门的商业秘密保护条款，这种状况才发生了转变，此后，日本又对该条款进行了多次修订，使之逐步完善。目前，日本已经建立起以不正当竞争法为核心的商业秘密保护体系。值得注意的是，2015 年，日本修法时减轻了原告的举证责任。修法以前，原告需要证明被告盗用商业秘密的行为，导致原告举证十分困难，特别是在技术秘密类案件中，被告往往具有较强的技术手段，对必要证据的把控使得原、被告之间形成了较强的"证据壁垒"。修法以后，在涉及生产过程的技术秘密案件中，可以在特殊情况下进行"举证责任转移"[1]，这对于减轻原告的举证负担具有重要的示范意义。

(三) 国外经验之启示

通过对《TRIPs 协议》以及美国、欧盟、日本商业秘密立法的分析研究，可以得出以下几点启示：首先，对商业秘密保护实行专门立法。无论是美国还是欧盟，都对商业秘密实行专门立法保护，这一举措必将大力提升商业秘密保护的强度，有助于促进商业经济的发展。其次，举证责任的转移。日本规定对于涉及生产过程的技术秘密案件，在一定的条件下，原告可以将举证责任转移至被告，这将大大缓解原告的举证压力。最

---

〔1〕 即首先推定被告使用了原告关于制造方法的商业秘密，只要原告提出①被告不正当地获取了原告的商业秘密；②被告制造了能够通过使用那些商业秘密生产出来的产品；③涉及的商业秘密是与产品制造相关的。为了推翻这些推定，被告需要承担证明自己没有使用商业秘密制造产品的举证责任。参见郑友德、王活涛、高薇："日本商业秘密保护研究"，载《知识产权》2017 年第 1 期。

后，区分不同程度的商业秘密。美国司法实践中会根据不同的"秘密"程度对商业秘密进行区分，进而对不同"秘密"程度的商业秘密案件采取不同的标准、确定原告的初步举证责任。

三、公共领域视角下秘密性判断之缺陷

与美、日、欧相比，我国探索商业秘密保护的时间不长，相关立法也不完善。具体来说，主要存在以下几方面不足：

（一）秘密性的判断标准不清

关于秘密性的判断标准，我们无法从现行法律制度中找到准确答案。虽然 2007 年最高人民法院《关于审理不正当竞争民事案件应用法律若干问题的解释》和 2020 年最高人民法院《关于审理侵犯商业秘密民事案件适用法律若干问题的规定》对"不为公众所知悉"进行了界定，甚至还从反面列举了多种情形，但司法实践中仍然存在很大争议，无法基于当前的司法解释规定对秘密性进行有效判断。而且，列举式的立法模式也无法穷尽所有不具备秘密性的情形。

比较商业秘密的秘密性判断和专利中关于新颖性、创造性的审查判断，不难发现，专利的新颖性、创造性判断有着清晰的判定规则和案例指引，在《专利审查指南》中有专门的章节规定。但即便如此，专利的新颖性、创造性判断仍然是专利行政案件中各方的争议焦点。相比之下，商业秘密的秘密性判断只有原则性的规定，没有具体的判定规则和判断标准，更容易导致司法裁判的冲突和标准的不统一。如在新天公司诉领肯公司等侵害商业秘密纠纷案[1]中，一审法院认定新天公司请求保护的客户信息并不为所属领域人员普遍知悉和容易获得，符合

---

[1] 参见福建省厦门市中级人民法院（2018）闽 02 民初 414 号民事判决书，福建省高级人民法院（2019）闽民终 715 号民事判决书。

秘密性的法律构成要件。二审法院却认为新天公司的客户信息不能认定属于"不为公众所知悉"的信息，不具有秘密性。

有观点认为商业秘密的秘密性标准可以参照专利的新颖性标准，但是现有的法律规定对此没有明确，导致该问题争议不断，却始终没有答案。从专利新颖性的定义来看，其包含但不限于"非公知性"，那么秘密性与新颖性之间就建立起了微妙的联系。不得不说的是，在商业秘密的构成要件中，新颖性并不位列其中，这主要是因为专利法的立法目的在于激励发明者的创新积极性，而商业秘密所归属的反不正当竞争法的立法目的则在于规范和制裁不正当的竞争行为。但司法实践中，新颖性似乎已经成为实际判断是否构成商业秘密的隐性标准。

（二）秘密性的鉴定范围不明确

技术秘密必须具有秘密性，否则将沦为公知技术。针对技术秘密，秘密性的判断是事实问题抑或法律问题直接关系到判定的程序和主体。如果认为秘密性判断是单纯的事实问题，一般宜采用个案认定的方法，以技术鉴定为主；如若认为秘密性判断属于法律问题，则应交由司法机关进行断定。

全国人大常委会《关于司法鉴定管理问题的决定》第 1 条指出，司法鉴定是为案件中的专门性问题提供鉴定意见的活动。[1]司法实践中，商业秘密类侵权案件通常由当事人先行委托司法鉴定机构就某个特殊技术问题进行司法鉴定，再将出具的鉴定意见作为证据向法院提起诉讼。庭审中，鉴定意见往往成为法官判断技术信息是否具有秘密性的关键证据。此时，被告往往会进行反驳，其中较为有力的反驳就是对鉴定意见提出异议，

---

〔1〕　全国人大常委会《关于司法鉴定管理问题的决定》第 1 条规定："司法鉴定是指在诉讼活动中鉴定人运用科学技术或者专门知识对诉讼涉及的专门性问题进行鉴别和判断并提供鉴定意见的活动。"

对案件涉及的技术问题申请重新鉴定，而重新鉴定往往又会出现多份鉴定意见以及鉴定结论相互矛盾的现象。[1]

此外，在商业秘密的秘密性鉴定中，还存在鉴定人员使用混乱的问题。一般而言，法院只有选择鉴定机构的权力，但对于鉴定机构选择哪些鉴定人员，法院无法选择，也无法控制。由于技术领域的差异，不同的技术人员给出的鉴定结论可能千差万别，使秘密性判断的权威性难以保证。这也是同一案件可能存在结论完全不同的鉴定报告的原因。实践中，曾经有鉴定机构选取的鉴定人员是纯粹的技术人员。虽然技术素养符合查明技术事实的要求，但由于商业秘密的秘密性鉴定同时还涉及复杂的法律问题，需要鉴定人员了解商业秘密的基本知识以及秘密性判断的基本要求，对于秘密性的鉴定存在主客观标准上的偏差。

秘密性是商业秘密获得保护的前提条件，也是区分专有信息与公知信息的标准。当前，我国商业秘密保护中存在判断标准不清、鉴定不规范等问题，一定程度上影响了对商业秘密秘密性的科学判断，模糊了专有领域与公共领域的界限，有必要借鉴国外的立法经验加以完善和改进。

第五节　知识产权重叠保护与公共领域

知识产权权利重叠是指同一知识产品上存在多项知识产权权利，并且这些权利同属于一个主体的情形。由于每种知识产权的有效期各不相同，如专利法规定外观设计专利的保护期限为 10 年，著作权法规定作品的保护期限为作者终生加死后 50 年，而商标法上的注册商标续展制度理论上可以使注册商标无

---

〔1〕　参见王强之："知识产权鉴定意见的证据能力研究——以涉专利和商业秘密案件司法鉴定为视角"，载《中国司法鉴定》2016 年第 5 期。

限期地受法律保护，反不正当竞争法对于商品的包装、装潢也没有限制保护期。因此，当一种知识产权有效期届满后，是进入公共领域，还是保留在其他知识产权专有领域，存在很大争议，有必要加以讨论。

　　之所以存在知识产权权利重叠，是因为知识产权的无形性以及构成知识产权保护客体的符号功能的多元性。在知识产权法律框架下，相同或近似的形状、图案、色彩等符号及其结合可以分别成为专利法、商标法、著作权法或者反不正当竞争法的保护客体，例如，著作权与外观设计专利的保护客体就可能发生重叠或交叉，而作为商标注册的可视性元素，也可以成为反不正当竞争法保护的知名商品特有的包装、装潢。因此，在表现形式上存在外观设计专利与著作权的重叠，外观设计专利与知名商品包装、装潢的权利重叠，著作权与商标权的重叠，商标权与知名商品包装、装潢的权利重叠等情形。实践中，又以外观设计专利与著作权的权利重叠以及外观设计专利与知名商品包装、装潢的权利重叠，与公共领域的关系最为密切，下文将重点对这两类权利重叠情形加以研究。

一、外观设计专利与著作权的权利重叠

　　之所以存在外观设计专利与著作权的权利重叠，其原因在于两者在立法上存在一定的保护客体交叉，而这种交叉也导致了权利重叠现象的产生。

　　（一）外观设计专利与著作权的立法规定

　　根据我国《专利法》的规定，外观设计是关于产品的形状、图案、色彩或其结合所作出的富有美感并适于工业应用的新设计。[1]外观设计专利的保护期限为10年，自申请日起计算。虽

―――――――――

〔1〕　参见《专利法》第2条第4款。

然我国专利法要求，获得外观设计专利权的设计要不同于现有设计，并且要与现有设计或者其组合具有明显区别，但由于我国对外观设计专利采取形式审查制度，只要符合专利授权的形式要件就可以获得授权，而不问其是否符合上述实质性要求，导致外观设计专利事实上存在着与他人乃至与自己的在先权利重叠的情况。

著作权法对于作品的授权条件为，具有独创性和可复制性的智力成果。[1]我国对作品的保护遵循自动产生原则，即作品在作者创作完成后，无须办理登记或者审批手续即可取得著作权。著作权的财产权保护期限，通常始于作品发表之日，截止于作者死亡后第 50 年的 12 月 31 日。

从上述规定可知，我国对于外观设计专利的保护和作品的著作权保护在保护对象、权利取得和保护期限等方面既存在明显不同，也存在一定的相似之处，具体如下表所示：

表 3-1

	著作权保护	外观设计专利保护
权利保护对象	具有独创性和可复制性的智力创造成果	产品的形状、图案、色彩或其结合所作出的富有美感并适于工业应用的新设计
权利取得方式	作品创作完成时自动取得	向专利行政部门申请经审批取得
权利维持条件	免费	缴纳专利年费
权利保护期限	财产权的保护期限自作品创作完成至作者死后第 50 年的 12 月 31 日	自申请日起 10 年

---

[1] 参见《著作权法实施条例》第 2 条。

	著作权保护	外观设计专利保护
权利保护范围	人身权利+财产权利	财产权利
财产权利内容	复制、发行、展览、广播、信息网络传播、改编、汇编等	制造、销售、许诺销售、进口
载体形式限定	无	相同或相似产品
侵权认定要件	接触+实质性相似-其他来源	相同或实质性近似

其中，两者在保护对象上的交叉成为外观设计专利与著作权权利重叠的根源。如前文所述，虽然由专利法的性质决定，外观设计专利强调的是工业应用，即将不同于以往设计的新设计应用于工业和产业化，但与此同时，专利法亦要求这种新设计要具有美感。著作权法对作品的保护是对思想表达的保护，这种表达也需要通过文字、色彩、图案及其结合等形式予以展现，从而使得同一知识产品既可能属于外观设计专利的保护对象，也可能获得著作权的保护。实用艺术品就是外观设计专利与著作权在保护客体上发生重叠的典型方式。

（二）外观设计专利与著作权权利重叠保护的司法现状

从司法实践看，外观设计专利与著作权的权利重叠主要表现为两种情形：一是两种权利同时存在、同时有效。在此种情况下，权利人可以根据不同知识产权的保护内容、保护期限以及制止侵权行为的需要，选择适合的保护方式。相应地，司法机关亦根据权利法定原则，依据相关的法律规定对该权利主张能否获得保护进行判定。二是其中一项权利失效，另一项权利处于有效期。如外观设计专利失效后，权利人对该设计主张著作权保护，此时，权利人的著作权能否获得保护，司法实践中争议很大，具体来说，主要有以下三种观点：

1. 失效的外观设计不再受著作权保护

在三茂公司诉永隆商行侵害著作权纠纷案[1]中，三茂公司于 1998 年委托他人设计了金唛香麻油的包装标贴，并于 1999 年和 2000 年先后在相关食品博览会上使用了涉案标贴。2000 年 3 月，经三茂公司同意，该公司法定代表人王三茂将该标贴申请了外观设计专利，并获得授权，后因王三茂未及时缴纳专利年费，该专利于 2003 年 11 月失效。2004 年，三茂公司发现永隆商行生产的香麻油产品上使用了与涉案标贴近似的标贴，便将之诉诸法庭。法院受理后，永隆商行提出抗辩，认为三茂公司不能就同一个权利同时获得著作权和外观设计专利权的保护。法院审理后认为，虽然本案外观设计专利由王三茂申请并享有其权利，但该行为经三茂公司同意，可以视为三茂公司的行为。三茂公司曾经对涉案标贴同时享有著作权和外观设计专利权，但因三茂公司申请了外观设计专利，就导致权利发生了变化，从著作权领域进入专利领域。在涉案外观设计专利失效后，相关标贴进入公共领域，成为人们可以自由使用的设计，故三茂公司不再享有对涉案标贴的著作权。在此情形下，虽然永隆商行生产的香麻油产品上使用了与涉案标贴近似的标贴，但三茂公司的权利基础已经丧失，故永隆商行的行为不构成对三茂公司著作权的侵害。可见，该观点认为，著作权和外观设计专利是不能重叠交叉保护的，一旦外观设计专利灭失，著作权亦同时不复存在，该知识产品便进入公共领域，成为社会的公有资源，不再受到著作权的保护。

---

[1] 参见广东省深圳市中级人民法院（2004）深中法民三初字第 670 号民事判决书、广东省高级人民法院（2005）粤高法民三终字第 236 号民事判决书。

2. 失效的外观设计在相关商品上不受著作权保护

此种观点认为，外观设计专利和著作权两种权利不互相依附，在外观设计专利失效后，著作权继续有效，权利人仍然可以依据著作权法寻求保护。但是此时权利人享有的著作权要受到一定的限制，表现为他人实施已经失效的外观设计不构成对著作权的侵害。这是因为外观设计的产生和消亡都具有公示效力，当外观设计因失效进入公共领域后，相关公众基于公示信赖，有理由认为该外观设计已进入可以自由使用的空间，故权利人应当容忍相关公众在外观设计指定的产品上实施该失效专利，除此以外，著作权在其他权利范围内继续有效。谢新林诉明扬公司等侵害著作权纠纷案[1]就是这种观点的典型代表。该案中，法院认为，外观设计专利的保护范围与其附着的产品是紧密相连的，只局限于与外观设计专利产品在相同或相近类别的产品上使用相同或相似的图案。涉案专利失效后进入公共领域，公众基于对失效外观设计专利的公示信赖，可以自由利用，因此未落入该图案作品著作权的保护范围。

3. 失效的外观设计仍然受著作权保护

该观点认为，因制度设计的原因，外观设计专利与著作权可以在同一知识产品上竞合，当外观设计专利到期后，权利竞合的现象即告消失，此时权利人可以就该设计继续享有著作权。而且，该观点还指出，我国专利法和著作权法并未规定，一项工业产品设计在获得外观设计专利后即丧失著作权，因此，仅以外观设计专利失效就认为不能获得著作权法的保护没有法律依据。如果根据"择一保护原则"，则对于商标权与外观设计专利竞合，外观设计专利与知名商品的特有包装、装潢竞合等，

---

[1]　参见浙江省海宁市人民法院（2013）嘉海知初字第 10 号民事判决书、浙江省嘉兴市中级人民法院（2013）浙嘉知终字第 5 号民事判决书。

也应当予以禁止，而这不符合专利法的创新精神，也是缺乏法律依据的。[1]

（三）国外经验及对我国的启示

主要发达国家关于外观设计保护的立法，可以为我们更好地理解外观设计专利与著作权的权利重叠问题提供一些有益经验。

1. 以美国为代表的专利法保护模式

1842 年，美国国会通过了《外观设计专利法案》，尝试在专利保护的基础上探讨外观设计保护的专门法。1976 年制定《美国著作权法》时，又转向在著作权保护的基础上探讨外观设计保护的专门法。国会在制定 1976 年《美国著作权法》时曾将《外观设计专利法案》作为草案第二编，但最终还是将其删除，原因主要为：其一，它不是真正的著作权法律；其二，关于印刷字体设计的保护仍然是一个处于讨论中而没有结论的问题。在此后的很长时期内，关于制定专门外观设计保护法的议题多次被提上议事日程，但均未获得通过。

直到 1998 年 10 月，美国国会通过了《船体外观设计保护法案》。根据这部法案，《美国著作权法》增加了一章新内容——"独创性外观设计之保护"。根据该章规定，实用艺术品的独创性外观设计可以依据著作权法获得保护，保护期限为自公开之日起 10 年。外观设计要获得保护，必须到版权局进行注册，如果在其公开后的一年内未注册，则不能再获准注册。根据该规定，一旦外观设计获得了专利权，就不再受到著作权的保护。可见，美国立法拒绝给予实用艺术品的独创性外观设计双重保护，主要通过专利法予以保护。

---

[1] 参见张学军："学军每日一案：（上）已失效的外观设计专利依然应受著作权法保护"，载 http://mp.weixin.qq.com/s/pllbjHpCF-WhNC10nKoo2g，最后访问日期：2019 年 3 月 8 日。

2. 以英国为代表的专门法保护模式

英国早在 19 世纪中叶就尝试以专门法的方式对工业品外观设计提供保护，在先后出台的多部法律中均有规定，从而使得对外观设计的保护互相重叠，体系复杂且难以协调。1949 年，英国颁布了《注册外观设计法》，使外观设计得以从其他知识产权中分离出来获得单独保护。这种设计权既区别于专利权，也不同于著作权，但又夹杂着两种权利的一些要求。例如，注册设计要求具有新颖性和原创性，保护期限也与专利权相近。1956 年，《英国版权法》对未工业化的外观设计增加了著作权保护，但即便如此，这种保护与设计权也不发生重叠，只会进行权利转换，而权利转换的关键就在于是否进行工业应用。最终，英国在 1988 年的《版权、设计和专利法》中摈弃了通过著作权法保护外观设计的规定，使得对外观设计的保护不再发生转换。

日本于 1888 年制定了《日本意匠条例》，为外观设计提供保护。1899 年，日本在该条例的基础上制定了《日本意匠法》，该法使外观设计获得独立于专利法的专门保护。此后，《日本意匠法》经过多次修改，一直沿用至今，成为保护外观设计的专门法代表。

3. 以德国为代表的双重保护模式

对于工业品外观设计，德国采用的是双重保护模式，即通过《工业产品外观设计注册法》和《德国著作权法》两部法律予以保护。其中，前者的保护模式类似于我国的专利法，保护客体需要满足新颖性、创造性和实用性标准，同时还应当具有美学特性，能够满足工业或商业应用。后者的保护对象为文学、科学和艺术领域的作品。虽然理论上工业品外观设计可以获得著作权法的保护，但实际上要获得保护的条件十分严苛，这表现为著作权法保护的工业品外观设计必须具备突出的艺术性，这种艺术性往往要由艺术领域的专家进行判定，受此条件限制，实际能够获得著作权法保护的工业品外观设计并不多。

4. 国外立法对我国的启示

通过对上述国家外观设计保护模式的分析，可以发现，各国对于外观设计的保护主要通过单独立法或者偏向于专利法的方式予以保护。如美国规定，一项外观设计如果获得了专利法的保护，就不再给予著作权法的保护；而英国对于外观设计保护的立法进程也说明，其逐渐放弃了著作权法保护，回归到初始的专门法保护。德国虽然规定工业品外观设计可以同时获得专利法和著作权法的保护，但实际上由于外观设计获得著作权法保护的条件十分严苛，能够获得保护的外观设计少之又少。由此可见，发达国家对于工业品外观设计常常采用单独权利保护或者有限的双重权利保护，客观上不会或者很少会造成外观设计专利与著作权权利重叠的情形，由此保证当一种权利失效或者有效期届满后，该种知识产品将迅速进入公共领域，成为公众可以自由利用的公有资源，从而不断丰富和壮大公共领域。

（四）在失效外观设计范围外有限保护著作权

国外立法经验告诉我们，即使是公共领域十分丰富的西方发达国家，都对外观设计采取了较为单一的保护模式，从而在制度层面减少甚至杜绝了外观设计专利与著作权权利重叠情况的发生，保障了公共领域的发展壮大。相比之下，我国培育创新创作的土壤还不丰富，知识产品需要充分发挥其作为公共产品的作用，公共领域也需要得到大力的充实和扩展，因此，在外观设计专利与著作权权利重叠情形下，当一项外观设计专利失效后，对该设计的著作权应当采取有限保护的模式。具体理由如下：

1. 全面保护有悖于知识产权法的立法目标

无论是专利法还是著作权法，都具有"促进社会经济、文化事业发展"的公共利益目标，赋予知识创造者一定期限的专有垄断权，是为了促进信息尽快公开和传播，实现知识的再创新和社会的发展进步，而实现这一公共利益目标需要一个丰富而又充满活力的公共领域。知识的创新都必须从公共领域吸收营养和获取信息，今天的知识产品也必将成为明天再创新的基础和来源。如果对已经失效的外观设计专利继续给予著作权的全面保护，等于是将已经进入公共领域的材料重新抽回到专有领域，既是对公共领域的侵蚀，也必将影响知识产权法公共利益目标的实现。

2. 全面保护有违公众的信赖利益

著作权系自动取得，无须登记，也无须公告，但专利权的产生、变动和消亡都需要经过公示登记程序。其中关于专利权终止的情形，我国《专利法》也明确规定，对于期限届满前失效的专利，应当进行登记公告。[1]因此，基于对国家机关公告的信赖，公众有理由相信失效外观设计已经进入公共领域，成为人人都可以自由利用的设计。如果因为实施过期专利而被指控为专利侵权，实有违公众对于国家公示程序的信赖。

3. 有限保护符合法律公平正义精神

如前所述，公众对于失效外观设计的自由利用符合知识产权法的正当性和合理性。而且，进一步来看，这一做法也不会给权利人的著作权带来太大的影响。公众只是在与失效外观设计相同或者相近的商品上可以实施该设计，而在其他商品上，则由权利人继续享有著作权，他人不得随意实施。如此一来，既

---

[1] 参见《专利法》第44条第2款。

保障了公众实施失效外观设计专利的权利，也使权利人在除原外观设计专利效力范围以外的其他范围可以继续使用其作品，从而使得权利人、使用人和公众之间的利益得到平衡，在维护社会公共利益的终点上实现个人利益的最大满足[1]，体现了法律公平正义的精神。

4. 有限保护符合利益兼顾原则

一般来说，在法经济学的层面，法学家更注重"公正"的维护，而经济学家则更强调"效益"。当两项权利发生冲突时，如果仅注重对于公平正义的维护，可能不能达到效益的最大化；相反，如果仅一味强调效益优先，又会导致法律公正性的缺失。[2]因此，对于权利的保护固然要强调权利的法定原则，该保护的就要坚决保护，但在有些例外情况下，尤其是在后行为具有正当性并且应当加以保护时，就应该兼顾多种利益，给予合理保护。

基于上述原因，对于失效外观设计专利给予有限的著作权保护，不失为一种有效解决矛盾冲突的方法。既然如此，其他知识产权权利重叠情形能否适用这一规则？下文将进一步研究。

二、外观设计专利与知名商品包装、装潢的权利重叠

在此有必要先介绍一个外观设计专利与知名商品包装、装潢权利重叠的案例。在晨光公司诉微亚达制笔公司等擅自使用知名商品特有装潢纠纷案[3]中，晨光公司于2003年2月取得了名称为"笔"的外观设计专利，因未缴费，该专利于2005年10月失效。晨光公司在其生产的K-35型中性笔上使用了该外

---

〔1〕 参见梅夏英："当代财产权的公法与私法定位分析"，载《人大法律评论》2001年第1期。

〔2〕 参见冯晓青、杨利华："知识产权权利冲突及其解决原则"，载《法学论坛》2001年第3期。

〔3〕 参见最高人民法院（2010）民提字第16号民事裁定书。

观设计，包括揿头、笔套夹、装饰圈、笔杆、笔颈、护套、尖套等部分，其中，笔套夹和装饰圈是其独特设计之处。通过对其产品进行的广泛宣传，晨光商标于 2005 年被评为上海市著名商标和驰名商标。2007 年，晨光公司发现微亚达制笔和微亚达文具两公司生产、销售的某种水笔使用了其经过精心设计的 K-35 型中性笔的笔套夹和装饰圈的特有装潢，便向法院提起了诉讼。最高人民法院审理后指出，一项外观设计失效后就进入公共领域，但是在知识产权领域内，一种客体可能同时属于多种知识产权的保护对象，一项知识产权权利的灭失并不导致其他知识产权权利的消亡。反不正当竞争法是在知识产权法之外，因某些特殊的原因和事由，而对民事权益提供附加和补充的保护。本案中，虽然晨光公司的外观设计专利已经失效，但是由笔套夹和装饰圈组成的特有装潢已成为知名商品的特有包装、装潢。任何不当模仿知名商品特有包装、装潢的行为都将损害公平竞争的市场机制，使消费者陷入难以判断的混淆误认之中，据此，法院认定两被告的行为构成不正当竞争。而且，法院还指出，之所以对晨光笔的外观给予保护，乃在于该商品已经成为知名商品，且其包装、装潢已经产生了区分商品来源的作用，若允许他人仿冒，容易导致市场的混淆和消费者的误认。因此，出于维护公平的市场竞争秩序和制止不正当竞争行为的考虑，有必要对此行为加以规制。

　　由此案可知，对于一项失效的外观设计专利，之所以反不正当竞争法给予其保护，是因为承载该外观设计的产品通过广泛宣传和使用已成为知名商品，产生了区别于其他产品的特有包装、装潢，从而在该产品上产生了新的值得反不正当竞争法保护的利益。在此情况下，反不正当竞争法给予保护符合法律的正义精神，也是制止不正当竞争行为的应有之义。而且，该案法官亦特别强调，虽然权利人仍然可以以知名商品的特有包装、装潢对失效外观设计主张权利，但此时权利人应当提供更加充足的理由及证据，以使法院有理由相信对该装潢设计确实应当给予法律保护。[1]这意味着对于权利人新主张的法益，审查标准和要求都将更加严格，而这与前文所述有限保护失效外观设计的著作权的规则本质上是相同的，并不存在冲突之处，都是法官从实质正义的角度，对个案做出的精妙平衡。

知识产权权利重叠的问题事实上导致了对权利人的双重保护乃至多重保护，这不利于对知识产权公共领域的维护，将会不当压缩公众可以自由利用的空间。建议立法对此作出规制，司法实践中予以严格限制，以保障公众可以自由利用的公有知识和公有信息，实现知识产权法促进社会进步的公共利益目标。

本章小结

本章重点考察了知识产权各专门法保留公共领域具体制度的运行状况。在著作权领域考察了思想表达二分法、著作权保护期限、作品的独创性以及著作权合理使用制度；在专利领域考察了现有技术抗辩、等同原则的适用、商业方法专利保护、专利权合理使用等制度；在商标领域考察了商标的显著性、商标合理使用以及商标权利用尽问题；在商业秘密方面考察了商业秘密的秘密性问题；在知识产权重叠保护方面考察了外观设计专利与著作权的权利重叠，外观设计专利与知名商品特有包装、装潢之间的权利重叠问题。通过对这些机制运行现状的研究，不难发现其中存在着部分立法缺失和不健全，以及司法的裁判冲突、裁判标准不清、专有领域保护范围不明确、举证责

---

〔1〕 参见《最高人民法院知识产权案件年度报告（2010）》。

任分配不合理等问题，这极大地影响了公共领域在知识产权制度中的运行效果和调节功能。保留公共领域对于维护社会公共利益，实现知识产权人利益与社会公共利益的有效平衡具有重要意义，已经成为知识产权制度发展史上一个不言自明的公理。但是当前知识产权法保留公共领域的具体运行机制还不完善，还存在许多影响公共领域发挥作用的问题。因此，有必要在保留公共领域视野下，对我国知识产权立法保护和司法保护予以完善，以更好地丰富和壮大公共领域，为公众保留一个可以自由接近和广泛利用的公共空间。

第四章
公共领域视野下我国
知识产权保护的完善

通过对公共领域视野下我国知识产权保留公共领域具体制度的考察，可以发现在专利、商标、著作权、商业秘密和知识产权权利重叠等各个领域中，都存在着一些与保留公共领域精神不相契合的立法漏洞和司法缺陷等问题，这从根本上反映了我国目前缺乏与之相适应的知识产权保护理念和具体完善措施。因此，下文将在保留公共领域视野下，提出我国知识产权保护理念完善的方向，同时针对著作权法、专利法、商标法、商业秘密以及知识产权权利重叠等领域提出优化的具体思路和路径，以期对知识产权保护制度的构建与完善有所裨益。

第一节　知识产权保护理念的完善

法律理念"来源于法律实践，必然反作用于法律实践"[1]。在知识产权法中保留公共领域已是共识，而在知识产权具体制度的理论构建和法律适用上贯彻和推广这一共识，需要依靠科学的法律理念统领。立法上，各项具体制度的设计和制定需要围绕这些法律理念和指导思想展开。司法实践中，法官需要在科学的法律理念的指引下，找到化解冲突与矛盾的方法，在不同主体间公平合理地进行利益分配，实现利益平衡。具体

────────

〔1〕　李双元、蒋新苗、蒋茂凝："中国法律理念的现代化"，载《法学研究》1996 年第 3 期。

来说，当前在保留公共领域的视野下，我国知识产权保护应当
树立以下理念：

一、激励创新与保护知识产权

改革开放 40 多年的巨变让世界为之惊讶和赞叹，我国用几
十年时间走完了西方发达国家几百年才走完的工业改革之路，
其中，创新发挥了重要的作用。创新改变了人们的生活，促进
了社会的进步，也实现了国家的腾飞。保护知识产权是激励创
新的要求，同时，创新成果也需要知识产权制度提供法律保障。

近年来，我国将实施创新驱动发展战略放在国家发展的核
心位置，提出了一系列激励创新的机制和政策。党的十九大报
告把建设创新型国家作为贯彻新发展理念、建设现代化经济体
系的一项重大战略任务。《知识产权强国建设纲要（2021—2035
年）》提出，全面提升知识产权创造、运用、保护、管理和服
务水平，统筹推进知识产权强国建设。《国家知识产权战略纲
要》提出，要将知识产权作为建设创新型国家的重要支撑，有
效利用知识产权激励创新。中共中央办公厅、国务院小公厅
《关于加强知识产权审判领域改革创新若干问题的意见》和《关
于强化知识产权保护的意见》等纲领性文件先后印发。我国正
走在建设创新型国家的大道上，激励创新已吹响时代发展的号
角，我们必须把激励创新与保护知识产权作为首要任务，摒弃
与创新不相符的理念和做法。具体来说，知识产权保护要实现
四方面转变：

（一）保护水平要与国家的科技和经济发展水平相适应

不可否认，知识产权制度是现代社会一项伟大的制度发明，
对于保护人类文明、推动社会发展进步功不可没。知识产权制
度是我国基于自身发展需要从西方发达国家引进的制度，同时
也是我国加入知识产权国际保护体系的外在要求。特别是我国

正朝着建设知识产权强国的方向迈进，知识产权制度已成为深化改革、推动经济发展的内生需求。但是，实践证明，中国的改革发展道路不能照搬照抄西方的做法，而必须立足于中国的国情和经济社会发展现状。当前，我国与西方发达国家相比，还处于整体科技水平不高、经济发展不平衡、东西部差异较大的发展阶段，由此我国的知识产权制度和知识产权保护水平也必须立足于这一国情，与国家的科技、文化和经济社会发展水平相适应，不能一味追求西方发达国家高水平的知识产权保护标准。例如，在著作权保护期限的选择上，西方发达国家基于其经济发展水平高、公共领域资源丰富的国情，不断延长著作权的保护期限，有助于维护其文化产业发展和版权贸易的优势地位。相比之下，我国文化产业起步晚，文化资源还相对匮乏，社会整体文化水平和公共教育机制都有待完善，急需一个丰富而又充满活力的公共领域以供自由接近和利用，加之我国的版权贸易长期处于逆差状态[1]，现阶段我国著作权保护期限不宜延长是针对我国的实际国情做出的制度选择。而且，美国从最初以大量盗印国外作品而广受批评，到经过多次立法修改达到《伯尔尼公约》标准，再到随着动画、电影产业的腾飞将著作权保护期限延长至 70 年[2]，其著作权法也走过一段从不保护到保护再到高水平保护的发展历程。

　　同时，我国也应当积极履行发展中大国的责任，积极参与国际知识产权谈判和国际知识产权纠纷的解决，将符合发展中国家知识发展规律和科技文化水平的公共领域理论纳入国际规

---

〔1〕　参见蔡玫："论著作权保护期限延长问题——以日本修改著作权法为例"，载《中国出版》2017 年第 2 期。

〔2〕　See Mota S. A., "ELDRED V. RENO—Is the Copyright Term Extension Act Constitutional?", *Albany Law Journal of Science & Technology* (2001).

则和国际标准的制定中。一方面，推动对发展中国家享有丰富资源的民间文学艺术、遗传资源等传统知识资源的国际知识产权保护；另一方面，保留对发展中国家科技发展、文化繁荣有利的例外条款，减少由西方发达国家主导制定的国际规则给发展中国家带来的不利影响，主动参与构建更加公平合理的国际知识产权保护秩序。

（二）保护水平要从适度保护向全面保护转变

过去，我国与西方科技强国相比，科技发展水平较低，科研力量与研究能力不足，科学研究大多是建立在研究和模仿的基础上，由此决定对于知识产权的保护水平不能太高，而需要适用适度和渐进的保护标准，这是与我国国情和经济社会发展水平相适应的选择。经过改革开放40多年的大力发展，如今的中国已经一举跃升成为世界科技大国，科技文化事业实现了跨越式的发展。根据世界知识产权组织（WIPO）发布的《世界知识产权指标》报告，中国以45.7%的世界专利申请量，54%以上的全球商标申请量以及55.5%的世界外观设计量名列世界第一。我国已经成为具有重要影响力的知识产权大国。面对这样的国内和国际形势变化，知识产权保护也应当发生转变，实现从适度保护向全面保护转变，以持续推动科技的提升、文化的繁荣和经济的发展。

如在20世纪90年代以前，药品和化学物质专利大多由发达国家掌握，由于药品与人们的生命和健康息息相关，关乎社会公共利益，于是我国对药品和化学物质采取了不授予专利权的做法，将它们保留在公共领域为公众所自由使用，以解决公共健康问题。[1]1992年，为了促进化工工业和医药行业的技术进

---

〔1〕　我国在1992年《专利法》第一次修正后，才开始对药品、化学物质等授予专利权。

步和改变当时以仿制为主的生产方式，我国逐步放开了对这些产品的专利保护。实践证明，这一做法虽然给相关行业带来了一定的压力，但是长远来看，也为这些行业提供了一个发展机遇，促进了这些行业的自主研发和技术创新。

（三）逐步拓宽保护的客体和范围

随着经济发展与社会进步，知识产权保护的客体和范围也不断扩张，表现为：保护客体增加，涌现出如商业模式、体育赛事节目、视听作品、角色形象、基因技术等新类型客体；邻接权、反不正当竞争权等新型权利的出现，导致客体扩张至广播信号、竞争利益等内容。[1]一方面，对于这些新型权利客体和权利范围的扩大，必须进行充分研判，对符合知识产权法价值与目标的客体和法益要给予充分保护，以回报权利人的辛勤劳动，激励更多更好的知识产品诞生。同时，要逐步增加知识产权保护的广度和深度，加大损害赔偿力度，大力降低权利人的维权成本，为新技术、新方法、新成果提供有力保障和司法救济，以提升我国的创新能力和科技水平。另一方面，不断加大打击力度，要让侵权人为侵权行为付出沉重代价，得到应有的惩罚，营造鼓励创新、保护知识产权的良好法律氛围。如对商业方法给予专利保护已是世界发展的潮流，也成为推动我国创新驱动发展战略不可或缺的手段，因此，我国已逐渐将其纳入专利保护范围[2]，以更好地激励我国商业模式创新。

（四）以创新理念引领知识产权保护

前几年，全国人大常委会对《专利法》进行了执法检查，

---

〔1〕 参见孙松："知识产权客体扩张的检视与反思——兼论知识产权的立法体例"，载《电子知识产权》2017年第9期。

〔2〕 2017年修正的《专利审查指南》已将商业方法纳入了专利保护的范围，下文还将对商业方法专利的保护提出进一步完善的建议。

指出了其中存在的一些不足和问题。[1]虽然这是对《专利法》进行的执法检查，但很大程度上反映了我国整个知识产权保护的现状，说明了当前知识产权保护存在固守传统、缺乏创新的问题。创新改变生活，创新之花需要呵护，知识产权制度以保护创新、激励创新为目标，激励创新的理念已深入人心，成为全社会的共识，我们必须摆脱传统思维的束缚，以创新理念引导知识产权保护，充分发挥知识产权制度的价值优势，激发全社会的创新动力，让创新的精神、活力竞相迸发，让创新的成果造福全人类。

为了改变知识产权赔偿数额普遍偏低的现状，在侵权判定中，应当积极建立体现知识产权市场价值的损害赔偿机制：其一，对于权利人能够初步证明侵权人的侵权事实和侵权责任，而与赔偿有关的账簿、资料又掌握在侵权人手中，且其拒不提供的，可以直接依照权利人的诉请以及案件的现有证据确定赔偿数额，并对侵权人提出的其他侵权赔偿计算抗辩理由不予考虑。其二，尝试运用多种经济分析方法更加科学合理地确定赔偿数额，如市场假定法、行业平均法、可比价格法等。其三，知识产权临时保护措施是及时充分保障权利人权利的有效途径，要充分运用诉前证据保全、行为保全、财产保全等措施，加大对权利人的保护力度。其四，加大对重复侵权、恶意侵权等恶性侵权行为的惩治，依法适用惩罚性赔偿，使权利人获得充分充足的保护。

在解决权利人维权成本高的问题上，要努力做到：其一，减轻权利人的举证负担，依据当事人的申请，积极适用证据保全制

---

〔1〕　2014年，全国人大常委会在专利执法检查报告中指出："专利维权存在'时间长、举证难、成本高、赔偿低''赢了官司、丢了市场'以及判决执行不到位等状况，挫伤了企业开展技术创新和利用专利制度维护自身合法权益的积极性；企业们普遍反映我国当前专利保护力度不足。"

度；其二，有效利用专家辅助人和技术调查官制度，帮助法官查明技术事实，减轻权利人的证明责任；其三，根据知识产权案件的特点以及程序的特殊性，合理分配举证责任，适时采用举证责任转移制度，构建与之相适应的证据规则；其四，将权利人维权的合理开支计入赔偿范围，由侵权人承担权利人的维权成本。

二、权利法定的公共领域导向

随着新技术与新商业模式的不约而至，知识产权保护遇到了许多前所未有的挑战，表现为：涌现出许多新的知识产权客体、权利保护的范围不断扩张、权利保护的边界模糊不清等，导致司法实践中缺乏法律指引、裁判冲突的情况时有发生。如近年来我国涌现了许多体育赛事类节目的侵害著作权纠纷案件，对于这类节目能否获得保护，不同法院作出了不同的判决。有的法院认为体育赛事类节目不属于动产，不能获得保护[1]，有的法院则认为此类节目属于作品[2]，还有的法院认为属于录像制品[3]。这些不同的裁判结果极大地影响了司法的权威性和公正性。有学者甚至指出，在知识产权的客体领域，存在着一种法官造法的倾向，这是对知识产权公共领域的一种破坏。[4]

我国是成文法国家，知识产权须经过法律的拟制和授权。相应地，知识产权保护也必须在法律制度的框架内运行。无论是凭借新知识创造出的知识产权新客体，还是新技术引发的知识产权新商业模式，在法律没有明确确认的情况下，不宜通过

---

〔1〕 参见上海市浦东新区人民法院（2012）浦民二（商）初字第2451号民事判决书、上海市第一中级人民法院（2013）沪一中民五（知）终字第59号民事判决书。

〔2〕 参见北京市朝阳区人民法院（2014）朝民（知）初字第40334号民事判决书。

〔3〕 参见北京市石景山区人民法院（2015）石民（知）初字第752号民事判决书。

〔4〕 崔国斌："知识产权法官造法批判"，载《中国法学》2006年第1期。

司法裁判一概认定属于权利人，更不应通过司法裁判创设新的权利类型及权项内容，这些知识进步和技术创新都应被视为"法律上留白的利益"，保留在公共领域为公众所自由利用。技术创新带来的利益不能简单地归属于某个人或者某类主体，它应当立足于实现造福人类、增加社会福祉的公共利益。这是支撑知识产权制度正当性的"基石"，也是知识产权权利法定原则的应有之义。[1]技术的创新和进步来源于"知识共有物"的推动，是学习、研究和借鉴现有技术和公有知识，并在此基础上实现的再创新。因此，应当坚持知识产权的权利法定原则，合理界分专有领域与公共领域，实现知识专有权与知识共享权的平衡。

三、维护公共领域与保护知识产权

知识产权法承载着保护知识产权人利益与平衡协调知识产权各方利益关系，为建设创新型国家、促进社会的全面协调发展提供强大制度保障的功能和使命。基于知识产权法的立法宗旨，在权利的保护上不能仅注重保护知识产权，而必须在充分维护社会公共利益的基础上，为知识产权保驾护航，以激励创新并促进创新成果的推广应用。因此，知识产权保护应当以保护专有权与维护社会公共利益作为共同目标，树立知识产权专有领域与公共领域共同发展、共同繁荣的理念，在充分保障知识产权人合法利益的前提下，留存丰富的公共领域，以便为公众有效利用公有知识和公有信息以及进行再创新提供自由利用的公共空间。

（一）合理界分专有领域与公共领域

虽然我国《民法典》和知识产权各专门法对知识产权的保

---

〔1〕　参见林广海："人民法院知识产权司法保护工作取得显著成效"，来自第八届中国国际知识产权新年论坛暨 2018 中国知识产权经理人年会上的讲话。

护范围作了明确规定，但如何科学合理地界定知识产权的保护范围仍是一个难题，特别是知识产权专有领域的确定将直接影响公共领域的空间，因此，科学有效地划分两者的界限显得尤为重要。

在知识产权客体制度层面，由于知识产权法界分专有领域与公共领域的概念多是不确定的法律概念，例如，独创性、思想与表达、实质性相似、现有技术、显著性、权利用尽等概念的适用存在较大的自由裁量空间，司法裁判标准不统一、裁判冲突的现象时有发生。因此，有效界分专有领域与公共领域，必须从知识产权法立法目的深层根源中分析，什么是知识产权法应当给予保护的权利，哪些是不应给予保护而应保留在公共领域的内容。而且，随着科学技术特别是传播技术的快速发展，未来还会有更多的知识产品纳入知识产权保护范围，但公共领域不能随着知识产权保护范围的扩张而受到压缩，也应当一并进行扩张。要从法律的精神、原则和现有规定上，评价这些知识产品应否给予保护，将其纳入专有领域会给社会公共利益和经济社会发展带来怎么样的影响，是否能够实现知识产权法促进社会发展进步的终极目标，从而最终决定将其纳入专有领域还是保留在公共领域。总之，在划分知识产权专有领域与公共领域界限时，要将制度设计和法律适用带来的法律后果作为标准。"法律适用就意味着在具体的案件中实现法定的价值判断。"[1]

在知识产权权利限制层面，如果说知识产权确权是法律基于保护知识产权人的利益而进行的初次分配，基于社会公共利益而对已确立的知识产权进行限制则是对上述利益的再次分配。知识产权权利限制制度对利益的再分配过程，也可以看作是一

---

〔1〕〔德〕魏德士：《法理学》，丁晓春、吴越译，法律出版社 2005 年版，第 61 页。

种对利益冲突的平衡机制。这种平衡机制，紧紧围绕知识产品相关人的利益诉求，适时纠正初次分配时可能造成的不公平权利配置，同时给知识产权制度本身增加了弹性，使其能够随着客观情况的变化而迅速作出调整。这表现为在赋予权利人专有权的同时，防止权利人滥用权利，对其行使权利予以限制，以为不特定公众接近和利用公有知识、公有信息，保留公共领域，促进社会发展进步。同时，应合理确定权利限制与反限制措施。当前，随着知识产权强保护口号的提出，对权利限制的反限制措施得到了充分发展，权利的限制必须跟进，要通过法律适用者的智慧，实现对权利人的限制与反限制维持在有效的平衡中。

（二）保障公众对公共领域的自由利用

公共领域是知识产权公共利益目标所要求的。它不仅对于知识再创新和权利人十分重要，而且对于使用者和公众也极为关键。它是知识创造的来源与基础，是人类文明得以延续与发展的保证，是实现知识产权人利益和社会公共利益有效平衡、消除利益冲突的重要保障。公共领域强调知识的传承与发展，鼓励知识的最大利用。以此为原则，在知识产权保护中，一方面，要强调可持续发展，注重代际公平。知识创造需要学习和借鉴前人和他人的知识成果，与此同时也要成为后人进行再创新的基础，因此，要注重知识的传承与发展，鼓励知识效用的最大限度发挥。另一方面，也要反对知识的独占。知识本就是一个公有物，赋予专有权是为了激励知识创造者的创新动力，但知识的独占不利于知识的传播与分享，也不利于公共文化与公共教育的发展。特别是当前，我国还属于发展中国家，国家的全面协调可持续发展[1]不能仅强调对知识产权的保护，还要

---

〔1〕 中共十七大报告指出，科学发展观，基本要求是全面协调可持续。深入贯彻落实科学发展观，必须坚持全面协调可持续发展。

关注对社会公共利益和特殊利益的维护，充分保障知识产品的合理利用，为公众保留一个可供自由利用的公共领域，以促进公共教育与文化事业的繁荣与发展。

（三）辩证看待维护公共领域与保护知识产权的关系

历史证明，公共领域不是自古以来就有的，它是现代文明产生以后，伴随知识产权制度产生和发展起来的。因此，知识产权保护与维护公共领域不是非此即彼、你强我弱的关系，而是互为条件、辩证统一的关系。首先，知识产品需要从公共领域中吸收"养分"，从而完成知识再创造的转变。其次，知识产品最终都将汇聚到公共领域，成为公共领域的一部分，公共领域有赖于知识产品的加入。因此，不能一味强调知识产权保护，而漠视公共领域的维护，也不能为了追求知识产权人的利益，而以损害公共领域为代价，公共领域的存在是知识产权制度正当性的来源和重要体现。同时，也不允许以维护公共领域的名义随意侵犯他人的知识产权。对知识产权进行严格保护是知识产权制度的首要要求，必须坚决执行、不打折扣。要通过合理确定知识产权专有领域与公共领域，实现知识产权人利益与社会公共利益的有效均衡。具体来说，应做到：一方面，知识产权制度通过正义的利益分配进一步巩固了现代民主社会的文明成果[1]，要树立保护知识产权就是保护创新的观念，通过严格保护，激励全社会创新创造的动力；另一方面，要通过对知识产权法不保护的客体排除、有效期以及权利限制等制度设计，不断发展和壮大公共领域，满足社会对于科学和文化知识的迫切需求，以及通过学习和借鉴公有知识进行再创造的美好愿望。在侵权问题上，一方面，要充分保护专有权，大力降低权利人

---

〔1〕 卫绪华："著作权法上公有领域研究"，中国人民大学 2012 年博士学位论文。

的维权成本，提供充分的司法救济，同时，积极建立体现知识产权市场价值的损害赔偿机制，有效运用诉前证据保全、行为保全、财产保全等知识产权临时保护制度，及时保护知识产权；另一方面，要维护社会公共利益，从根本上丰富和发展壮大知识产权公共领域，为社会保留一个人人得以自由接近和利用的公共空间，实现各种利益的均衡协调。只有辩证地看待保护知识产权与维护公共领域两者间的关系，才能最终实现知识产权激励创新和促进经济发展、社会进步的价值目标。

第二节　著作权保护的完善

保留公共领域视野下，我国著作权保护应当坚持以下指导思想：依法保护著作权，激励作品创作，促进文化的繁荣与发展。根据我国文化产业发展的现状，合理确定作品保护范围，既保护作者的特定表达，使其"劳有所得"，又以思想表达二分法为原则，合理划定著作权的排斥范围，维护公共利益和实现公共领域的保留。科学设定独创性标准，区分不同作品的特点和创作空间，科学合理地确定对于作品的独创性要求，既要坚持独创性原则，又要维护作品的独创性高度。限制著作权保护期限不断延长的趋势，发挥公共领域助力文化产业发展、实现信息共享和再利用的关键作用。完善著作权合理使用制度，维护不特定公众可以合理利用的公共空间，实现权利保护与权利限制的有效平衡。深刻理解公共领域对于知识创造和代际公平的重要作用，既要正确理解创作的本质，防止文化圈地，又要不断丰富和壮大公共领域，促进知识的有效利用以及传统文化的继承和发展，实现创作者、传播者和利用者之间的利益平衡，保障人民基本文化权益。

在著作权保护中，思想表达二分法、独创性、保护期限、著作权合理使用都是保留公共领域的重要制度设计，这些制度在运行中积累了很多有益的经验和做法，丰富和壮大了公共领域。与此同时，亦存在一些亟待完善和解决的问题，下文将尝试提出一些解决思路和建议。

一、思想与表达的界限

作为划分知识产权专有领域与公共领域界限的指挥棒，思想表达二分法的重要价值在于使作者与作品使用者在作品利益分配中各得其所，从而在提供创造的激励与留存新创造的原材料之间实现平衡。目前我国《著作权法》中没有相关规定，且囿于思想与表达自身的模糊与不确定性，导致司法实践难以适用。因此，有必要在立法和司法判断上加以完善。

（一）立法上尽快确立思想表达二分法

作为著作权法上一项重要的利益平衡原则，思想表达二分法已为许多国家的著作权法所明确。虽然思想表达二分法已在我国司法实践中普遍适用，著作权法中却始终不见其"身影"，这使得法官在审理相关案件时找不到明确的法律依据，只能运用法律原则予以解释。这一原则对于界分知识产权专有领域与公共领域是如此重要，其有助于丰富和壮大公共领域，确保公众可以自由利用的公共空间。因此，建议在新一轮著作权法修订中尽快明确这一原则，以为司法实践提供一盏"明灯"。

（二）司法上合理界分思想与表达

由于思想与表达的边界模糊，目前难以明确两者之间的划分标准和界限。但为了减少裁判冲突，指引司法保护的方向，有必要提出一些考量的因素，以规范和指导案件审判。

1. 注重对公有素材和特定表达的剔除

在著作权侵权判断中，通常采用三段论侵权认定法，即首先排除思想的部分，再将属于公有的部分抽出去，最后进行实质性相似的侵权对比。这一过程要特别注重对于被告作品中来源于公共领域的素材进行剔除。如在李淑贤等诉贾英华侵害著作权纠纷案[1]中，原告李淑贤是作品《溥仪的后半生》的著作权人，她发现被告的作品与《溥仪的后半生》高度重合，便提起了诉讼。法院审理后发现，两部作品重合的部分大多来自溥仪日记、历史档案资料等公共领域，是对公有素材的挖掘和利用，因此判定被告不构成侵权。同样，在琼瑶诉于正等侵犯著作权纠纷案[2]中，法院也是在剔除原、被告作品中不相同的情节以及属于公共领域的情节的基础上，再就剩下的情节是否构成实质性相似进行侵权比对。公共领域的公有素材和公有资源对于实现著作权法促进作品的传播与利用、实现知识再创造的立法目的具有重要作用，因此，要在司法实践中坚持"公有原则"，注重对公有素材和特定表达的排除。

2. 对不同的作品分类施策保护

分类施策是知识产权的保护理念，它强调对不同类型的知识产权应采取不同的保护方式和保护政策，这一理念也可以适用于著作权法对不同作品的保护。作品是反映作者情感、观点、喜好等个性因素的知识产品，其中既包括作者独创的部分，也包括从公共领域中吸收、借鉴的公有素材。因此，作品中思想表达的特定化程度与著作权保护的强弱有着重要关系。当作者从公共领域借用的素材很少而自己独创的思想表达很多时，就要对此种作品给予较强的保护。反之，如果作品大多是借用公共领域的素材而只有很少原创表达，就不应给予其过高的保护。

---

[1] 参见林欢："著作权法中思想与表达二分法原则的运用——以琼瑶诉于正抄袭案为例"，载《法制与经济》2016 年第 7 期。

[2] 参见北京市第三中级人民法院（2014）三中民初字第 7916 号民事判决书、北京市高级人民法院（2015）高民（知）终字第 1039 号民事判决书。

这种表达特定化程度还与著作权侵权案件的侵权判断有着密切关系。被诉作品的独创性表达越多，其与原告作品的区别就越大，构成侵权的可能性就越小；反之，构成侵权的可能性也就越大。此外，考虑到不同类型作品的表达方式不一样，即使是同一类作品项下，不同的作品也有不同的表达方式，如小说和论文虽同属文字作品，但小说通常以情节、角色、场景等表达思想，而论文往往通过词汇、论证来陈述观点，因此，在适用思想表达二分法对作品进行保护时，也需要区分不同的作品作出具体的判断。

3. 适当适用思想与表达的合并原则

实践中，每部作品所包含的思想与表达程度不尽相同。在某些特殊的情况下，当思想的表达方式只有一种或者少数几种，甚至两者难以分离时，作品的思想与表达就合并了。在这种情况下，思想与表达合并成为一个整体，因此不应再受到著作权法的保护。如在刘汉云诉无锡国联证券公司等侵害著作权纠纷案[1]中，法院认为，由于股市数据是相同的，即使使用不同软件，按照相同的计算方法，也只能得出相同形状的曲线图，这种曲线图就属于公共领域的范围，不能获得著作权法的保护。在Apple Computer, Inc. v. Franklin Computer Corp. 案[2]中，美国法院也表明了同样的观点，即如果作者在表达一种思想时，只有一种或者有限的几种表达方式，此时就不能对这些表达给予垄断保护。可见，当思想的表达方式十分有限，以至于对作品的表达给予著作权保护将会影响他人获取思想时，则不应对该种表达予以保护。在这种情况下，保护表达就等于垄断了思想。

---

〔1〕 参见江苏省无锡市中级人民法院（2011）锡知民初字第0280号民事判决书、江苏省高级人民法院（2012）苏知民终字第0037号民事判决书。

〔2〕 714 F. 2d 1240 (3rd Cir. 1983).

因此，为了给公众留下足够多同样好的东西，丰富可供利用的公共领域，应当对该作品予以限制，将其保留在公共领域。

4. 不宜对表达确定过宽的保护范围

在确定可被保护的表达的范围时不能过宽，否则会影响到作家、艺术家等在完成创作时利用必要的创作建筑材料，并且会导致一般使用者正常利用作品受到不适当限制。但该范围也不能过窄，否则会影响到创作者的积极性，如减损作家、艺术家在创作文艺作品时的动力和激励。这一原则实质上也是利益平衡理念在思想表达二分法中的适用。此外，法院在确定作品可被保护的因素时还要考虑作品中表达的量。若当事人作品中独创性意义上的表达性因素过少，这一表达的受保护程度就会受到限制。

二、作品独创性的判断准则

独创性是一个相对的概念，是在公共领域基础上建构的法律术语。著作权法中独创性的判断与公共领域的维护不是互相矛盾的，恰当的独创性判断既能激发作者的创作欲望，也能不断丰富和壮大公共领域。独创性与公共领域对立统一，共同支撑起著作权法的理论大厦。

（一）完善独创性的判断标准

我国法律并不禁止他人利用公有知识和公有素材进行再创作，只要新作品具有独创性的表达，就可以各自享有相应的著作权。我国司法实践中通常采用德国的独创性标准，即要求作品必须具有一定的智力创作水准，相对于美国和英国，这对独创性提出了较高的要求，因此也遭到了很多批评，这在中超赛事转播著作权侵权案[1]中就体现得淋漓尽致。该案中，社会各界纷纷指责法院对于电影作品的独创性要求太高，认为在某些

_____

〔1〕 参见北京知识产权法院（2015）京知民终字第 1818 号民事判决书。

领域已经出现了强烈的著作权保护需求，但是司法未能及时给予回应，导致司法保护结果与市场价值不符，也使我国某些产业未能实现与国际规则接轨。笔者认为，在保留公共领域视野下，如果作品的独创性标准设定得太低，会使大量缺乏创作水准的作品进入专有领域，对公共领域的空间造成侵蚀，不利于文化的繁荣与发展。当前，我国的文化消费品还相对匮乏，需要保留一个丰富的公共领域，以鼓励作品的创作，实现知识和信息的共享。因此，建议明确将具有一定智力创作水准作为独创性的标准，从而通过著作权保护范围的确定，明确专有领域与公共领域的界限，为公众保留丰富的公有资源和公有素材。

（二）独创性判断应考量的因素和方法

在涉及传统文化形象的案件中，要做到以下几点：其一，有效分辨公共领域元素以及利用公共领域元素形成的作品，既要将自然景观、动植物形象等公共领域素材纳入公共空间供公众自由使用、合理创作，也要注意对作品中作者的特定选择和特殊表达给予保护。其二，要妥善处理好传承与创新、保护与利用的关系，注重作者、传播者和公众利益的平衡。我国是文明古国，非物质文化遗产十分丰富。对于非物质文化遗产的知识产权保护，实践中既要注重保护传承人的合法权利，维护相关主体的经济权利和精神权利，同时也要允许他人合理利用公有素材进行创新。如在上海美影厂诉玺匠公司侵害著作权纠纷案[1]中，法院指出，要妥善处理好传承与创新、保护与利用的关系，尤其要注重平衡好原作者、后续作者和公众的利益，为历史传统文化留存足够的创新空间。该案中，已存在于公共领域的传统文化作品中孙悟空形象的创作已较为成熟，"Q 版孙悟

---

[1] 参见浙江省高级人民法院（2016）浙民终 590 号民事判决书。

空"采用了圆萌化的艺术处理手法，塑造出具有突出特点的二头身、饱满正圆形头部的脸谱化的小孙猴形象，使得该作品区别于传统的孙悟空形象，具有其特有的造型特点和较高的独创性，应属于新的美术作品。其三，合理区分民间文学艺术元素和民间文学艺术作品。民间文学艺术元素是文化发展和传播所必需的素材，只是包含了特定民间文学艺术的特征，属于公共领域范畴，任何人都可以自由使用。如果利用民间文学艺术元素或者素材进行后续创作，形成具有独创性的作品，则可以依法获得著作权法保护，但必须说明作品的素材来源。如在四排赫哲族乡政府诉郭颂、中央电视台等侵害著作权纠纷案[1]中，法院判决郭颂、中央电视台以任何方式再使用音乐作品《乌苏里船歌》时，应当注明"根据赫哲族民间曲调改编"，这就是表明来源权的体现。其四，区分不同作品的特点和创作空间，科学合理地确定对于作品的独创性要求，使得作者对于作品的独创性贡献与其享有的著作权保护相适应，具体到个案中还要综合考虑作品的属性、所属文化领域的特征以及产业发展需要、已有作品的现状、创作空间的大小、公众的认知和需求等因素。

三、著作权保护期限的合理确定

著作权保护期制度的存在意味着作品最终都将进入公共领域，也意味着公共领域将不断扩充容量。但是著作权保护期限的长短会影响公共领域的动态容量增加速率，进而会对社会的发展进步产生实质性的影响。着眼于我国经济、文化发展现状，暂不宜延长著作权保护期限。未来如果国际公约制定了新标准，或者我国文化产业实现了新发展，则可以再根据国内国际形势

---

〔1〕　参见北京市第二中级人民法院（2001）二中知初字第 223 号民事判决书。

的变化，实时调整著作权保护期限。具体来说，我们应当做到以下两点：

（一）限制著作权保护期限的延长趋势

我国的知识产权制度属于"舶来品"，受西方发达国家和国际公约的影响较大，著作权制度尤为如此。但法律制度源于社会生活，又反作用于社会生活。我国的著作权保护不能一味追求与西方发达国家一致的高标准，而必须从中国国情出发，认清我国文化产业还相对落后、公共教育还需要提升的现状，把重心放在鼓励创作、促进文化产业发展等要务上。同时，积极参与国际谈判，呼吁和表达发展中国家对于文化消费和文化发展的渴望与诉求，坚决抵制发达国家的强权政治和霸权主义，为发展中国家的经济发展和社会进步谋取更多的利益。

（二）坚持保留公共领域的价值取向

著作权法具有激励创作与促进文化繁荣发展两大立法宗旨。但如今，著作权保护期限不断延长的趋势却对这两大宗旨的实现造成了严重威胁。研究表明，"作品处于公有领域能够实现的价值优于其处于私权领域。"[1]一个丰富而又充满活力的公共领域有助于人们接近作品、交流思想，满足人民日益增长的物质文化需求。同时，由于公共领域的公有素材可供自由利用，必将节约后续作者的创作成本，有利于新作品的产出。著作权保护期制度作为保留和丰富公共领域的重要制度设计，应当致力于维护公共空间，实现私权保护与社会大众需求之间的利益平衡。

四、著作权合理使用制度的完善

著作权合理使用制度作为维持著作权扩张与权利限制之间

---

〔1〕 卫绪华、向光富："论著作权保护期制度的价值取向"，载《云南大学学报（法学版）》2015年第1期。

平衡的"砝码"，发挥了重要作用，其通过对权利的限制，维护不特定公众可以合理使用的公共领域。当前著作权保护范围不断扩张，著作权合理使用范围也应相应扩大。首先需要明确的是，一方面，对著作权人的保护始终是著作权法的起点和核心，需要重视对作者权益的充分保护，以实现保护作者利益和促进文化交流的目标；另一方面，通过合理使用加速作品的广泛传播，使人们得以最大限度地接近和利用作品，促进文化教育事业的繁荣与社会进步。看似矛盾的两个方面，通过合理使用制度的有效运作，在保护作者与限制权利中实现了有效均衡，也使得作品的创造者、传播者和使用者之间的矛盾冲突得到有效调节。其次，对于我国著作权合理使用制度中的不完善之处，有必要在保留公共领域理念的指引下加以改进，以促进社会的协调发展。

（一）采用列举加概括的立法模式

列举式立法模式的优点在于指示明确，可操作性强，但缺点在于缺乏现实针对性，不能适应千变万化的社会实践需要，如法官在遇到拍卖物品的展示、为教学目的的拍摄等案件时无法找到法律的明确指引。法律是社会现实的反映，不能脱离社会现实而存在，但同时，法律也应当保持适度的前瞻性和超前性，为社会现实预留发展空间。实践证明，列举加概括的立法模式既有一般的原则性规定，同时也列明了一些明确的情形，从而使法官可以在大多数情况下依据法律的明确规定作出裁判，但又不局限于此，有助于构建更加科学合理的著作权合理使用制度，实现权利保护与权利限制的有效平衡。故建议借鉴美国、德国等国的著作权法[1]，在具体列举著作权合理使用情形的同

---

〔1〕　美国、德国的著作权法对于合理使用行为均采用弹性规定，具有开放性。

时，增加概括性的一般条款，以"增加合理使用的弹性"[1]，保护社会公共利益，适应为不特定公众保留公共空间的正当需求。

（二）实行有限举证责任倒置

"谁主张谁举证"是一般民事诉讼的举证责任分配原则，适用于绝大多数的案件。但在著作权合理使用案件中，使用人往往处于弱势地位，或者使用行为是为了保护社会公共利益，由此决定，在举证责任的分配上也应作出例外规定，以使著作权合理使用的制度关怀真正落到实处。建议实行有限的举证责任倒置，即在使用人以非营利目的合理使用进行抗辩时，著作权人需要证明合理使用行为不存在，如果著作权人能够证明使用人系为了营利目的，则举证责任再次转移至使用人。通过这种有限的举证责任倒置，可以减轻使用人的举证责任，真正体现合理使用原则基于公共利益目标，"充满公平正义观念"[2]的价值。

（三）明确著作权人故意阻碍合理使用的法律责任

之所以对著作权加以限制，乃在于若不允许他人合理使用，人类进行思想交流与表达的基本人权将无从实现，这是法律实现公平正义的要求。因此，权利人故意阻碍他人合理使用或者正当使用权利人作品的，法律亦应给予谴责与规制。建议在《著作权法》的法律责任部分增加相关内容，即如果著作权人故意阻碍他人对作品进行合理使用，也应承担相应的民事责任。

第三节　专利权保护的完善

保留公共领域视野下，我国专利权保护应当坚持以下指导

---

〔1〕 参见李琛："论我国著作权法修订中'合理使用'的立法技术"，载《知识产权》2013年第1期。

〔2〕 William F. Patry, *The Fair Use Privilege in Copyright Law*, BNA Books, 1986, p. 4.

思想：一方面，以创新理念引领，以构建创新型国家为目标，依法保护专利权，鼓励专利权人敢于创新和勇于创新。另一方面，合理确定专利权的保护范围，防止专利权人不当扩张保护范围和保护客体，掠夺公众可以自由使用的公知技术，损害公共利益。完善现有技术抗辩制度，保障公众自由使用现有技术的可得利益；减少对现有技术抗辩不当的限制，降低公众从公共领域获取、利用现有技术的难度和成本，促进公知技术的传播和有效利用。有效运用禁止反悔原则和捐献原则，防止专利权人出尔反尔，制约等同原则的扩大适用。逐步放开商业方法专利保护，完善相关审查标准，使其既能激励商业模式的创新，又能增进社会福祉。完善专利权合理使用制度，不断扩大不特定公众可以合理使用的空间和范围，实现专利权人利益与社会公共利益的有效平衡。重视公共领域对于技术创新和技术更迭的重要作用，既要鼓励创新，依法保护创新成果，又要防止专有权对公共领域的侵害，促进公知技术的丰富和有效传播。

在专利权领域，现有技术抗辩制度、等同原则的适用、商业方法专利保护、专利权合理使用制度都与保留公共领域密切相关。对现有运行机制进行剖析，并在此基础上不断完善和有效运用，有助于维护专利权公共领域这一可供利用的公共空间，激励全社会参与创新活动的热情。

一、现有技术抗辩制度的改进

在中国专利法语境下，现有技术抗辩是一个非常复杂的法律问题。本书基于维护公共领域与保护知识产权的考虑，认为在司法实践中应准确把握以下两点：一是根据利益平衡原则，正确界定专利权的保护范围与公共领域，避免在公共领域设定专利权，为后续的技术创新留足发展空间，平衡专利权人的利益与社会公共利益，树立同等保护两种利益的立法观念；二是准确把握现有技术的范围，将不属于专利权保护范围的技术资源分配给公众，不断发展壮大公共领域，树立同等保护两种利益且适当向保护公共利益倾斜的司法观念。为实现专利法的公共利益目标，促进公共领域的公共资源充分利用和发展，有必要借鉴发达国家的立法经验，对我国现有技术抗辩制度予以完善。具体来说，笔者建议：

（一）明确现有技术的范围

现有技术抗辩的法律基础是公众对公知技术进行利用的可得利益，但是，在先专利技术是否包括在现有技术中，仍有不同的看法。第一种观点认为，对于在先公开的专利，在被诉侵权人为善意的情况下，合法使用在先专利，具有适用现有技术抗辩制度的法律价值。[1]第二种观点则认为，只要被诉侵权人实施的是在先专利技术，即认定抗辩成立，而不问其是否获得许可以及是否为善意。笔者更赞同第二种观点。现有技术应当包括在先专利技术，在现有技术抗辩中援引在先专利技术与被诉侵权产品技术进行比对，符合现有技术抗辩的基本精神。现有技术抗辩的制度价值在于保障公众实施现有技术的自由或权利，这属于民事权利中的可得利益，而不受涉案专利权的限制。要防止专利权的保护范围覆盖公共领域的公有资源，损害公众自由使用现有技术的可得利益。现有技术不具备专利的实质要件，不应当得到专利权的保护，从而不应成为公众使用现有技术的障碍。当被告通过许可等合法途径获得实施在先专利技术的权利时，不允许其主张现有技术抗辩，实际上是对被告民事权利的不合理限制。[2]即使被告未经权利人许可实施在先专利，

---

〔1〕 参见张鹏："现有技术抗辩制度本质论"，载《科技与法律》2010年第1期。
〔2〕 参见张鹏："现有技术抗辩制度本质论"，载《科技与法律》2010年第1期。

构成对在先专利的侵犯，被告也可以通过事后协商获得在先专利权人的许可。这同样属于被告的可得利益，应当受到现有技术抗辩制度的保障。被告未经许可侵犯在先专利的恶意，应当通过在先专利的侵权程序来给予否定性评价。而且，需要注意的是，这里的在先专利既包括他人的在先专利，也包括专利权人的其他在先专利。如在张玉树诉中格公司等侵害外观设计及实用新型专利权纠纷案[1]中，法院就认定张玉树的在先外观设计专利构成其实用新型专利的现有技术。

　　关于抵触申请抗辩能否比照现有技术抗辩进行审理的问题，分歧主要在于专利行政部门和司法部门之间。专利行政部门认为抵触申请用于评价涉案专利的新颖性，属于其专属的行政职权范围，如果将抵触申请作为专利民事侵权案件的抗辩事由，无疑是由司法部门代替行政机关行使职权。但事实上，司法实践中已发生多起适用抵触申请进行抗辩的民事案件，这说明抵触申请抗辩符合相关案件对公平正义的追求、符合法律的精神。如在陈剑诉博生公司侵害实用新型专利权纠纷案[2]中，最高人民法院认为，现有技术抗辩的制度基础在于保护公众合理利用公知技术的正当利益，被告运用抵触申请进行抗辩符合上述原理，因抵触申请是在涉案专利申请日之前申请，并在申请日之后公布的，专利权人对抵触申请一般无从知晓，但是不排除被告从其他途径获知了该抵触申请。因此，对抵触申请抗辩应进行审查，如果被诉侵权技术方案相对于抵触申请不具有新颖性，应认定该抗辩成立。同时，该案亦明确，抵触申请与现有技术的含义和性质存在一定差异，故两者的审查判断标准也有所不

[1]　参见安徽省合肥市中级人民法院（2015）合民三初字第00132号民事判决书。
[2]　参见最高人民法院（2015）民申字第188号民事裁定书。

同。现有技术既可以评价涉案专利的新颖性，也可以与其他现有技术或者公知常识结合，评价涉案专利的创造性。而抵触申请仅可以用于单独评价涉案专利的新颖性，不能与现有技术或者公知常识结合，更不可以用于评价涉案专利的创造性。如果被诉侵权的技术方案相较于抵触申请存在差异并具有新颖性，或者被诉侵权人主张将抵触申请与现有技术或者公知常识结合后进行抗辩，抵触申请抗辩均不能成立。

（二）正确理解无实质性差异的含义

现有技术的范围应包括与现有技术无实质性差异的范围，该范围内的技术相对于现有技术明显缺乏实质性差异，故应纳入公众可以合理利用的技术范畴。究竟应当按照何种标准来确定无实质性差异，对于划分专有领域与公共领域的边界十分重要。根据利益平衡原则，既然专利权人可以通过运用等同原则将专利保护范围扩展至与之等同的范围，那么被诉侵权人在进行现有技术抗辩时，也可以将现有技术和与现有技术无实质性差异的技术纳入抗辩范围。当两者的范围重叠时，应当优先保护公共利益，即认定现有技术抗辩成立，而不是构成等同侵权。最高人民法院指出，无实质性差异可以参照等同侵权判定的标准掌握。实践中可以充分利用各级法院关于等同侵权判定获得的经验来确定现有技术的等同范围，从而明确与现有技术无实质性差异的技术，这更具正当性和可操作性。[1]需要说明的是，虽然无实质性差异借鉴的是等同侵权的判定思路，但在认定时，最终要落脚到被诉侵权技术与现有技术无实质性差异这一结论上，而不能仅得出被诉侵权技术与现有技术构成等同的结论，否

---

[1] 参见谭筱清："已有公知技术抗辩原则在专利侵权诉讼中的运用"，载《人民司法》2002年第8期。

则将会再现王业慈诉徐州九龙水泵厂侵害发明专利权纠纷案〔1〕中一审法院的错误。

（三）放宽现有技术抗辩制度的适用程序

现有技术抗辩是在推定涉案专利有效的基础上，主张虽然构成专利侵权，但存在阻却侵权责任承担之事由，故不需承担侵权之责任，从而维护了社会公共利益，实现了专利权人利益与社会公共利益的有效平衡。实施现有技术是一项独立于专利权的合法权益，基于现有技术抗辩制度的价值精神，当事人在二审、再审阶段提出现有技术抗辩的，也应当予以审查。首先，自由实施公知技术是公众的权利，只有允许当事人在一审、二审乃至再审等各个阶段提出现有技术抗辩，才能从真正意义上维护公众自由实施公知技术的权利，确保社会公共利益价值目标的实现。其次，根据修改后的《民事诉讼法》及其司法解释，我国对民事诉讼采取证据不关门的原则，只要该证据与案件基本事实有关，都应采纳。即使当事人对于逾期提供证据存在过错，亦可以通过训诫、罚款等方式予以惩处，而不应采取不接受新证据的做法。这是查明案件事实、实质性解决纠纷所必需的。最后，当前我国社会大众的法律意识不强，诉讼能力较弱，对于专利侵权、侵权抗辩等法律程序了解不多，不应对其法律素养和法律知识要求过高。

（四）对现有设计抗辩制度的完善

基于相同的制度价值，笔者认为现有设计的范围也应当包括在先的外观设计专利，应以给人们留足灵活使用现有设计的空间作为基本原则。但是，有效的现有设计抗辩应当公开现有设计的全部设计特征，而不能只公开部分特征，也不能通过利

---

〔1〕　参见江苏省南京市中级人民法院（2018）苏 01 民初 1430 号民事判决书、最高人民法院（2019）最高法知民终 100 号民事判决书。

用公开的部分特征推测其他的技术特征来进行比对。如在黄忠坚诉陈祥勇侵害外观设计专利权纠纷案〔1〕中，法院认为陈祥勇提交的公司网页符合现有设计的时间要求，可以进行现有设计抗辩。但是该网页图片仅有主视图，缺少左视图和右视图，无法判断风机正面出风口和尾部散热口的形状与被诉侵权设计是否一致，因此不能单独作为现有设计对比文件。

对于现有设计的使用，通常不会照搬照抄，而是会进行简单的修改和变化。若这些修改不足以使变化后的设计与现有设计产生实质性差异，则两者仍然属于无实质性差异。具体来说，应当采取"整体观察、综合判断"的原则，若被诉侵权设计与现有设计在整体视觉效果上无实质性差异，则认为是对现有设计的合理使用；若被诉侵权设计与现有设计在整体视觉效果上产生了实质性差异，则不应认为是对现有设计的合理使用。需要注意的是，如果被诉侵权设计与现有设计之间存在区别设计特征，而这些区别设计特征正是涉案专利获得授权的原因，则此时不能因为被诉侵权设计与现有设计整体相似而侵权豁免。

对于现有设计抗辩制度的适用程序，笔者认为也应当适用于一审、二审乃至再审等各个阶段，从而通过阻却侵权责任承担之事由，真正发挥现有设计抗辩制度的作用。

目前，我国法院在专利民事案件中不能直接审查专利的效力。当现有技术或现有设计抗辩成立时，被诉侵权人可以继续实施该技术或设计，而本不应获得授权的涉案专利亦继续有效，这使得现有技术或现有设计抗辩制度对于公共领域的保护，相较于明显无效理论要弱得多。虽然 2019 年成立的最高人民法院知识产权法庭集中审理专利行政无效与专利民事侵权二审案件，

〔1〕 参见广东省高级人民法院（2016）粤民终 1881 号民事判决书。

可以在一定程度上有效缓解专利民事侵权程序与行政无效程序二元分立带来的审理程序多、时间长的问题，但仍然未能从制度层面解决该问题，因此，未来我国应借鉴美国的经验，规定法院在民事侵权案件中可以直接对专利效力进行审查，从而有效维护公众可以自由利用的公知技术，扩大公共领域的空间。

二、等同原则适用条件的细化

等同原则作为保护专利权人利益、有效打击搭专利便车行为的制度，在专利侵权判定中发挥了重要作用，成为专利权人的一把尚方宝剑。但等同原则的过度适用又容易导致对公共领域的侵蚀，影响公众自由实施现有技术的可得利益，导致专利权人与社会公共利益的失衡，而且实践中这一现象有愈演愈烈的趋势。因此，有必要对等同原则的适用条件予以完善，实现既充分保护专利权人的利益，同时又能有效维护公共领域。

（一）明确技术特征的含义及其划分标准

对于等同侵权判定究竟应将涉案专利技术作为一个整体进行比对，还是应当分解至每一个具体技术特征进行比对，美国坚持全部技术特征规则。在 1997 年的 Warner-Jenkinson Co., Inc. v. Hilton Davis Chemical Co. 案中，美国联邦最高法院就指出，在确定发明的保护范围时，权利要求中所包含的每一个技术特征都是重要和必须要考虑的，可见其对等同原则的适用采取的是全部技术特征比对法。[1]我国专利司法解释也明确规定要进行具体技术特征的比对。既然如此，技术特征的含义及其划分标准就显得尤为关键，因为采取不同的含义和标准对于涉案专利的权利要求进行划分，往往会得出截然不同的技术特征，进而会影响到专利权的保护范围大小和侵权判定结果。笔者赞同

---

[1] 520 U.S. 17, 117 S. Ct. 1040, 137 L. Ed. 2d 146 (1997).

北京市高级人民法院关于技术特征的定义，即技术特征是指本领域的普通技术人员经过一定的创造性劳动得出的，以特定的手段实现某种独特功能，并且能产生相对独立技术效果的最小技术单元。[1]具体来说，可以将技术特征理解为包含手段、功能、效果以及连接关系四个要素，这四个要素中，手段、功能和效果是比较重要的要素，在划分技术特征时应当首先以功能和效果为依据来进行划分，然后再综合其他因素进行调整。

（二）完善禁止反悔原则

禁止反悔原则是对等同原则的重要限定，是应对不断扩大的专利保护范围的有效方法。当前，应从以下方面不断完善禁止反悔原则：其一，维护诚实信用原则应当贯穿于涉案专利的所有程序始终，禁止反悔原则适用的程序和范围不应局限于授权确权程序，至少还应包括其他在先诉讼程序或者行政调处程序等，这就像给每一项专利配备了一份"诚信档案"，与之相关的所有公权力程序的记录都应充实到这一档案中，这样才能充分发挥禁止反悔原则对等同原则的限制作用，防止专利权人出尔反尔，损害公众的合理信赖利益。其二，何为技术方案的放弃。有学者认为，首先，不一定要通过明示的方式表示放弃；其次，这种技术方案是指，在修改或者陈述意见之前可能落入保护范围，但修改以后则难以落入保护范围的技术方案。[2]笔者对此不敢苟同。当前，信用经济、信用社会时代已经到来，个人是社会的基本单位，也是信用的提供者和接受者。为了防

---

[1] 参见北京市高级人民法院《专利侵权判定指南（2017）》第8条："技术特征是指在权利要求所限定的技术方案中，能够相对独立地执行一定的技术功能、并能产生相对独立的技术效果的最小技术单元。在产品技术方案中，该技术单元一般是产品的部件和/或部件之间的连接关系。在方法技术方案中，该技术单元一般是方法步骤或者步骤之间的关系。"

[2] 参见尹新天：《中国专利法详解》，知识产权出版社2011年版，第481页。

止专利权人两头得利，建议参照美国法院的做法，只要专利权人在授权确权阶段以获得专利授权为目的，对权利要求范围进行了限缩或者类似的意见陈述，无论其最终是否在修改中自我放弃了，或者该放弃是否对于获得授权起到实质性作用，都应适用禁止反悔原则，即适用禁止反悔原则并不以被排除或放弃的技术方案对维持专利起到实质性作用为条件。

（三）确立可预见规则

不同于等同侵权判定时以侵权发生日为时间节点，可预见规则的适用时间节点为专利申请日。由于专利申请日是过去的时间节点，如何判定某项技术特征的替换在过去的时间节点上对于当时的本领域普通技术人员来说足以预见，标准很难统一。如何确定申请人的可预见标准和范围是一个复杂的问题。过高的标准和过宽的范围不仅是强人所难，而且事实上也纵容了部分等同侵权行为，减损了专利权的价值。因此，笔者建议采取"一般理性人"的标准，即对专利权人提出本领域普通技术人员所应当具有的预见能力是较为合理的。正如美国联邦最高法院在 Festo v. Shoketsu 案中所指出的，"专利权人作为权利要求书的撰写者，应当具有能够撰写出包含容易想到的、可预知的等同物的权利要求书的能力"。[1] 在个案判断中，可以参考诸如说明书记载的内容、本领域普通技术人员所公知的等同替换手段，以及在申请日前发明人已实际使用过的等同实施例等公知常识性证据，对专利权人的预见能力进行判定。

（四）积极运用现有技术抗辩制度

运用现有技术抗辩时，等同原则的适用会受到一定的限制。假设涉案专利是一种改进型专利，且未与现有技术重叠，如果

---

〔1〕　See Festo Corp. v. Shoketsu Kinzoku Kogyo Kabushiki, Co., 535 U. S. 722, 740（2002）.

被诉侵权技术方案同时落入了涉案专利权利要求的等同范围和现有技术的扩张部分，此时，如果专利权人提出等同侵权主张，而被诉侵权人提出现有技术抗辩，更注重专利权保护的法院会倾向于认为构成等同侵权，而更注重维护公共利益的法院则可能会认为不构成侵权，理由是被告实施的是与现有技术无实质性差异的技术，本质上仍为现有技术。如前所述，此时应当优先适用现有技术抗辩制度，对等同原则的适用进行必要的限制。首先，与专利技术等同的技术方案，已经进入与现有技术无实质性差异的范围，该等同技术方案的创造性不高，不值得扩大保护。其次，在被诉侵权技术方案既属于与现有技术无实质性差异的技术，又落入涉案专利等同范围时，被告代表的公共利益应当优于专利权人的个人利益。工具主义理论认为，创设专利权的正当性在于激励创新，促进科学和实用技术的发展进步。换言之，使公众获得更多更好的技术，促进社会公共利益的整体提升，是专利法的最终目的，保护专利权属于实现这一终极目的的手段之一。因此，在等同技术方案不足以提升整体技术水平时，优先保护公众合理利用现有技术的权利，更具有合理性。最后，公众合理利用现有技术的权利先于专利权而存在，专利权的保护或行使不应影响公众这一在先可得利益。

三、商业方法专利的审查

我国对商业方法专利保护起步较晚，保护经验也相对欠缺，需要吸收和借鉴国外的有益经验，逐步完善相关审查制度，使之既能激励商业模式的创新和发展，使公众享受到更多生活便利，又不至于对公共领域造成不当挤压，减少公众可自由利用的空间。

（一）制定有针对性的审查标准

应根据商业方法专利的特殊性，在原有专利申请审查标准和规则的基础上，形成一套专门针对商业方法专利申请的审查规则和审查标准。具体来说，应当对商业方法专利申请的审查流程和保护方式进行调整。例如，我国现行发明专利的审查授权周期一般为2—3年时间，发明专利权的有效期为20年。但是互联网技术发展日新月异，商业方法专利一般生命周期都不长，而且随着科技进步，商业方法的更新换代速度只会越来越快，如果与普通发明专利一样，要进行2—3年的专利审查，很可能商业方法专利还未授权，与其相关的商业方法就已经被市场淘汰，失去了市场价值。此外，如果对商业方法专利采取20年的保护期限，将使得很多商业方法在其有效期内就失去保护的意义，但由于专利权还处于有效状态，会使他人无法对该专利方法进行自由应用，不利于商业模式的推广应用。因此，有必要根据经济社会发展的规律，对商业方法专利申请的审查周期和保护期限进行科学合理的规定。[1]

（二）构建科学合理的审查标准

为了防止商业方法专利对创新社会的影响，当前对商业方法专利申请的审查应当侧重于实质性审查。我国《专利法》第2条规定发明的客体应当是新的技术方案，第25条规定智力活动的规则和方法不能被授予专利权。其中第2条属于一般性规定，第25条是对专利的反面限定，属于特殊规定。但是，对于不同领域的专利申请，这两个条款又有不同的法律适用地位。具体来说，对于商业方法专利，应当优先适用第25条，如果适用该条不能将申请的主题排除在可专利的客体之外，再适用第2条的一般条款，在符合上述规定后，再对商业方法专利的"三性"进行评价。美国对于商业方法专利申请的审查与此类似：

---

〔1〕　参见徐芳："'互联网+'模式下我国商业方法专利制度的完善"，载《中国律师》2017年第2期。

首先对客体的适格性进行判断，再判断是否符合授权的实质要件。但是美国司法实践中已经开始审视商业方法专利的新颖性和创造性评价标准，并逐步提高审查的"门槛"。相比之下，我国没有专门针对商业方法专利申请的审查标准，使得其新颖性、创造性评价标准与其他一般专利并无区别，这显然不利于商业方法专利的保护。

关于新颖性的评价，由于商业方法获取渠道及覆盖范围广泛，当前仍应坚持绝对新颖性的标准，任何形式的公开都能破坏商业方法专利的新颖性，以此来维护公众的合法使用权利。进行新颖性检索时，可以不限于专利文献，将检索范围扩大至期刊甚至是电子出版物等，尽可能扩大审查范围。关于创造性的评价，考虑到商业方法往往与计算机技术或者网络结合，故应当从不同领域寻找对比文件。为了凸显商业方法的技术特征，可以在判断专利申请的技术领域时采取"问题解决法"，即根据专利申请所要解决的问题来寻找相应的技术领域。同时，在审查时，应将专利申请作为一个整体进行审查，要求发明创造的整体符合创造性的要求，而不能仅对技术特征部分进行单独审查。此外，专利制度保护的是创新，审查时还要关注发明创造的技术贡献，被授予专利权的商业方法必须具有进步性。[1]与此同时，也应当注意到，我国商业方法专利保护的时间不长，与商业方法专利相关的现有技术资料比较匮乏，这会给专利申请审查带来一定困难，也可能导致客观上降低商业方法专利准入的门槛。为此，应当加强商业方法专利数据库的建设，广泛收集国内外商业方法专利申请的审查资料。在这方面，美国、日本和欧盟都已经开始合作开发建设相关专利数据库，并且设

---

〔1〕 参见师莹莹："商业方法专利保护探析"，载《新西部》2018年第23期。

立共享平台，使得审查员在审查过程中能够轻松地检索到大量现有技术。我国可以借鉴这一经验，与商业方法专利发展较快的国家进行合作，共建共享数据库平台，进行联合检索。同时，还可以借鉴美国专利审查中的"第三方参与机制"，引导公众参与到审查过程中，鼓励公众对商业方法专利申请的审查提出公众意见。在审查阶段广泛听取公众意见，特别是相关领域专业人员的意见，能够为审查员提供启发和建议，有利于提高商业方法专利申请审查质量，避免低质量的商业方法被授权，阻碍创新社会的发展。

（三）否定纯粹商业方法的可专利性

专利制度的目的是保护发明创造、激励创新，但并不是所有的发明创造都应当通过专利制度保护。专利制度设置的初衷是通过法律来保护发明创造，技术性是专利法的首要要求。一方面，不涉及技术方案的纯粹商业方法更接近于智力活动的规则和方法，属于被我国专利法明确排除的客体，因此不适合通过专利制度保护。另一方面，如果不对商业方法专利进行必要的限制，会使大量与商业相关的经营方式涌入专有领域，使商业方法专利泛滥。保护不包含技术内容的商业方法，等于是限制人类的思维活动，客观上难以实现真正的保护，而且也会消减人们从事创新活动的积极性，使其成为独占性权利。[1]并且，如何将纯粹的商业方法与智力活动的规则和方法进行区分，本就是一个难以解决的问题，两者的界限模糊，要进行区分不具备实操性。我国和日本都强调商业方法专利必须与计算机或者网络技术有联系，美国却没有该要求，并且美国并不排除对纯粹商业方法的保护。从实践效果来看，虽然这种开放的态度在一定程度上促进了美国

---

〔1〕 参见吴伟光："商业方法发明可专利性研究"，载张平主编：《网络法律评论》（第11卷），北京大学出版社2010年版，第90页。

商业方法专利的发展[1]，但是，当无法预测一项制度的变化会给社会带来何种影响时，退而求其次或许是最好的选择。因此，现阶段我国仍应坚持纯粹的商业方法不具有可专利性，以便为公众保留自由利用的空间。

此外，还需注意的是，虽然相比于美国，我国可专利客体范围较窄，但不排除会出现对不可专利的客体授予专利权的情形。因此，对于包含技术特征的商业方法专利申请，还要特别关注其是否独占了不可专利客体的一切应用方式。如果答案是肯定的，则不得对其授予专利权，而应当保留在公共领域范畴。

四、专利权合理使用制度的完善

专利权合理使用是对权利人行使权利的限制，实现了权利人利益与社会公共利益的平衡，也构建了专利法保留的公共领域。根据《TRIPs 协议》和我国专利法的规定，并参考著作权合理使用判断标准以及相关的学术研究，有必要对专利权合理使用行为及其判断标准予以完善。

（一）科学界定专利权合理使用行为

针对当前专利权合理使用行为边界不清、定义不明以及内容封闭等问题，有必要从立法和司法上予以解决。

1. 明确科学研究与实验的边界

是否所有的科研实验都可以适用专利侵权例外，司法解释没有明确，实践中也存在不同的判决，因此有必要明确判断标准和适用范围。为了增加法律的适用性，有必要将常见的视为侵权例外的科研实验行为予以列举：一是针对专利技术本身进行改进的实验，如希望通过科研实验达到对现有技术的改进目

---

〔1〕 参见张玉敏、谢渊："美国商业方法专利审查的去标准化及对我国的启示"，载《知识产权》2014 年第 6 期。

的；二是针对专利技术进行验证的实验，如对于专利技术能否达到某种技术效果和发明目的进行验证；三是确定实施专利技术的最佳方式，专利说明书中常常会介绍多个实施例，实验者希望通过实验明确最优方案；四是为避免侵权而进行的研发，如实验者为了避免自己的产品构成侵权，而对专利技术进行研究；五是在课堂教学中为了传播知识进行实验，从而揭秘专利技术或者实施专利方法。这些情形不会给权利人造成实质性损害，将其纳入合理使用范畴反而可以有效提升技术水平，维护公共利益，保障不特定公众对公共领域的有效利用。

同时，亦应明确不应被视为侵权例外的情形：其一，实验的目的不是专利本身，而是利用专利作为手段研发其他技术。例如，实验只是将专利技术作为操作手段，从而研究开发其他技术的，不应被视为合理使用。其二，实验的目的不是专利本身，而是利用技术达到其他目的。例如，打着科学研究的旗号，但实际上是利用专利技术对相关人员进行培训，以使他们能更好地操作和利用专利技术。又比如利用专利技术进行研究是为了改进现有设备或者工艺流程，以便能制造出专利产品或者实施专利方法。其三，实验是为了测试专利技术的商业前景。例如，向潜在客户展示专利技术或者向市场试卖专利产品，以确定该专利技术的发展前景和市场接受程度。其四，在课堂教学中将专利技术作为实验手段。此时专利产品属于课堂教学的工具、手段，属于专利产品的正常利用。此外，如果实验的数量过多、持续的时间过长，也不能援引例外原则。如在 Douglas v. United States 案[1]中，美国政府曾经购买了他人拥有专利权的 6 架喷气式飞机和 11 台备用发动机，并使用了 4 年时间。在

---

[1]　See 181 USPQ 170（Ct. C1, Trial Dvn. 1974）.

专利侵权诉讼中，美国政府抗辩其是为了测试飞机的性能而进行的实验。法院最终判定美国政府构成侵权，其理由为使用他人的专利数量大且持续时间长，即使是为了公共利益，也不能视为例外。综上，如果实验情形针对的并非专利技术本身，属于"挂羊头卖狗肉"，或者使用的专利数量大、持续的时间长，都不能纳入专利权合理使用的范畴。

2. 药品实验例外的明晰

（1）扩大药品实验例外的适用地域。如果国内医药企业为了开拓国外市场，获得国外的医药行政审批而在国内进行实验测试，并收集相关数据，可否被认定为侵权例外而免责？从国外的经验看，加拿大将药品实验例外扩大到为满足外国行政批准而对专利进行的实验。德国将药品实验例外的范围扩大到为欧盟、欧盟成员国或第三国而进行的实验。[1]

当前，世界各国对仿制药的需求量非常大，如果长期将药品专利权牢牢控制在少数发达国家的大医药公司手中，将会极大地影响人类的公共健康。2018年上映的电影《我不是药神》就是一个最好的例子，大医药公司生产的新药普通老百姓消费不起，相比之下，仿制药物美价廉，更为老百姓所追捧。我国作为仿制药大国，应当在大力补充本国仿制药的同时，努力开拓国外市场，为解决其他国家的公共健康尤其是药品紧缺问题而做出努力。这就需要扩大国内药企药品实验例外制度的适用地域，为全人类的健康提供更质优价廉的仿制药。为此，建议参照加拿大和德国的做法，对我国药品实验例外不作地域限制。

（2）厘清药品实验例外制度的适用范围。第一，关于能否

---

〔1〕 2005年，德国将《药品法》中药品实验例外的范围扩大到为"取得在欧盟、欧盟成员国或第三国进行销售的许可而对专利产品进行研究、实验或为取得其他后续性实际操作的行政许可而进行的实验"。

适用于商业目的行为的问题。如前所述，我国曾经在缺乏药品实验例外规定的情况下，将新药试验和申请药品生产许可排除在《专利法》第 11 条第 2 款 "生产经营目的" 之外，而引发了社会各界的热议。反观西方发达国家，如美国、德国等，却始终没有将商业目的排除在药品实验例外之外。[1]因此，在发达国家司法实践已普遍接受带有商业目的的药品实验例外的情况下，基于对社会公共利益的考量，我国司法实践不应停留在既有的认识中，特别是考虑到我国医药行业还处于发展阶段，药品专利主要掌握在发达国家这一现状，有必要对药品实验行为的目的予以宽松解释，不将商业目的排除在药品实验例外之外。

第二，关于利用专利方法制造的产品能否适用侵权例外的问题。美国法院曾在 Amgen, Inc. v. F. Hoffmann-La Roche Ltd. 案[2]中指出，只要进口依专利方法制造的药品是为了提交行政审批所需要的数据，就不应视为专利侵权。可见，美国对于依照专利方法制造的药品适用药品实验例外规则是明确的。考虑到我国曾经在过往的案例[3]中将方法专利的使用纳入考量范

---

〔1〕 如美国在 "伊莱案" 和 "英特麦蒂克斯案" 均明确，即使药品实验带有商业目的，只要与获得行政审批所需数据相关，就可以适用药品实验例外制度。See Elan. Transdermal Ltd. v. Cygnus Therapeutics Systems, 24 U. S. P. Q. 2d 1926 (N. D. Cal. 1992). See Intermedics, Inc. v. Ventritex, Inc. , 991 F. 2d 808 (1993). 德国法院亦在 1997 年 "克里里斯克案" 中表明，所有药品实验行为都应予以侵权豁免，不管是否出于商业目的或者实验行为是否产生科研成果，以及实验的药品最终是否上市。See Klinische Versuche Ⅱ (Federal Supreme Court, April 17 1997, RPC 1998, 424).

〔2〕 2007 年，安进公司向美国国际贸易委员会 (ITC) 指控罗氏公司向美国进口人类重组红细胞生成素及其衍生物的行为侵犯其专利权。罗氏公司辩称，由于进口的药品是用于获取美国食品药品监督管理局 (FDA) 批准所需的数据，可以适用药品实验例外制度而不构成侵权。此观点得到了 ITC 的支持。原告上诉到美国联邦巡回上诉法院，美国联邦巡回上诉法院维持了 ITC 的决定。See 494 F. Supp. 2d 54 (2007).

〔3〕 参见北京市第二中级人民法院 (2006) 二中民初字第 4134 号民事判决书、北京市第二中级人民法院 (2007) 二中民初字第 13419—13423 号民事判决书。

畴，而且医药行业中大量的专利属于方法专利，将方法专利的使用排除出药品实验例外范畴也不符合行业规律和国际惯例。

第三，关于没有最终提交行政审批的药品实验能否适用侵权例外的问题。药品开发工作要进行大量的实验，实验中难以明确哪些数据是需要提交的，而且实验成功与否也难以预料。因此，如果要求仿制药商在进行药品实验之初就对所有行政审批需要的资料了如指掌，所做的实验精确无误，未免显得过于苛刻。因为实验失败或者有超出行政审批所需的信息就要承担侵权责任，无疑也是不公平、不合理的。在这方面，美国联邦最高法院在案件审理中亦指出，药品实验中无法确切知道哪些信息需要提交审查，也无法保证实验一定都是成功的。如果仅因为实验失败就要承担侵权责任，无疑会极大地挫伤药商的积极性。[1]为了推动我国仿制药行业的发展，保障专利权人与社会公共利益的有效平衡，我国可以借鉴美国的做法，明确即使在药品专利实验中获得的信息和数据没有最终提交行政审批，药品实验行为也不视为侵权，以免除实验者的后顾之忧。

3. 对专利权合理使用制度采用列举加概括的立法模式

列举式规定指示明确，可操作性强，但缺点在于缺乏前瞻性和超前性，不能适应不断发展变化的社会需要。《TRIPs 协议》第 30 条作为专利权合理使用的国际法依据，是一个弹性条款，可以为各成员特别是发展中国家所利用。当前，我国仍属于发展中国家，技术水平和创新能力都与发达国家存在较大差距，我国可以充分利用《TRIPs 协议》的原则性条款，制定符合自身技术发展水平和国家创新发展目标的专利侵权例外规定。专利权合理使用的概括性条款和判断标准对于保护公共利益、

---

[1] See Integra Lifesciences I Ltd. v. Merck KGaA, 545 U. S. 193 (2005).

维护知识产权公共领域具有重大意义，是平衡专利权人利益与社会公共利益的重要制度设计。因此，为维护我国知识产权公共领域的健康发展、满足人民群众的生活需要，有必要在具体列举专利权合理使用行为的同时，增加概括性的表述内容或者兜底条款，以适应社会不断发展进步后产生的各种新情形。

（二）引入专利权合理使用行为判断标准

《TRIPs 协议》提出的专利侵权例外的三步检验法，是各成员制定本国专利权合理使用规定的依据。我国专利法只有不视为侵权的例外规定，没有明确具体的判断标准。这一制度的复杂性容易导致司法裁判标准的不统一，造成专利权合理使用的滥用，或者不当压缩不特定公众合理使用的空间。从著作权合理使用制度 100 多年的发展来看，相应的判断标准已经较为成熟，既具体明确，又不失灵活性，可以为专利权合理使用制度所借鉴。建议在增加专利权合理使用概括性条款或者兜底条款的基础上，引入其判断标准，明确法律适用的条件。具体来说，可以从以下几方面予以考量：

1. 使用的目的和性质

从使用的目的来看，首先，使用者的身份是需要关注的。通常来说，个人、政府或者非营利机构容易成为合理使用的主体，而公司、营利机构往往难以适用合理使用。但凡事皆有例外，如政府也有商业使用专利技术的时候，公司也有非商业使用专利技术的时候。如在王及伟诉民航管理局侵害实用新型专利权纠纷案[1]中，法院认定民航管理局在其办公所在的综合业务楼上安装使用了玻璃百叶窗，侵犯了原告的专利权。虽然被告是事业法人主体，但此行为亦构成侵权，除非能够证明其是

---

[1]　参见云南省昆明市中级人民法院（2009）昆知民初字第 218 号民事判决书。

专为科学研究和实验而使用专利。其次，需要考察使用是否具有商业目的。通常来说，如果行为人的商业目的主要在于与权利人争夺利益（损人利己），则不能构成合理使用。相反，如果不损人但利己或者损人的目的主要在于维护社会公共利益（损人利公），则通常应视为例外。例如，为了获得药品行政审批的数据信息而进行药品实验通常具有商业目的，但是世界各国立法和司法实践却普遍将这一行为纳入专利权合理使用的范畴。最后，考察这种使用是否会争夺权利人的市场。如果只是在商业过程的中间阶段使用了专利技术，最终产品不会影响专利产品的市场，不会损害专利权人的利益，反而会极大地促进技术创新，增加社会福利，则这种间接使用方式由于利大于弊，可以被认定属于合理使用。相反，非商业目的也不一定都能适用合理使用制度而得到侵权例外豁免。[1]

关于使用的性质，可以借鉴著作权合理使用制度中的变异使用理论来看待。如果变异的程度大，对推动科技进步和社会发展具有重大意义，更倾向于被认定为合理使用。但如果变异的程度较小，则因为专利法适用等同原则，仍然可能落入专利权的保护范围，构成侵权。但在某些特殊情况下，虽然没有实现重大的改良，但仍然可以构成合理使用。如在软件的开发过程中为了获得软件的兼容，虽然使用了他人的专利并且技术改进不大，但亦有可能被认定属于合理使用。因为在这种情况下，受兼容软件的限制，实现重大技术变革的可能性几乎为零，故应特殊情况特殊对待。

2. 被使用的专利的性质

在判断专利权合理使用时，还要考虑专利客体的创造性高

---

〔1〕 如在 Basic Books, Inc. v. Kinko's Graphics Corp. 案中，法院认为大学提供教学课件未授权的复制作品，并不能因为仅仅是教育目的就属侵权例外。

低，并基于不同程度的创造性而区别对待。德拉雷纳（Lorelei Ritchie de Larena）教授认为，应当考虑以下两方面：一是专利权人的商业状态，取决于专利权人为此所花费的时间成本、人力资源和物质成本；二是专利技术的商业价值，重点立足于技术发展的全局高度来看某一项专利技术究竟属于实现了重大技术飞跃，还是属于细微的技术改进或者专利密集领域的技术改良。如果专利权人投入了大量的时间、金钱和精力，实现了某领域的重大技术变革，那么对此适用合理使用的可能性就较小。相反，如果专利权人没有投入太多的时间和精力，且只是对现有技术进行了微小改动，就更倾向于纳入合理使用范围。[1]笔者赞同这一观点，认为应当将专利权人的付出与投入以及专利的创新程度纳入考量的范围，这也符合当前我国知识产权保护中坚持的比例原则。

3. 使用的程度和内容的实质性

这主要是从使用的类型和方法等方面予以考量的。应考虑同被使用的专利相比，这种使用属于变异使用，还是相同使用，是针对专利本身进行研究，还是利用专利作为手段研发其他技术。如果属于变异使用，如前所述，需要考量变异的程度和大小，以及对于科技进步和社会发展的作用。如果属于相同或者等同使用，则难以适用侵权例外。此外，使用的目的也值得重点关注。如果出于使用者自身的兴趣爱好，围绕专利技术本身开展技术研究，是可以构成合理使用的，但如果只是将专利技术作为手段开发其他技术，或者达到其他培训、推销等目的，则不能适用合理使用抗辩。而且，使用的数量大或者持续时间长，通常可以作为非合理使用的佐证。

---

〔1〕　See Lorelei Ritchie de Larena, "What Copyright Teaches Patent Law About Fair Use: And Why Universities Are Ignoring the Lesson", 84 *Oregon Law Review* 812（2005）.

4. 使用对专利的市场影响

从激励理论看，由于专利权人对研发技术投入了时间、金钱和智力，作为激励，专利法需要赋予其专利垄断权。一旦他人的侵权行为侵占了权利人的市场，必然会损害权利人的利益。具体来说，可以从以下两方面考察使用行为对专利权人的市场影响：一是使用产生的产品性质。对于专利产品而言，如果他人的使用产生了竞争产品，就会直接蚕食专利权人的市场；如果产生的只是非竞争性产品，则对权利人的市场影响较小。二是权利人利益与公共利益的平衡。如果使用行为为社会创造了巨大财富，增进了社会福利，相比之下对权利人的影响较小，那么适用合理使用的可能性就大。但是，如果使用行为虽然增加了社会财富，但对权利人的市场影响也很大，此时就要结合其他因素判断能否适用合理使用。值得注意的是，这里所说的权利人的市场既包括客观存在的市场，也包括潜在的市场，需要综合考量。

5. 市场失灵的性质和程度

市场失灵是引入合理使用的重要原因。这里需要重点考察专利技术的市场化程度。如果权利人通过自行实施或者许可他人实施，已经将专利技术市场化，市场失灵的程度小，合理使用适用的可能性就小。如果专利技术并未被实施或者难以获得许可，人们需求得不到满足，导致市场失灵，合理使用适用的需求就大。还有一种情况是专利权人拒绝许可是为了控制市场垄断地位。这时虽未造成市场失灵或者市场失灵程度不严重，但由于权利人的行为与专利法推动技术应用、促进社会进步发展的立法目标相悖，适用合理使用更具有合理性。而且随着专利权的扩张，在一些新兴领域，如生物医药、商业模式等，市场失灵的情形会更严重，更需要引入专利权合理使用制度予以调节。

综上，使用的目的和性质、被使用的专利的性质、使用的程度和内容的实质性、使用对专利的市场影响、市场失灵的性质和程度可以作为判断专利权合理使用行为的五个标准。这五个标准并不是均等或者递进的关系，其重要性也并非一成不变，都可能起到决定性作用，具体应由法官根据不同的案件情况一一考察、具体适用，赋予其不同的权重。因此，需要在专利法立法宗旨的指引下，在专利权合理使用制度精神和原则的统领下，基于权利人利益与社会公共利益平衡的理念，将五个判断标准适用到具体案件中。

第四节　商标权保护的完善

保留公共领域视野下，我国商标权保护应当坚持以下指导思想：一方面，严格保护商标权，维护商标权人用心经营所积累的商誉；另一方面，合理界定商标权的保护范围，维护商标权利限制的公共领域，保障不特定公众合理使用的空间。既要保护商标专用权人的在先权利，使商标发挥价值，也要对历史传统、民俗习惯、使用者的使用意图等综合判断，保障品牌的传承和发展，促进对公有元素的合理使用。在商标申请注册中，对具有不良影响、恶意注册标志的审查，要结合商标申请和使用的实际情况考量该商标申请是否违反诚实信用原则，是否会对社会秩序和善良风俗造成危害，是否会引起相关公众的混淆误认或者产生不良影响。有效利用注册商标连续三年不使用撤销制度，激活商标资源，实现对公有资源的合理分配和高效利用。科学确定商标显著性的标准，明确商标专用权与公有标志之间的界限。完善商标合理使用规则，维护不特定公众可以合理使用的公共领域。有限认可商标平行进口行为，促进商品的自由流通，满足人民群众日益增长的物质生活需要。通过妥善处理商标专有权保护与公共领域维护的关系，促进市场公平竞争，平衡各方利益冲突，实现经济发展和产业升级。

在商标权保护中，显著性的判断、商标合理使用、商标权利用尽都是划分专有领域与公共领域边界的重要制度，通过制定科学合理的制度设计可以有效维护和扩大公共领域空间。对于如何更好地发挥这些制度的价值优势和功能作用，本书提出了一些具体建议。

一、商标显著性标准的细化

商标的显著性构筑了商标权与公共领域的边界。显著性是商标的本质属性，也是对商标最基本的要求。商标的基本功能要求商标标识必须具有显著性，既不属于商品通用名称，也不能指向商品的原料、功能和特点，而且要便于识别。商标具有显著特征，人们便可以区分不同的商品或者服务并且识别来源。相反，如果商标缺乏显著性，则被排除在专有领域范围之外，成为公共领域中公众可以自由使用的标志。因此，商标显著性标准的细化对于维护公共领域十分重要，应予以明确和完善。

（一）明确显著性的含义

在商标法上，显著性没有明确的定义，更多的只是学理上的概念，识别性和区别性就是其中两种常用的界定概念。关于识别性与区别性的关系，笔者认为，识别性与区别性是描述同一件事物的不同侧面，识别来源是商标的价值和目的，是本质，而达到这一目的要求相关标志必须具有显著特征，要能与其他商标互相区分。因此，识别性和区别性只是商标显著性表现出来的外观和表象，两者并非上位和下位或者具有本质区别的两种概念。具体来说，在对显著性进行定义时，可以结合识别性和区别性加以限定，显著性就是指商标的识别性和区别性，即消费者通过显著性可以将此商标与其他商标加以区别，并可以通过商标识别来源。

（二）确定最低显著性的判断标准

显著性是专有领域与公共领域的分界线，只要跨越了最低程度的显著性标准，标志便进入商标领域，成为商标权人专有的商标标识。因此，最低显著性的标准显得尤为重要。商标的最低显著性可以从同行业竞争者和相关公众两个角度进行判断：首先，应当判断该商标是否为同行业竞争者所必需，如果对此的回答是肯定的，则应当纳入公共领域，否则将会损害社会公共利益。其次，从相关公众的角度判断该标志是否会被相关公众视为商标，是否能起到识别商品或者服务来源的作用，如果答案都是肯定的，则认为该标志满足了显著性的最低标准。

在显著性的判断中，还有一个值得关注的问题，就是显著性退化问题。商标退化成通用名称，是对商标显著性和识别功能的“耗尽”，一旦成立，则意味着相关公众可以合理使用，成为名副其实的公共领域。结合宝剑公司诉龙韵公司侵害商标权纠纷案[1]的审理，在认定是否构成商品通用名称时，要围绕广泛性和规范性进行审查。具体来说，判断广泛性时主要考查该名称是否在整个国家或者整个行业通用，但对于特定区域的标志可以以特定区域或者产区作为考查范围。对于规范性的判断，主要强调商品类别之间的区别要符合该类别商品的标准。[2]在广泛性和规范性的认定过程中，可以参考的资料包括正规的教科书、工具书、史料记载和媒体报道等。

---

〔1〕　参见浙江省高级人民法院（2010）浙知终字第63号民事判决书。
〔2〕　参见北京市高级人民法院（2006）高行终字第188号行政判决书。

（三）固有显著性与获得显著性的并存

显著性可以分为固有显著性和获得显著性。实践中，固有显著性与获得显著性并不冲突，商标既可以具有固有显著性，也可以通过使用而取得获得显著性，这在"BEST BUY 及图"商标行政案[1]及"沩山牌及图"商标行政案[2]中表现得十分突出。前案中，法院认为，"BEST"和"BUY"本质上具有一定的描述性，但是加上标签图形和鲜艳的颜色，使得该商标整体上具有显著特征。加之，该商标在国际上具有较高知名度，在我国经过使用也具有了一定的知名度，最后得出该商标具有显著性的结论。后案中，法院认为商标中的图形亦属于重要组成部分，具有显著特征。再结合该商标长期使用，且在 2002 年被评为湖南省著名商标等事实，最后认定其具有显著性。可见，司法实践中也倾向于认定固有显著性与获得显著性不相矛盾，可以并存。

（四）厘清暗示性商标与描述性商标的界限

实践中，暗示性商标与描述性商标并没有统一的区分标准，界限比较模糊，具有一定的任意性。孔祥俊教授曾在其论文中介绍了美国的区分标准，笔者认为可供借鉴。在美国，描述性与暗示性的核心区分标准被区分为两项：首先看消费者从商标中获得商品的描述信息所需要的想象（联想）程度，需要的想象程度越高，商标越可能是暗示性的，而不是描述性的；其次是商标是否系竞争对手为描述产品所实际需要的标志，如果同行业竞争者都需要这种描述性标志，或者说该标志是竞争者描述产品均需要使用的，就属于描述性商标。[3]此外，相关公众

---

[1] 参见最高人民法院（2011）行提字第 9 号行政判决书。
[2] 参见最高人民法院（2011）行提字第 7 号行政判决书。
[3] 参见孔祥俊："论商标的区别性、显著性与显著特征"，载《现代法学》2016 年第 6 期。

的商标认知也是区分两类商标的重要考量因素。如果标志只是对商品进行了直接、具体和明显的描述，在公众看来只是商品特性的说明或者介绍，那就应属于描述性商标；相反，如果标志无法实现说明商品的特点或者情况等描述功能，则应属于暗示性商标。[1]我国可以借鉴以上经验，融合"同行业竞争者必需"及"相关公众的商标认知"两种标准，划定暗示性商标与描述性商标的界限。

二、商标合理使用规则的完善

作为平衡商标权人利益与社会公共利益的利器，商标合理使用已成为商标法维护公共领域的重要手段。目前我国商标法中仅有描述性合理使用的规定，且现有规定仍存不足之处。为实现商标法的公共利益目标，促进商标法上公共领域的健康发展，有必要借鉴美国和欧盟等的立法经验予以完善。

（一）采用列举加概括的立法模式

实践证明，商标合理使用的列举加概括的立法模式优于列举式立法模式。为保障社会公共利益的实现，适应不断发展变化的社会实践，促进商标合理使用规则不断完善，可以借鉴美国《兰哈姆法》。如美国《兰哈姆法》第 1115 条（b）款第 4 项除列举了几种描述性合理使用情形外，还概括规定"具有描述性的术语或图形不被视为商标侵权"。为维护商标法公共领域的健康发展，确保为社会留下足够多同样好的东西，有必要在具体列举商标合理使用情形的同时，增加概括性的表述内容或者兜底条款，以适应社会的不断发展进步，满足不特定公众的正当需求。

---

〔1〕参见孔祥俊："论商标的区别性、显著性与显著特征"，载《现代法学》2016 年第 6 期。

（二）将正当使用改为合理使用

合理使用制度作为舶来品，英文称之为"fair use"，我国学术界通常称之为合理使用。《TRIPs协议》和各国商标法的中文版无一例外地将之翻译为"合理使用"。但我国《商标法》却使用了"正当使用"一词。尽管两词的含义差别不大，但"合理使用"一词更为规范，更符合国际惯例和英文原意。相比之下，"正当使用"一词似乎无法涵盖这一规则的内在要求，即商标合理使用除使用行为必须正当外，使用者主观上也需基于善意，并且不得违反诚实信用原则。为保持术语的统一性、规范性，建议将《商标法》中这一表述改为"合理使用"。

（三）增加指示性合理使用规定

指示性合理使用规定的缺失，一方面使得商标权人以外的经营者在使用他人商标时缺乏有效指引，往往存在使用不规范的情形，从而损害商标权人的利益；另一方面也导致商标权人滥诉，不正当地扩大权利保护范围，进而损害相关公众正当、合理使用他人商标来指示自己商品或者服务的自由。

描述性合理使用和指示性合理使用都可以在美国和欧盟找到法律依据，并且这两种商标合理使用差异较大，不能一并规定。我国商标法中指示性合理使用的缺失，使得法官在遇到如前述"以纯"商标侵权纠纷案时不能得到明确的法律指引，而被迫"造法"，扩大司法裁量权。因此，有必要将指示性合理使用纳入商标法的规定中。

依据《TRIPs协议》所确定的原则，借鉴美国KP案[1]、欧盟BMW案[2]的经验，我国的指示性合理使用应当符合以下

---

[1] See Century 21 Real Estate Corp. v. Lendingtree, Inc., 425 F. 3rd 211 (3rd Cir. 2005). Hensley Mfg., Inc. v. ProPride, Inc., 579 F. 3d 603 (6th Cir. 2009).

[2] See BMW v. Deenik, C-63/97 (ECJ, 23.02.1999).

两方面要求：一是使用他人商标的必要性；二是使用行为应当基于善意且符合诚实信用惯例。[1]同时，鉴于指示性合理使用的使用方式具有特殊性，对于指示性合理使用的举证责任分配可以适用举证转移方式，即当原告对被告商品来源于原告予以否认，并指出被告商品与正品的差异，使得法官对被告商品的来源产生合理怀疑时，则应由被告就其商品来源于原告举证。

（四）完善描述性合理使用的相关规定

如前所述，除目前商标法列举的描述性词汇外，公共领域中诸如自然人姓名、企业名称、时间以及其他具有固有"第一含义"的语言符号都应纳入描述性合理使用的范畴，以满足人们对此类描述性词汇的合理使用需求，这也是欧美发达国家商标合理使用立法的通常规定。而且，从现实层面看，概括性规定虽有助于增强知识产权法的社会回应能力，但是通常比较原则化和抽象化，容易导致法官法律适用困难或司法裁量权过大。因此，在明确概括性条款的同时，应当充分列举商标合理使用的典型情形，并且明确具体的适用条件，以增强该制度的可操作性。

我国在构建描述性合理使用规则时，可以借鉴美国在 The Beach Boys 案中确立的规则，明确描述性合理使用的下列构成要件：这种使用是为了客观描述或者说明自己的商品或者服务的信息；使用基于善意，不得违反诚实信用原则；使用的方式必须正当，只是作为非商标意义上的使用。如果使用中存在突出使用、商标性使用，或者使用超过必要的限度，则难谓正当。如前述庆丰包子铺诉济南庆丰公司侵害商标权及不正当竞争纠

---

〔1〕　前者相当于美国判例法中指示性合理使用构成要件的第一条，即如果不使用他人商标，就很难描述清楚自己的商品或服务的完整信息，或者难以用简单的语言向公众传递这一信息。后者相当于美国指示性合理使用构成要件的后两条，即第三人使用他人商标应当在合理的限度内，并且不得误导消费者，使消费者觉得使用人与商标权人之间有特定的赞助、许可等商业关系。

纷案[1]所揭示的，"若此种使用非基于善意，并且存在突出使用的情形"，则应为法律所禁止。

三、商标权利用尽的有限认可

商标权利用尽是从社会公共利益出发对商标权人设定的一种限制，对于保障商品流通，保护消费者利益，促进贸易自由化和全球经济一体化，具有积极作用。关于商标权利用尽适用国内用尽、国际用尽，还是有限制用尽学术界和司法实践一直争议很大。从当前我国对于自由贸易和经济发展的现实国情出发，应当对商标权利用尽做出适合我国经济社会发展需要的选择，以实现商标权人利益与商品自由流通两者的兼顾。

（一）采纳有限认可平行进口的混合模式

一方面，自由贸易逐渐成为全球经济的潮流，消除各国关税壁垒、促进经济全球化和一体化已成为未来世界经济发展的必然趋势；另一方面，"互联网+"经济发展模式和电子商务已经成为我国经济发展的新型支柱。[2]从国际形势和国内贸易政策来看，我国应当对绝对的商标权利用尽予以一定的限制，认可在不存在实质性差异情形下的平行进口行为，以满足人民群众对日益增长的自由贸易的需要。同时，对商标权人的保护必须建立在存在实质性差异的基础上，毕竟不受任何约束的平行进口有可能妨碍公平竞争，属于一种不正当的市场竞争行为[3]。通过有限制地认可平行进口行为，可以实现商标权人与消费者、其他竞争者之间的利益平衡，维护商标权利限制形成的公共领域。

---

〔1〕 参见山东省高级人民法院（2014）鲁民三终字第 43 号民事判决书、最高人民法院（2016）最高法民再 238 号民事判决书。

〔2〕 2012 年商务部发布的《关于利用电子商务平台开展对外贸易的若干意见》就明确鼓励支持电子商务产业的发展。

〔3〕 张今："平行进口法律问题研究"，载《政法论坛》1999 年第 3 期。

（二）明确实质性差异的内涵和标准

在有限制地认可平行进口行为的混合模式下，实质性差异成为判断侵权与否的关键因素。但何为实质性差异，众说纷纭，司法实践中也存在不同的判决。反观国外法律实践，差异例外原则已为不少国家的商标立法和司法实践所接受，但各国对于何为实质性差异的情形认识不一。笔者认为，设置商标权的目的之一在于防止消费者的混淆误认，结合国外关于实质性差异的相关规定，在判断是否构成实质性差异时，无论是更改商品包装、改变商品材质，还是改变商品质量等，只有在竞争者擅自利用相互关联引起消费者的混淆误认，进而影响原告商标商誉的情形下，才有必要适用差异例外原则。因此，我国应当将引起消费者混淆误认作为实质性差异的判断标准，不断在司法实践中积累和完善构成实质性差异的具体情形。

第五节　商业秘密保护的完善

保留公共领域视野下，我国商业秘密保护应当坚持以下指导思想：一方面，严格保护商业秘密，维护持有人通过合法有效手段掌握的技术信息、经营信息等商业信息，为企业做大做强提供制度支持，维护市场经济秩序。另一方面，合理确定商业秘密与公知信息的界限，不得将公知信息或者缺乏秘密性的信息认定为商业秘密，损害社会公共利益，也不得将公知技术纳入持有人的保护范围，或者将利用反向工程获得技术信息的行为认定为侵权行为，以维护企业间的正常竞争。加强企业商业秘密保护的同时，亦要保障企业职工自由择业和自由流动的权利，对于职工依靠个人劳动和努力专研而掌握的技能，其拥有自由使用的权利，不受他人的限制，企业也不能通过各种竞业限制，不合理地限定职工的权利。

在商业秘密领域，秘密性的判断影响着专有信息与自由学习的利益平衡，也关系到专有领域与公共领域的划分，因此，有必要对商业秘密的秘密性判断标准加以完善，使之既能有效维护持有人的合法权益，同时又能保障公众自由学习与利用公知信息的权利。

一、合理确定秘密性的判断标准

司法实践中，秘密性的判断标准一直模糊不清，特别是在鉴定机构鉴定过程中，秘密性的判断标准更是五花八门。有时鉴定机构会直接依据专利法中的新颖性标准来判定，当涉案信息的秘密点被某一现有技术公开时，就认定其不具有秘密性。有时鉴定机构则会采用低于专利法的新颖性判定标准，认为即使涉案信息秘密点中的各个特征被现有技术公开了，其多个秘密点相对于现有技术来说亦蕴含了不易获得的劳动成果，仍应被视为具有秘密性。还有的情况下，鉴定机构会采用高于专利法的新颖性判断标准（类似于专利法创造性的标准），对秘密性的判断采用多项现有技术结合拼凑的方式，认为由于涉案信息秘密点的各个技术特征分别被多项现有技术公开，技术人员容易想到将多项现有技术组合获得秘密点的技术方案，从而否定该涉案信息的秘密性。

专利法与反不正当竞争法的立法目的不同，前者旨在激励创新和促进科技进步，而后者则是为了制止不正当竞争行为，否定的只是不诚信的商业信息窃取行为。在专利侵权判定中，只要被诉侵权产品与专利技术方案相同或者等同，即认定为侵权，因此，专利权作为私人垄断权，对公共利益具有明显的对抗性，应当受到严格的约束。而商业秘密侵权判定的标准是"接触+实质性相似"合法来源，仅满足两种技术实质性相似这个条件并不能被认定为侵权，被告还可以提出自主研发、反向工程等抗辩事由。亦即，即便存在"接触+实质性相似"，如果被告确实是通过自主研发或者反向工程掌握了类似技术，并能提供比较翔实的研发记录等证据证明，也不构成侵权。对相同的商业信息，不同的研发者都能将之作为商业秘密予以保护，并自行实施。因此，商业秘密的持有人对商业信息并不具有垄断权，不能禁止竞争者的合法取得行为，只能防止和对抗竞争者的技术窃取行为。由此决定，对于商业秘密的秘密性，总体上应当采用低于专利法的新颖性判定标准。

具体来说：一方面，在现有技术的选取范围上，应当采用低于专利法的新颖性判定标准。对于需要通过代价较大的反向工程才能获得的商业信息，不应简单认定构成公开，从而排除其秘密性。对于境外非大规模出版的会议刊物等信息，即便存在会议公开等情形，也不应简单认为构成公开，进而否定商业信息的秘密性。另一方面，在秘密性的比对规则上，可以借鉴专利法新颖性的判定标准。当前商业秘密领域并无类似《专利审查指南》等较为成熟的审查规定，也没有相关的指导案例，而缺乏判定标准将会导致法律适用的混乱，因此，对于技术信息类的商业秘密，现阶段可以参照《专利审查指南》的规定，先将其与现有技术进行比对，若在专利法视野下其具备了新颖性特征，那么"举重以明轻"，其作为商业秘密也应当符合秘密性特征。而且，在进行技术秘密比对时，应当遵守下列规则：技术方案相同规则，即对于技术秘密而言，必须与现有技术属于相同领域，解决的技术问题和实现的技术效果也相同；单独比对原则，即对于技术秘密，一般原则上应与一项现有技术进行比对，而不能与多项技术组合进行比对。

二、科学界分秘密性的鉴定范围

商业秘密类案件中秘密性的确定常常需要依赖司法鉴定，

因此确定司法鉴定的范围就显得格外重要。对于技术事实的判断，只要鉴定人员具备技术知识即可，但对于法律问题的判断，还需要其掌握法律知识和秘密性判断标准。因此，鉴定人员仅应当对技术信息是否符合秘密性要求的事实问题提供鉴定，对于法律问题，鉴定人员不能也不应当作出判断。

具体来说，在秘密性鉴定中，只有鉴定人员认为涉案信息被现有技术或者公知信息完全公开了，才属于事实判断问题。如果鉴定人员认为，现有技术或者公知信息与涉案信息的秘密点存在一些差异，但结合本领域的公知常识，属于显而易见的替换或者惯用手段的直接置换，则应属于法律判断问题。鉴定人员可以在鉴定报告中指出现有技术公开的范围，将该现有技术与秘密信息进行比较，确定区别技术特征，同时，提供相应的公知常识证据供法官参考，对于现有技术与公知常识证据能否结合、如何结合以及结合后能否破坏涉案信息的秘密性，应交由法官分析判断，而不能由鉴定人员直接得出鉴定结论。

此外，在技术秘密案件中，还可以积极发挥技术调查官的作用。技术调查官对于帮助法官查明技术事实、分析研判专业技术问题有重要作用。引进技术调查官参与商业秘密类案件，可以使法官在秘密性判断问题上变被动为主动，基于技术调查官的技术意见，直接对涉案信息的秘密性进行判断，以克服需要区分技术问题和法律问题的鉴定障碍。如在"优选锯"侵害技术秘密纠纷案中，通过技术调查官的参与，最高人民法院在二审中组织各方当事人进行现场勘验并进行技术比对，借助实验结果查明了侵权事实。[1]

---

[1] 参见最高人民法院（2019）最高法知民终 7 号民事判决书。

第六节　知识产权权利重叠保护的完善

保留公共领域视野下，我国知识产权权利重叠保护应当坚持以下指导思想：一方面，依法保护权利人的各项知识产权权利和法益，激发权利人创新创作与合法经营的动力。另一方面，对不同知识产权分门别类进行保护，合理确定各项知识产权的保护范围，合法界分不同权利的边界。防止同一知识产品重复获得保护，变相延长保护期限，影响公众对国家公示程序的信赖利益。重视公共领域对于知识再创新的重要作用，既要合法保护权利人的创新成果，又要防止专有权对公共领域的侵害，促进公有知识、公有信息的丰富和有效传播。

知识产权权利重叠保护是知识产权保护客体的符号功能多元性的产物。在知识产品的一项知识产权权利失效后，如果不对其他知识产权的权利行使加以限制，将会侵蚀公共领域的空间，使公有知识重新纳入专有领域，减损社会福利。因此，有必要从制度层面和司法保护层面加以规范和完善，以使知识产权制度既能有效保护知识产权人利益，同时也不会不当损害社会公共利益。

一、外观设计单独立法

如前所述，诸如英国、日本等采用单独立法模式专门保护外观设计的做法，已在国际上形成共识。而且，通过单独立法也可以从根本上解决对实用艺术品重叠保护导致的一项权利失效而产生的权利冲突，以及可能侵蚀公共领域的问题，从而使外观设计法律制度更加富有可操作性，更利于发挥此种制度的价值优势。但也有人对此提出了担忧，担心单独立法会对我国的知识产权法律体系造成巨大震动，难以协调和实现。笔者认为，如果短期内难以实现对外观设计单独立法，在外观设计专利与著作权权利重叠的情形下，也可以暂时将一项外观设计专利失效后对失效专利实施的行为作为著作权合理使用的情形之一，从而间接实现对这一行为的例外保护，以立法的形式解决司法裁判上的争议，并有效解决知识产权权利重叠引发的权利冲突问题。

二、外观设计和作品的分类保护

在不单独设立外观设计专门法的情况下，根据现有的专利法和著作权法，实用艺术品都可以成为其保护对象，从而导致权利重叠保护。笔者认为，由于两部法律在保护重点和保护范围上各有侧重，合理区分外观设计与作品，实现分类保护，是解决该问题的有效途径。一般来说，著作权法强调作品的独创性，要求受保护的作品具有一定的创作高度，因此，这类作品艺术创作价值较高。相比之下，专利法强调设计与产品的结合，注重产品的工业应用，同时还要富有美感，这意味着专利法侧重于对产品的保护，特别是要将产品广泛应用于工商业。由此决定，一般具有广泛工业应用并富有美感的设计往往通过专利法保护，而艺术创作价值高、不需要大规模工业应用的设计更适合通过著作权法来保护。建议在未来的法律中明确外观设计专利与著作权的区分标准，从而实现对两种权利分别保护。

三、实用艺术品的外观设计保护

对于实用艺术品，外观设计专利制度更有利于对其进行保护。首先，实用艺术品依托于产品，其本身由形状、图案和色彩等构成，也有工业应用的可能性。其次，实用艺术品的艺术性完全满足外观设计对于美感的要求。一直以来，实用艺术品就是外观设计专利的保护对象，有大量申请分布于装饰品、厨具、玩具、服装、纺织、灯具、家具等领域。在专利法领域认定实用艺术品时，更倾向于其实用性，而非艺术性。因此，外观设计专利制度是保护实用艺术品的首选和通常选择。但如果实用艺术品达到了著作权法设定的条件，即具备艺术品所应具有的独创性和美感，也可以通过著作权法予以保护。

四、实用艺术品的独创性审查

当实用艺术品寻求著作权法保护时，要重点从该产品的独创性和艺术创作价值等方面予以考量，对于仅有实用功能而缺乏艺术美感的作品不应给予保护，从而避免给予实用艺术品过宽过大的保护，不当压缩公众可以自由利用的公共领域。如在乐高公司诉小白龙动漫公司等侵害著作权纠纷案[1]中，最高人民法院就兼具实用性与艺术性的知识产品能否成为美术作品，进而获得著作权保护的问题明确指出，著作权法关于独创性的要求在不同类型的作品中各不相同，美术作品更关注的是作者在美学领域的独特创造力。对于兼具实用性与艺术性的产品而言，如果该作品体现了作者在美学方面的巨大创作与艺术，可以成为受保护的美术作品，但如果体现的仅仅是普通的智力劳动，而与美学和独创性无关，则不能获得相应保护。

本章小结

本章从维护公共领域与保护知识产权的平衡角度探讨了当前我国知识产权保护应当坚持的法律理念及具体完善对策、建议。当前，在保留公共领域视野下，要树立三种知识产权保护理念：其一，激励创新与保护知识产权。要防止全盘接受西方

---

[1]　参见最高人民法院（2013）民申字第1352号民事裁定书。

思想和极端个人主义的知识产权理念，树立符合中国国情、具有创新精神的知识产权制度，逐步拓宽知识产权保护的客体和范围，实现知识产权保护水平从适度保护向全面保护转变，并使之与国家的科技和经济发展相适应。其二，维护知识产权权利法定的公共利益导向。知识产权作为一种法律拟制的权利，必须在法律制度的框架内运行。在法律没有明文规定和授权时，要将知识进步和技术创新带来的"法律上留白的利益"保留在公共领域，实现造福人类、增加社会福祉的公共利益。其三，维护公共领域与保护知识产权。通过合理界分知识产权专有领域与公共领域，保障公众对公共领域的自由接近与有效利用，做到既严格保护知识产权，依法保护知识产权人的合法利益，同时又兼顾社会公共利益，促进公共领域的发展和壮大，实现维护公共领域与保护知识产权的辩证统一。同时，针对当前在著作权、专利、商标、商业秘密和知识产权权利重叠保护中存在的问题，在保留公共领域的理念下，提出具体的指导思想，以及完善路径和改进建议。通过立法和司法的完善，有效界分知识产权专有领域与公共领域，不断丰富和壮大公共领域，维护支撑技术进步与文化繁荣的公共空间，有效实现知识产权人利益与社会公共利益的动态平衡。

结　论

　　公共领域是知识产权制度上的一个功能性范畴，它既是知识创造的起点，也是知识创造的终极依归，始终与知识产权专有领域相伴相随，并随着专有领域的动态变化而变化。因此，有效实现专有领域与公共领域的动态平衡显得尤为重要，有必要在保留公共领域视野下对我国知识产权保护制度及实践加以研究和改进。

　　知识产权公共领域的基础理论是理解和认识公共领域价值的基础和前提。公共领域不是知识产权法上的特有概念，它在政治哲学、产权经济学上亦存在。通过探寻知识产权法上公共领域的历史发展，得以确定本书所要研究的知识产权公共领域概念，即不属于知识产权控制范围，可供全体公众或者不特定公众自由利用的知识产品。它既包括保护主题以外可供全体公众自由利用的领域，也包括保护主题以内可供全体公众自由利用的空间，同时还包括诸如合理使用、不视为侵权等对权利进行限制而形成的不特定公众可以自由利用的空间。诸如人类共有的知识、保护期限届满的知识产品、权利人放弃或者权利丧失的知识产品、根据国际公约或者对等原则不予保护的外国知识产权、基于知识产权权利限制而形成的公共领域等，都是知识产权公共领域的典型表现形式。虽然知识产权公共领域内容丰富、分布广泛，但都可以由各专门法中的客体制度构建的公共领域、保护期限届满形成的公共领域与权利限制中的公共领域组成。这种内容构架也决定了知识产权公共领域的边界始终处于动态变化之中，它既会随着作为对立面的知识产权专有领域的边界改变而发生变化，也会随着不同国家的知识产权保护政策或者同一国家不同时期的知识产权保护政策而改变。动态变化必然带来边界的不清和难以确定，由此，界分知识产权专有领域与公共领域就显得尤为重要。

实际上，知识产权制度一开始就是和公共领域一同诞生的，知识产权制度中包含着公共领域生长的土壤，公共领域在知识产权法上有着充分的正当性。劳动财产权论、公地理论、知识论、宪法视角以及利益平衡论，都为公共领域的正当性提供了理论支持。洛克的劳动财产权论认为，"一个人不能从共有物中取走超出其能够充分利用的那部分"[1]，知识产权最终都应放置在公共领域，供所有人共享。这一学说合理解释了保留公共领域的"自然正当"[2]。公地理论认为，由于知识产品具有非竞争性和非对抗性的特点，公地悲剧现象不会发生在知识产权领域。相反，"公地喜剧"才是知识产权制度和公共领域关系的"最佳演绎"，保留公共领域是知识产权制度发展中最经济合理的要求。在知识论看来，保障公众对于知识的自由接近与利用、促进知识的传播与使用以及知识的承继性都为公共领域提供了正当性的解说。此外，还可以从宪法视角看待公共领域存在的正当性。赋予公众合理使用公共领域的权利，不仅可以保证公众参与"政治或者社会评论之自由"[3]，实现观点的自由竞争，还有助于达成公共舆论，形成对国家权力的制约。最后，利益平衡论也为公共领域的正当性提供了重要理论基础。一个

---

〔1〕［澳］彼得·德霍斯：《知识财产法哲学》，周林译，商务印书馆 2017 年版，第 70 页。

〔2〕参见黄汇：《版权法上的公共领域研究》，法律出版社 2014 年版，第 40 页。

〔3〕［美］威廉·W. 费舍尔：《说话算数：技术、法律以及娱乐的未来》，李旭译，上海三联书店 2008 年版，第 36 页。

丰富而又充满活力的公共领域，是化解知识产权内部各种利益冲突的绝佳途径，也是实现知识产权人利益与社会公共利益平衡的重要突破口。而且，从现实来看，知识产权公共领域对于中国立法保护和司法保护都具有重要的实践意义，它是中国知识产权制度发展的必然保留，是中国知识产权法律实践对公共领域理论的真实需求。在立法上，公共领域是对知识产权进行权利限制的依据，也是划定知识产权权利边界的标尺；在司法上，公共领域可以限制知识产权权利保护范围和保护客体的随意扩张。

其实，知识产权保护理念中也包含着丰富的公共领域保留思想。当前，知识产权的保护理念主要包括利益平衡、激励创新、严格保护、比例协调等，这些理念与知识产权公共领域保留原理具有内在的统一性和目标一致性。利益平衡理念强调协调知识产权各方冲突因素，使各种利益在共存和相容的基础上达到合理优化。[1]同时，知识产权法的立法目的也充分体现了这种利益平衡取向。知识产权法虽然以保护知识产权人的利益为起点，但最终目标是维护社会公共利益，满足人们对美好生活的向往与追求，促进社会的进步与发展。实现社会进步与发展的公共利益是知识产权法一以贯之的终极追求，是知识产权法的价值取向。当权利人利益与公共利益发生冲突时，"知识产权法需要确保公共利益，甚至公共利益需要优先保障"[2]已成为知识产权法的根本准则。知识产权法从产生之初就具有公共利益的目标，并且其维护公共利益的价值取向在国际立法和司法实践中不断被重申，成为当前国际发展的潮流和趋势。公共利益的

---

〔1〕　参见陶鑫良、袁真富：《知识产权法总论》，知识产权出版社2005年版，第17—18页。

〔2〕　冯晓青：《知识产权法利益平衡理论》，中国政法大学出版社2006年版，第312页。

实现离不开公共领域的支撑，公共领域是实现知识产权法上公共利益的重要途径。而且，公共领域的保留具有重要现实意义，通过权利的保护与权利的限制这一合理设计，可以化解权利人个人利益与社会公共利益的矛盾冲突，保障利益平衡价值目标的实现。

另外，不仅知识的创造活动需要保留公共领域，技术创新、文化繁荣、经济发展、社会进步也有赖于公共领域，公共领域确保了保护知识产权与维护社会公共利益二元价值目标的实现。社会的发展和科技的进步需要激励创新，激励创新对于提升国家综合实力，取得国际竞争优势，具有重要意义。实践证明，社会的创新能力随着知识产权制度的建立、发展而不断提升，并随着知识产权保护水平的提高而增强。在建设创新型国家的道路上，公共领域不是一个可有可无的存在，相反，它是保障创新源头、促进再创新的必要条件，也是促进社会发展进步的重要力量，与激励创新理念一脉相承。文化创作是在知识积累中实现的创新和发展，这一再创作的过程离不开一个丰富的公共领域的滋养和灌溉。今天的知识产品既是建立在过去知识产品上的创新，亦是中间投入品，为未来的知识产品提供原材料。借助公共领域这一现有智力成果的集合，文明得以传承和发展，社会得以飞跃和进步。

严格保护理念体现在知识产权保护中就是要严格执行法律，采取有效措施维护知识产权人的合法利益，严厉打击侵权行为，充分体现知识产权的价值。之所以要对知识产权进行严格保护，是因为知识产权具有私权性与专有性。知识产权的私权性表现为它是私人的权利、私有的权利和私法上的权利，而且，"知识产权的私权性也决定了权利人要对知识产品专有"。[1]这种专有

---

〔1〕 冯晓青：《知识产权法利益平衡理论》，中国政法大学出版社 2006 年版，第 197 页。

表现为权利只能由权利人垄断和独占，非经权利人本人同意或者法律规定，他人不得干涉。知识产权的专有性是区分专有领域与公共领域的重要缘由。在专有领域，权利人对知识产品具有专有权，而迈出专有领域的大门进入公共领域，权利人就失去了这种专有垄断权。从表面上看，保留公共领域似乎是要剥夺知识产权人的利益，殊不知，没有一项知识产品是凭空产生的，任何知识产品的产生都必须从公共领域中汲取公有素材和公有资源，公共领域是权利人获得知识产品的基础和前提。需要明确的是，严格保护并不是扩张保护，只是在知识产权专有领域界限内的严格保护，从而通过确保公共领域对立面的稳定实现专有领域与公共领域的有效平衡。

　　比例协调理念表现在知识产权保护中，即要求合理确定不同类型知识产权的保护范围和保护强度，实现保护强度与其创新和贡献相协调。其中蕴含的独创性高低、专利保护范围以及驰名商标的保护等问题都与公共领域的保留有着密切联系，都是为了实现专有领域与公共领域的共同繁荣与发展。比例协调也体现在合理确定侵权责任和赔偿数额，要区分源头领域的侵权行为和末端领域的侵权行为，分别确定侵权责任和赔偿数额，使侵权行为与侵权责任相适应。此外，比例协调理念还要求知识产权的保护水平要与社会发展规律、一国国情和发展需求相匹配，不能一味强调强保护或者弱保护，而要根据不同国家的经济社会发展状况或者一国不同时期的国情需要确定，从而达到促进经济发展和社会进步的公共利益。中国目前还是发展中国家，由此决定保留丰富的公共领域对于我国提升科技水平、文化繁荣和经济发展具有重要作用。

　　通过对利益平衡、激励创新、严格保护、比例协调理念的深入分析可以发现，知识产权保护不仅强调对权利人利益的保护，而且注重对社会公共利益的维护。保留公共领域就是实现知识产权保护理念和维护社会公共利益的重要途径。这些理念是知识产权保护制度设计应当遵循的逻辑起点，因而也将公共领域从理念层次推进到制度层面。

知识产权制度存在着许多动态概念和弹性因素，诸如独创性、思想表达二分法、现有技术、合理使用、显著性、权利用尽等，这使得保留公共领域在知识产权保护制度的运行中充满了诸多不确定性。公共领域正面临现实和潜在的威胁，有必要对我国知识产权保护制度的现状加以考察并对其不足之处予以完善。

在著作权领域，思想表达二分法、作品独创性、保护期限以及合理使用都是与公共领域密切相关的制度设计。思想与表达二分是著作权法上一个极为重要且广为运用的原则，它是指著作权法不保护作品中的思想，只保护思想的特定表达。随着司法实践的不断探索与完善，思想表达二分法陆续被广为接受。虽然我国司法实践已广泛适用，但遗憾的是著作权法未明确规定这一原则，因此有必要在立法中予以明确。此外，思想与表达的界限模糊、边界不清也是导致当前司法裁判冲突的根源，有的学者甚至因此对该原则表示了质疑[1]。笔者认为，思想表达二分法属于著作权法基本原则的地位不容置疑，它是国际立法的共识，与其弃之，倒不如提出一些考量因素，规范和指导司法实践。具体来说：一是注重对公有素材和特定表达的排除，在司法实践中坚持"公有原则"；二是分类施策给予保护，对不同类型以及独创性程度不同的作品分别给予不同水平的保护；

---

〔1〕 参见李雨峰："思想/表达二分法的检讨"，载《北大法律评论》2007年第2期；熊文聪："被误读的'思想/表达二分法'——以法律修辞学为视角的考察"，载《现代法学》2012年第6期。

三是适当适用思想与表达的合并原则，即"如果表达一个思想，只有一种方式或者有限的几种表达方式，则应当允许对此种表达的复制"[1]；四是合理确定表达的保护范围，既不能影响他人创作，也不能打击创作的积极性。

独创性与著作权法的公共领域联系起来，在于独创性是确定著作权法中私人所有权边界的重要标志。如同在有形财产所有权中划分物理边界、将私人占有从公有中抽出来一样，独创性与公共领域的联系还在于其排除了就"非独创性"部分主张著作权保护。独创性在立法上存在着定义不清、内涵不明的问题。此外，独创性的判断在司法实践中也存在标准不一的问题，导致个案的裁量随意性较大。为此，建议采用德国的独创性标准，即要求作品必须具有一定的智力创作水准，而不能将公共领域的公有知识、事实、片段等进行简单拼凑，压缩公共领域的空间。此外，要妥善处理好传承与创新、保护和利用的关系，有效分辨公共领域元素以及利用公共领域元素形成的作品，并合理区分民间文学艺术元素和民间文学艺术作品。要做到既保护权利人的合法权利，维护相关主体的经济权利和精神权利，又鼓励创新，允许他人合理利用公共领域。

著作权保护期限作为专有领域与公共领域划分的时间标准，是公共领域研究中重要的法律机制。当前世界各国普遍存在著作权保护期限不断延长的趋势，我国是否应当顺应这一趋势加以延长？自然权利论和激励论两大理论似乎都无法合理解释这一问题。自然权利论主张保护期限与人的寿命有关，[2]现有的保护标准不足以保护两代人，但"两代人标准"似乎难以找到

---

〔1〕 Apple Computer, Inc. v. Franklin Computer Corp., 714 F. 2d 1240（3rd Cir. 1983）.

〔2〕 参见罗莉："版权保护期限的是与非"，载《法学》2005 年第 11 期。

出路。激励论主张延长保护期限有助于激发创作的积极性，增进社会的整体福祉，[1]但经济学的研究表明延长保护期限并不当然刺激新作品的增加，[2]看似合理的激励论也难以自圆其说。我国文化产业起步较晚，社会整体文化水平和公共教育机制都有待完善，而且从世界范围看，我国文化产业并不占优势，在版权贸易中还处于弱势地位，故暂不宜延长著作权的保护期限。著作权保护期限制度应以保留公共领域理念为指导，将构建一个丰富而又充满活力的公共领域作为其价值目标。

著作权合理使用是著作权限制的典型方式，意味着在他人专有领域的范围内划定了一块"合理"使用空间，从而排除对侵权行为的认定。[3]我国《著作权法》通过列举式的规定，充分保障了不特定公众合理使用作品的需求，使得各方利益均衡协调，促进了社会的全面发展。但列举式立法模式存在局限性，无法适应千变万化的社会现实。建议借鉴美国、德国的经验，在具体列举商标合理使用情形的同时，增加概括性的一般条款，以"增加合理使用的弹性"[4]。在举证责任分配方面，由于合理使用人往往处于弱势地位，有必要通过有限的举证责任倒置，减轻使用人的举证负担，落实著作权合理使用的制度关怀。此外，为了保障使用人能够充分享受权利，有必要在著作权法中明确著作权人故意阻碍他人合理使用的法律责任，以落实法律公平正义的要求。

[1] See Senate Committee on Judiciary, *Senate Report*104-315 (*Copyright Term Extension Act of* 1996), U. S. Senate, 1996.

[2] See Kai-Lung Hui, Ipl Png, "On the Supply of Creative Work: Evidence from the Movies", *American Economic Review* (2002).

[3] 参见吴汉东："论合理使用"，载《法学研究》1995年第4期。

[4] 参见李琛："论我国著作权法修订中'合理使用'的立法技术"，载《知识产权》2013年第1期。

专利领域也包含专有领域与公共领域平衡的制度设计。现有技术抗辩、等同原则、商业方法专利保护及专利权合理使用中都存在着与公共领域交叉的内容。现有技术是公众可以自由利用的公有资源，也是技术创新的来源。专利技术从来不是一种"从无到有"的智力成果，而是或多或少与现有技术存在某种联系，是在吸取现有技术的基础上完成的发明创造。现有技术抗辩的重心在于保障他人自由利用公知技术而不受专利权的限制。保留公共领域理念下，司法实践中应减少对现有技术抗辩的不当限制，降低人们从公共领域获取、利用现有技术的难度和成本，以促进公知技术的传播和有效利用。具体来说，首先，扩大现有技术抗辩的范围，无论是公知技术还是在先专利，都可以作为现有技术抗辩的基础。抵触申请也可以比照现有技术进行抗辩。其次，正确理解无实质性差异的含义，现有技术的范围应当包括与现有技术无实质性差异的范围。无实质性差异可以参照等同侵权判定的标准掌握。再其次，放宽现有技术抗辩制度的适用程序。对于当事人在一审、二审乃至再审中提出的现有技术抗辩，人民法院都应当进行审查，切实维护公众自由实施公知技术的权利。最后，现有设计抗辩的范围和程序也应参照现有技术抗辩，立足于为社会保留灵活使用现有设计的空间。

等同原则允许在权利要求的字面含义之外进一步扩充专利权的保护范围，从而使得没有明确限定在字面含义保护范围之内的技术方案也被纳入保护范围。从立法本意看，等同原则是为了充分保护专利权人的合法利益，有效打击搭专利技术便车的行为，也是出于平衡专利权人利益和社会公共利益的目的。但是，等同原则的适用又容易导致权利人不当扩大专利权的保护范围，于是司法实践发展了禁止反悔原则和捐献原则等重要限制原则。这两种原则是对等同原则的有效限制，也是维护公共领域的重要保障，体现了专利法的利益平衡理念。为了限制等同原则的不利影响，应当坚持全部技术特征规则，并明确技术特征的含义及其划分标准。同时，在禁止反悔原则的适用中，要贯彻诚实信用原则，明确技术方案的放弃结果。而且，要积极运用现有技术抗辩制度实现对等同原则的限制，并确立可预见规则，从而使等同原则既能发挥有效打击侵权行为的作用，又不致影响公众自由利用公知技术。

商业模式创新与技术创新相伴而生，是助力企业创新发展的利器，也是实现我国创新驱动发展战略必不可少的手段。我国已经开始探索建立商业方法专利审查制度[1]，并在实践中不断修改与完善授权标准，以最大限度保护商业方法发明人的权利，激励我国的商业模式创新。但是，对商业方法授予专利权，等于是将商业模式的创新成果从公共领域纳入专有领域，必将损害公共领域的"地盘"，使公众得以自由使用的公共空间减小。因此，对于商业方法专利申请的授权必须慎重，要针对商业方法专利的特殊性，制定有针对性的审查规则和审查标准，构建科学合理的新颖性和创造性判断标准。同时，在审查中要坚持否定纯粹商业方法的可专利性，以避免由于商业方法专利的泛滥，影响社会公共利益。

专利权合理使用作为限制专利权扩张以及平衡专利权人利益与社会公共利益的重要制度，对于维护公共领域、增进社会福利、推动技术创新具有重要作用，逐渐成为专利权限制理论的新视角。我国专利法没有关于专利权合理使用的明确规定，但一般认为，权利用尽、先用权、临时过境、科学研究和实验、

---

[1] 2017年修正的《专利审查指南》已经将商业模式纳入了可专利的范围。

药品实验等专利侵权例外规定就是专利权合理使用的主要体现。但目前专利权合理使用制度仍存在不完善的地方，有必要对专利权合理使用的表现方式及判断标准加以完善，以为不特定公众提供合理利用专利技术的空间。具体来说，当前需要科学界定专利权合理使用行为，明确科学研究与实验的边界，扩大药品实验例外的适用地域，厘清药品实验例外的适用范围，并对专利权合理使用采用列举加概括的立法模式。在判断标准上，应当将使用的目的和性质、被使用的专利的性质、使用的程度和内容的实质性、使用对专利的市场影响、市场失灵的性质和程度作为判断是否符合专利权合理使用的依据。

虽然商标法保护的是商业标记，而不是智力成果，但其中也夹杂着私人利益与公共利益的冲突，也需要在不同利益之间进行平衡。商标的显著性、合理使用及权利用尽就是其中三个涉及专有领域与公共领域平衡的重要问题。显著性是商标最基本的功能，也是界分商业标志专有领域与公共领域的重要标准。显著性判断关系着商标专有权的保护范围，进而也会对公共领域的范围造成影响。当前，商标显著性的概念始终处于一种模糊的状态，对于何为最低程度的显著性，判断标准不一，加之固有显著性与获得显著性的逻辑关系不明晰、暗示性商标与描述性商标的界限不清，一定程度上造成了商标显著性判断的混乱。为此，建议首先结合识别性与区别性加以限定，尽快明确显著性的含义。其次，融合"同行业竞争者必需标准"及"相关公众的商标认知"标准，厘清暗示性商标与描述性商标的界限，确定最低程度的显著性判断标准。最后，司法实践中充分运用固有显著性与获得显著性判断商标的显著性。在判断商标是否退化成通用名称时，要围绕广泛性和规范性进行审查，不断完善相关判断标准。

商标合理使用对于保留公共领域中的天然符号，保障不特定公众描述、比较和评论的表达自由，具有重要作用，是平衡知识产权公共领域与专有领域的关键环节。但是，当前我国商标法仅有描述性合理使用的规定，缺乏指示性合理使用，且现有规定也存在不足之处，导致司法裁判冲突的问题接连不断。为此，有必要在《TRIPs协议》所确立的"考虑商标权人和第三方合法利益"的原则下，借鉴欧美发达国家的立法经验，并结合我国的国情，对商标合理使用规则予以完善。一是对商标合理使用规则采用列举加概括的立法模式，在具体列举商标合理使用情形的同时，增加概括性的表述内容或者兜底条款，以适应社会不断发展进步的正当需求。二是将我国《商标法》中的"正当使用"一词改为"合理使用"，以适应国际立法潮流，符合国际惯例和英文原意。三是借鉴美国和欧盟等的立法经验，增加指示性合理使用规定，并明确指示性合理使用应当符合以下两方面要求：使用他人商标的必要性和使用行为善意且符合诚实信用惯例。四是完善描述性合理使用的规定，将诸如自然人姓名、企业名称、时间以及其他具有固有"第一含义"的符号都纳入描述性合理使用的范畴，以满足不特定公众对此类描述性词汇的合理使用需求。同时，明确描述性合理使用的构成要件包括：基于善意、使用方式正当及为了客观描述或者说明来源。

商标权利用尽原则对于保障商品流通、保护消费者利益、促进贸易自由化和一体化具有积极作用，是从社会公共利益出发对商标权人进行的限制。对于商标权利用尽，主要存在国内用尽、区域用尽和国际用尽三种解释。三种不同范围的权利用尽直接影响着平行进口行为的定性。从国际形势和国内贸易政策看，我国应当对绝对的商标权利用尽予以限制，认可在不存在实质性差异情形下的平行进口行为，以满足当前人民群众日益增长的自由贸易需求。同时，引入差异性例外原则，将引起消费者混淆误认作为实质性差异的判断标准。

在商业秘密领域，秘密性是商业信息能够获得法律保护的基本条件，也是划分专有领域与公共领域的依据，由此决定秘密性判断常常成为商业秘密侵权案件的核心。当前，我国已形成商业秘密保护的基本法律和配套制度，有效打击了生产经营活动中的各种不正当竞争行为，但是与秘密性相关的规定仍不完善，表现在：首先，秘密性的判定标准不清。虽然司法解释对秘密性进行了界定，甚至还从反面列举了六种不具备秘密性的情形，但司法实践中仍然存在很大争议。建议对商业秘密的秘密性判断采用低于专利法的新颖性判断标准，具体来说：在现有技术的选取范围上采用低于专利法的新颖性判定标准，在秘密性的比对规则上可以借鉴专利法的新颖性判断规则。其次，秘密性的鉴定范围不明确。司法鉴定中，秘密性判断直接关系着鉴定结论的正确与否。笔者认为，鉴定人员只应当对纯粹的事实判断发表意见，一旦涉及法律问题，就应交给法官判断。司法实践中，也可以充分利用技术调查官帮助法官查明技术事实，实现对秘密性的精准判定。

由于知识产权的无形性以及构成知识产权保护客体的符号功能的多元性，在知识产权领域还存在着知识产权权利重叠的情形，其中又以外观设计专利与著作权的权利重叠以及外观设计专利权与知名商品包装、装潢的权利重叠情形最为突出。一项知识产权失效后，是进入公共领域为公众所自由利用，还是能获得其他知识产权的继续保护，法律没有规定，实践中也存在很大争议。在保留公共领域视野下，当一项知识产权失效后，如果不对其他权利的行使加以限制，必将对公共领域造成侵蚀，使进入公共领域的知识重新纳入专有领域，减损社会福利。因此，有必要借鉴国外的立法经验，对失效的知识产权采取有限保护，以使知识产权制度既能有效保护权利人的利益，同时也不会不当损害社会公共利益。首先，建议对外观设计单独立法，以解决对实用艺术品重叠保护导致的一项权利失效而产生的权利冲突。但如果短期内难以实现这一目标，也可以暂时将一项外观设计专利失效后对失效专利实施的行为作为著作权合理使用的情形之一，从而间接实现对这一行为的例外保护。其次，对外观设计与作品分类进行保护。对于具有广泛工业应用价值并富有美感的设计，应通过专利法予以保护，而艺术创作价值高、不需要大规模工业应用的设计则可以通过著作权法予以保护。再其次，对实用艺术品应当优先适用外观设计专利保护，但对于少数达到了著作权法所要求的独创性和美感的实用艺术品，也可以通过著作权法予以保护。最后，当实用艺术品寻求著作权法保护时，要重点从该作品的独创性和艺术创作价值等方面予以考量，对于仅有实用功能而缺乏艺术美感的作品不应给予保护，从而避免给予实用艺术品过宽过大的保护，不当压缩公众可以自由利用的公共领域。

总之，知识产权法承载着保护知识产权人利益与社会公共利益的历史使命。由此决定，在权利的保护上不能仅注重保护知识产权，而必须保留公众可以自由接近和利用的公共领域资源，实现知识产权法上各种利益的平衡。具体来说，知识产权保护应当树立以下理念：其一，激励创新与保护知识产权。我国正走在建设创新型国家的大路上，实施创新驱动发展战略已成为国家发展的核心大计。保护知识产权是激励创新的内在要求，也是建设创新型国家的外部保障。为了实现这一宏伟目标，当前必须把激励创新与保护知识产权作为首要任务，实现知识产权保护的三个转变：保护水平与国家的科技和经济发展水平相适应，从适度保护向全面保护转变，并逐步拓宽知识产权保护的客体和范围，以创新理念引领知识产权保护。其二，坚持知识产权权利法定的公共领域导向。新技术与新商业模式给知识产权保护带来了前所未有的挑战：许多新的知识产权客体类型不断涌现、权利保护的范围不断扩张、权利保护的边界模糊不清，导致司法实践中缺乏法律指引，裁判冲突的状况时有发生。我国作为成文法国家，必须遵循权利法定原则，在法律没有明确规定的情况下，将知识进步和技术创新带来的"法律留白的利益"归属公共领域，为社会共享，这是支撑知识产权制度正当性的"基石"。其三，维护公共领域与保护知识产权，实现两者平衡协调。知识产权保护应当以保护专有权与维护社会公共利益作为共同目标，推动知识产权专有领域与公共领域共同发展、共同繁荣。为此，必须合理界分专有领域与公共领域，使各方利益均能得到尊重和协调。同时，强调知识的可持续发展，注重代际公平，反对知识的独占，保障公众对公共领域的自由利用。此外，要辩证看待维护公共领域与保护知识产权两者之间的关系，既不能一味强调知识产权保护而漠视公共领域维护，也不能为了追求知识产权强保护而以损害公共领域为代价。严格保护知识产权是知识产权制度的首要要求，必须坚决执行、不打折扣。同时，维护公共领域也不意味着可以随意侵犯他人的知识产权。当为了维护公共利益而不得不对他人利益造成损害时，必须给予一定补偿。唯有如此，才能实现法律公平正义的目标。只有辩证看待保护知识产权与维护公共领域两者的关系，才能实现知识产权人利益与社会公共利益的有效均衡，并最终实现知识产权法激励创新和促进经济发展的立法目的。

 **后 记**

　　时光荏苒，转眼间从事知识产权保护工作已有十八载。大学时代，许多人把知识产权法戏称为"玄学"，我参加工作时却误打误撞进入了这个领域，并一路从行政执法一线干到了司法保护的最高殿堂。作为一名最高人民法院的法官，如何平衡知识产权内部的各种利益是不可回避的问题。五年前，非常有幸加入我的博士生导师冯晓青教授主持的国家社科基金重大项目"创新驱动发展战略下知识产权公共领域问题研究"课题团队，与一众知识产权界"大咖"们展开头脑风暴。在课题研究中，公共领域为我研究和解决知识产权审判实务问题打开了另一扇窗，我对这一命题也不断萌发出兴趣，并最终将之确定为自己的博士论文选题。博士论文答辩通过后，又经过两年多的整理与修改，终于完成了本书的写作。

　　公共领域一词，偶尔会出现在知识产权案件的判决中。但其实，无论是与之相关的理论研究还是实务研究，都并不太多，研究领域也大多集中在著作权领域。结合这些年自己在知识产权审判领域学习和工作的一些体会和收获，本人尝试将研究面拓宽到专利、商标、著作权、商业秘密等领域，并试图从制度运行的前端——司法审判现状着手研究，希望能为知识产权公共领域理论的丰富和发展贡献绵薄之力。虽然为了这本处女作，自己全身心投入，甚至通宵达旦，但囿于理论水平和审判实务的局限，本书难免还存在不足之处，衷心期待读者的批评和指正。

本书的完成得到了多方关爱，令我感恩至深。首先要衷心感谢我的导师冯晓青教授。从本书的选题到结构的确定，再到内容的撰写、修改和出版，冯老师都给予了精心指导与无私帮助，谆谆教导令学生终生难忘。感谢师母杨利华副教授。师母对我们冯门弟子总是视如己出，关爱有加。感谢来小鹏教授、张今教授对我博士学习的指导和帮助，以及对本书提出的宝贵意见。感谢付继存副教授。付老师亦师亦友，每当我遇到写作的瓶颈和困难时，与他的交流和讨论总让我茅塞顿开，随之问题也都迎刃而解。感谢朱蕾、邓梦甜、王瑛等师友不遗余力地帮助我收集各种资料，尤其是好友朱蕾，身怀六甲和哺乳期间仍在工作之余帮助我通读全文、核校文稿，让我感动不已。感谢刘知函博士帮助校对了所有的英文注释。还有很多同窗和好友给予的帮助无法一一列举，在此一并表示感谢。

感谢最高人民法院各位领导和同事的包容，是他们在工作上的鼎力支持、帮助和承担，才让我能在工作之余安心写作，三年顺利完成学业。本书的出版还要感谢中国政法大学出版社的支持。

家人的全力支持是我精神和动力的源泉。十余年来，父母一直是我最坚强的后盾，料理家务、照顾孙辈，他们总是无条件地支持我、帮助我，使我没有后顾之忧，可以在紧张繁忙的工作之余专心读博、完成写作。感谢我的儿子，写作期间我对他的陪伴较少，他虽然心里略感失落，但总不忘鼓励我、抚慰

我，他是我求学路上不断进步的巨大动力。感谢孩子爸爸一路
的理解和支持。千言万语不足以表达谢意，谨以此书献给我挚
爱的家人和聪明可爱的儿子。

傅蕾

2022 年 1 月于北京